Arnt Cobbers

Kleine Berlin-Geschichte

Arnt Cobbers

Kleine Berlin-Geschichte

Vom Mittelalter bis zur Gegenwart

Jaron

Dieses Buch entstand in Zusammenarbeit mit:

Berlin
Landeszentrale für politische Bildungsarbeit

Originalausgabe
1. Auflage 2005

Umschlaggestaltung: LVD GmbH, Berlin
Satz und Lithographie: hanseatenSatz-bremen, Bremen
Druck und Bindung: Clausen & Bosse, Leck
ISBN 3-89773-119-3

Inhalt

Die Vorgeschichte

Berlin ist vermutlich über 800 Jahre alt. Ganz genau weiß man das nicht, denn die meisten alten Urkunden sind verbrannt. Aus Grabungen und Bauuntersuchungen kann man jedoch die Frühgeschichte der Stadt gut erschließen. Die großen 750-Jahr-Feiern Berlins im Jahre 1987 verdanken sich jedenfalls allein einem zufällig erhaltenen Dokument. Älter noch als Berlin sind Spandau und Köpenick, zwei Städte, die schon in slawischer Zeit entstanden. Und über 1000 Bodenfunde belegen, dass die Berliner Siedlungsgeschichte noch viel weiter zurückreicht.

STEIN-, BRONZE- UND EISENZEIT

Wohl sechs Mal wurde Nord- und Mitteleuropa unter gewaltigen Eismassen begraben. Das kilometerdicke Eis vernichtete alles Leben, das dann in den Zwischeneis- oder Warmzeiten umso üppiger wieder aufblühte. Die ältesten Zeugnisse menschlichen Lebens im Berliner Raum stammen aus der letzten Zwischeneiszeit. Vor etwa 50 000 bis 60 000 Jahren hinterließen Urmenschen im heutigen Hohenschönhausen eine Feuersteinklinge, in Schulzendorf bei Königs Wusterhausen weitere Feuersteingeräte, in Treuenbrietzen einen Faustkeil.

Das heutige Bodenrelief entstand mit dem letzten Abschmelzen der Gletscher, das vor rund 20 000 Jahren einsetzte. Die Schmelzwässer gruben so genannte Urstromtäler in den Boden. Eines von ihnen ist das Berliner Urstromtal, durch das heute die Spree fließt. Nach Nordosten wird es von der Hochebene des Barnim, nach Südwesten von der Hochfläche des Teltow begrenzt. Die Hochflächen steigen bis zu 60 Meter über dem Meeresspiegel an, die Spreeniederung liegt auf einer Höhe von rund 35 Meter. Die höchsten natürlichen Erhebungen, die Müggelberge im Südosten des Stadtgebiets, ragen 115 Meter hoch auf.

Die letzte, die Weichseleiszeit endete vor rund 10 000 Jahren. Nach dem Abschmelzen des Eises entstand zunächst eine Tundralandschaft, durch die in kleinen Gruppen Rentierjäger zogen. Davon zeugen Einzelfunde im ganzen Stadtgebiet; am Tegeler Fließ wurde gar ein mehrfach genutzter Rastplatz entdeckt.

Mit zunehmender Klimaerwärmung begannen auf den Hochflächen dichte Birken- und Kiefernwälder zu wachsen, später, als es um **5000 v.Chr.** feuchter wurde, auch Eichenmischwälder; in den Niederungen der Flussläufe entstanden Moore und Erlenwälder. An die Stelle der arktischen Tierarten traten Hirsch, Elch, Reh und Wildschwein, und so waren die Jäger nicht mehr gezwungen, mit ihren Beutetieren mitzuziehen.

Die Menschen nutzten nun als Jäger, Sammler und Fischer für längere Zeiten ihre Rastplätze längs der Flussläufe, wo sie vor allem Feuersteingeräte hinterließen. Die ersten Gefäße aus Keramik stammen aus dem **4. Jahrtausend v.Chr.**, ebenso die ältesten Menschenfunde auf Berliner Boden: drei Bestattungen auf dem Gebiet von Schmöckwitz.

Wirklich sesshaft wurden die Menschen erst, als sich im 4. Jahrtausend an Havel und Spree der Ackerbau durchsetzte. Die Bauern der jüngeren Steinzeit zogen Nutzpflanzen wie Gerste, Rispenhirse und Weizen, züchteten Haustiere und entwickelten Techniken wie das Töpfern, Spinnen, Weben und Steinschleifen. Auf dem Gebiet der Britzer Hufeisensiedlung wurde 1932–34 ein Dorf der so genannten „Trichterbecherkultur" ausgegraben; die meisten jungsteinzeitlichen Funde in Berlin stammen allerdings von der „Kugelamphorenkultur" um **2000 v.Chr.**

Etwa um diese Zeit lernten die Menschen, sich aus Bronzeguss – einer Legierung aus Kupfer und Zinn – Waffen und Werkzeug, Nutzgegenstände und Schmuck zu fertigen: Es begann die Bronzezeit. Rund 200 bronzezeitliche Fundstellen zeigen, dass die Besiedlung an Havel und Spree nun dichter wurde; etwa 1000 Menschen verteilten sich auf um die 50 Siedlungen, die zumeist der „Lausitzer Kultur", teilweise aber auch der „Nordischen Bronzezeit" angehörten.

Beim Bau des Universitätsklinikums Lichterfelde wurde 1955 ein bronzezeitliches Dorf mit sieben oder acht rechteckigen Häusern entdeckt, die um einen Dorfplatz gruppiert waren. Die Pfostenhäuser hatten lehmverkleidete Wände und schilf- oder strohgedeckte Dächer. Beim Bau des Klinikums Buch wurde 1910–14 gar ein Dorf mit fast 100 Bauten freigelegt.

Gegen Ende der Bronzezeit, die etwa **600 v.Chr.** von der Eisenzeit abgelöst wurde, sorgte feuchteres und kühleres Klima für ein erneutes Ausbreiten der Wälder. Die „Lausitzer" verließen viele Dörfer, und ihnen folgten Menschen der „Jastorfkultur" (benannt nach einem Fundort im Kreis Uelzen), aus denen sich die Germanen entwickelten. Im Gebiet von Mittelelbe und Havel bildete sich der Stamm der Semnonen, die Tacitus 55 v.Chr. in seiner „Germania" erwähnt und die anscheinend als die ältesten und vornehmsten unter den Suebenstämmen galten. Als auch sie gegen Ende des **2. Jahrhunderts n.Chr.** den Berliner Raum wieder verließen, wanderten ostgermanische Burgunden nach.

Die Germanen mieden das hochwassergefährdete Urstromtal und siedelten stattdessen auf den Hochflächen. Mit der Zeit entwickelten sie einen neuen Wohnhaustyp: das Langhaus, das auf einer Länge von bis zu 30 Metern Wohnraum und Stall unter einem Dach verband. Ein germanisches Gehöft aus der Zeit um 200 n.Chr. hat man hinter dem Heimatmuseum Reinickendorf (in Hermsdorf) in originaler Größe nachgebaut. Weitere germanische Siedlungen wurden in Rudow, Lübars, Marzahn und Kaulsdorf ergraben. Die Germanen waren vor allem Bauern, doch gab es bereits deutliche soziale Unterschiede, wie einige reiche Gräber beweisen. Die Schriftquellen nennen Könige und Fürsten, den Adel und Abhängige, aber auch demokratische Volksversammlungen.

Im Zuge der Völkerwanderung verließen die Germanen größtenteils die Region, für sie rückten nun von Osten her Slawen nach. Die wenigen verbliebenen Germanen gingen vermutlich friedlich in der slawischen Bevölkerung auf. Die Namen Havel und Spree jedenfalls übernahmen die Slawen von den Germanen.

DIE SLAWISCHE ZEIT

Auf dem Gebiet des heutigen Berlin siedelten zwei slawische Stämme, die zum Stammesverbund der Lutizen gehörten. Die Heveller ließen sich an den Flussläufen und Seen des Havellandes bis hinauf zum Tegeler See und zum Rhinluch nieder; ihr Hauptort war die „Brennaburg" auf der heutigen Dominsel Brandenburg. Ein breiter Waldgürtel trennte ihr Siedlungsgebiet von dem der Sprewanen im Osten, deren Zentrum Köpenick bildete. Wohl um **800** entstand hier auf der heutigen Schlossinsel, strategisch günstig am Zusammenfluss von Spree und Dahme, ebenfalls eine Burg.

Nahe der Mündung der Spree in die Havel errichteten die Heveller um **750** eine Burg, in deren Schatten sich rasch eine große befestigte Siedlung entwickelte – der Vorgänger des heutigen Spandau. Der Ort diente zunächst der Sicherung des Hevellergebiets nach Osten hin, doch wandelte sich die bäuerliche Siedlung aufgrund der günstigen Verkehrslage rasch zu einem Kaufmannsort von frühstädtischem Charakter. Spandau und Köpenick waren durch eine wichtige Handelsstraße, die nördlich der Spree verlief, miteinander verbunden.

Wie die ländlichen Slawensiedlungen aussahen, zeigen zwei Ausgrabungen: In Mahlsdorf entdeckte man ein Haufendorf mit sechs, in Kaulsdorf eines mit vier Gehöften, d. h. für 80 bis 100 Bewohner. Beide Siedlungen wurden durch Brände zerstört.

Schriftliche Quellen haben die slawischen Stämme selbst nicht hinterlassen. Im 10. Jahrhundert tauchen sie jedoch als Objekte der sächsisch-deutschen Geschichte auf. Im Winter **928/29** führte Heinrich I., Herzog von Sachsen und seit 919 deutscher König, ein Heer gegen die Heveller, eroberte die Brennaburg und schlug bei Lenzen an der Elbe ein großes slawisches Heer. Entlang der Elbe ließ er Burgen neu oder wieder errichten, beispielsweise in Tangermünde, Arneburg und Werben.

Otto I. (der Große), seit 936 deutscher König, seit 962 römischer Kaiser, setzte die Ostpolitik seines Vaters fort. Er teilte das Gebiet zwischen Elbe und Oder in Marken (Grenzlande) ein, die von Grafen verwaltet wurden, und förderte die Missionierung der Heiden. Hauptausgangspunkt wurde der Bischofssitz Magdeburg, der

968 zum Erzbistum aufgewertet wurde. **946** gründete Otto das Missionsbistum Havelberg, **948** das Bistum Brandenburg.

Der große Slawenaufstand von **983** setzte der Herrschaft des Königs jedoch vorerst ein Ende. Die Anfänge der deutschen Besiedlung wurden gestoppt, die Markgrafen zogen sich auf ihre Güter westlich der Elbe zurück, und auch die Bischöfe von Brandenburg und Havelberg residierten fortan im Exil, meist in Magdeburg. Einzig im Gebiet der Mark Meißen konnte sich die deutsche Herrschaft behaupten. Allerdings war die Grenze, vor allem der Kultur, nie undurchlässig. Auch im 11. Jahrhundert standen einige slawische Siedlungen östlich der Elbe unter markgräflichem Schutz; auf befestigten Herrenhöfen siedelten ritterliche Dienstmannen der Markgrafen, die sich im Laufe der Zeit mit dem slawischen Adel vermischten.

Ein neuer Impuls ging vom sächsischen Herzog (seit 1106) und deutschen König (1125–37) Lothar von Süpplingenburg aus. Nach ersten Missionserfolgen – die slawischen Fürsten Wirikind von Havelberg und Pribislaw-Heinrich von Brandenburg ließen sich taufen – belehnte er den Wettiner Konrad **1123** mit der Mark Meißen und später der Niederlausitz, **1134** den Askanier Albrecht den Bären mit der benachbarten Nordmark. Albrecht hatte zwischen 1127 und 1130 vom kinderlosen Fürst Pribislaw-Heinrich die Zauche (das Gebiet um Kloster Lehnin) als Patengeschenk für seinen Sohn Otto erhalten; später setzte ihn Pribislaw-Heinrich gar als seinen Erben ein. Im Gegenzug hatte sich Albrecht vermutlich dafür eingesetzt, dass Pribislaw-Heinrich als eine Art Lehnskönig des deutschen Königs unbehelligt regieren konnte.

1136 unternahm Albrecht einen ersten Kriegszug in die Prignitz, dem ab **1147** ein zweiter, wesentlich schlagkräftigerer folgte. Dabei zogen neben Albrecht weitere Edel- und Lehnsleute, aber auch Mannen der Bischöfe ins Feld, die bei der späteren Verteilung der großen Ländereien nicht leer ausgehen sollten.

Als Pribislaw-Heinrich 1150 starb, besetzte Albrecht mit seinem Gefolge die Brandenburg. Zwar wurde er 1153 noch einmal vom Sprewanenfürsten Jaxa (oder Jacza) von Köpenick vertrieben, doch konnte Albrecht **1157** das Zentrum der Heveller endgültig einnehmen. Dieses Datum gilt als Geburtsstunde der Mark Brandenburg.

Seitdem trugen Albrecht und sein Sohn Otto den Titel des „Markgrafen von Brandenburg".

In den nächsten hundert Jahren gelang Albrecht und seinen Nachfolgern (wie auch anderen Landesherren) eine entscheidende Wandlung ihrer Rechtsstellung: Übten sie ihr Markgrafenamt zunächst nur in Vertretung ihres Lehnsherrn, des Königs, aus, so wurden sie bis etwa **1250** selbst zu unabhängigen Landesherren mit eigener Lehnshoheit. Hierin liegt die spätere politische Zersplitterung des Reiches begründet: Einem schwachen deutschen König und Kaiser standen starke Territorialfürsten gegenüber. Die sieben mächtigsten von ihnen wählten (kürten) den König, und einer dieser Kurfürsten war der Markgraf von Brandenburg.

Neben der politischen und der kirchlichen Bedeutung war der wohl wichtigste Aspekt des Zuges nach Osten ein ganz anderer: Gemessen am damaligen Stand der Landwirtschaft war das Reich sehr dicht besiedelt, und daher wollte man im Osten neue Siedlungsgebiete erschließen. (Aus den gleichen Gründen trieb es zur selben Zeit die Wikinger aus Skandinavien in alle Welt.) In den eroberten Gebieten lebten nur wenige Menschen, manche Landstriche waren gar menschenleer.

Den neuen Landesherren war nun wieder daran gelegen, viele Menschen ins Land zu holen, um möglichst viele Steuern und Abgaben eintreiben zu können. Dazu setzten die Landesherren und die von ihnen abhängigen Grundherren – die am Eroberungszug beteiligten Ritter oder slawische Adlige – Siedlungsunternehmer ein. Diese so genannten Lokatoren riefen Bauern aus dem Westen des Reiches herbei und bauten Dörfer und Städte auf. Ihr Lohn war in der Regel das Schultheißenamt, das ihnen Abgaben der Bewohner und damit ein gutes Einkommen sicherte.

Bis etwa **1300** entstand ein dichtes Netz von Dörfern, die zumeist als Straßen- oder Angerdörfer angelegt wurden – mit dem Dorfteich und der Kirche als einzigem Steinbau im Zentrum. Viele Berliner Stadtteile sind aus mittelalterlichen Dörfern hervorgegangen und zeigen noch heute das typische Schema, auch wenn sie ihren dörflichen Charakter längst verloren haben, wie etwa Schöneberg, Reinickendorf oder Lichtenberg.

Selbst in Gebiete, die noch nicht unter deutscher Herrschaft standen (wie der Barnim bis etwa 1250), trieb es Siedler vor allem aus der Harzregion, dem Rheinland, aus Flandern und Westfalen. Schätzungsweise 2500 neue Dörfer und 100 neue Städte entstanden, rund 200 000 Menschen dürften zwischen 1134, der Belehnung Albrechts des Bären, und **1320** in die neuen Siedlungsgebiete gekommen sein. Zahlreiche Dörfer wurden bereits nach wenigen Jahrzehnten wieder aufgegeben, so das seit 1975 als Museumsdorf rekonstruierte Düppel. Die slawische Bevölkerung wurde rasch assimiliert, aber nicht verdrängt. Denn das Land bot Alt- und Neusiedlern genügend Raum. Zudem wurden den Slawen beim Landesausbau die gleichen Rechte und Privilegien eingeräumt wie den zuziehenden Deutschen. Binnen weniger Jahrzehnte wurde die Region zwischen Elbe und Oder rein (nieder-) deutschsprachig; nur in der Lausitz hielten sich – vereinzelt bis heute – slawische Sprachinseln.

1200–1448
Die Handelsstadt im Mittelalter

DIE „GRÜNDUNG" DER DOPPELSTADT BERLIN-CÖLLN: VOM MARKTFLECKEN ZUR STADT

Um die früheste Geschichte der Stadt Berlin zu rekonstruieren, muss man sich auf Spurensuche in den Quellen begeben. In der um 1280 geschriebenen Chronik der brandenburgischen Markgrafen heißt es, die Markgrafenbrüder Johann I. und Otto III., die von 1225 bis 1266 gemeinsam regierten, hätten Strausberg, Frankfurt (Oder), Angermünde, Liebenwalde, Stargard, Neubrandenburg, Berlin und zahlreiche weitere Städte „erbaut" („extruxerunt").

Während die Urkunde zur Stadtrechtsverleihung an Spandau vom **7. März 1232** erhalten ist, gibt es kein vergleichbares Dokument zu Berlin. Als „Stadt" („civitas") wird Berlin erstmals **1251** urkundlich genannt, die Schwesterstadt Cölln erst zehn Jahre später. Beide Städtenamen tauchen jedoch schon früher auf: Unter einem Vertrag zwischen dem Bischof von Brandenburg und den Markgrafen vom 28. Oktober 1237 erscheint als Zeuge ein „Symeon, Pfarrer von Cölln" („plebanus de Colonia"). Derselbe Symeon wird in einer Urkunde vom Januar 1244 als Propst von Berlin genannt. Das heißt: **1244** war Berlin bereits der Mittelpunkt eines größeren kirchlichen Verwaltungsbezirks, eines Archidiakonats.

1251 wird den Bürgern von Prenzlau die gleiche Zollfreiheit gewährt wie den Brandenburgern und den Berlinern. 1253 erhält Frankfurt (Oder) von den Markgrafen das Stadtrecht nach dem Vorbild Berlins. Berlin muss also, wenn es als Vorbild dieser ambitionierten neuen Stadtgründung diente, bereits ein bedeutender Handelsplatz gewesen sein.

Interessant ist nun, dass in Frankfurt keine neue Stadt entstand. Die brandenburgischen Markgrafen, die das Land Lebus 1253 vom Herzog von Schlesien übernahmen, erweiterten vielmehr einen älteren Marktort – mit der Nikolaikirche – um ein Vielfaches. Die Neustadt erhielt ein planmäßiges Straßenraster, im Zentrum entstanden der Marktplatz und die Marienkirche. Auch Brandenburg/Havel und Jüterbog entwickelten sich aus kleineren Marktorten, die aber schon dem Fernhandel dienten.

Ein Blick auf den Stadtplan des alten Berlin lässt vermuten, dass die Entwicklung hier ebenso verlief: Die kleinen, unregelmäßigen Gassen des Nikolaiviertels stehen und standen in auffälligem Gegensatz zum planmäßigen Schema der übrigen Stadtviertel, deren Zentrum der Neue Markt vor der Marienkirche bildete.

Betrachten wir nun die Ergebnisse der archäologischen Untersuchungen: Der Unterbau des Turmmassivs an der Nikolaikirche stammt noch vom ersten romanischen Kirchenbau, dessen Grundriss man durch Ausgrabungen rekonstruieren konnte. Baustil, Baumaterial und die Mauertechnik datieren diesen ersten steinernen Kirchenbau eindeutig in die erste Hälfte des 13. Jahrhunderts. Das gleiche gilt für die erste Petrikirche, die Pfarrkirche Cöllns. Unter beiden romanischen Bauten fand man jedoch die Reste älterer Friedhöfe. Einige Gräber werden von den Fundamenten der romanischen Kirchen überschnitten, was zeigt, dass beide Friedhöfe definitiv älter sind als die romanischen Kirchen. Die Toten liegen in Holzsärgen mit dem Kopf nach Westen und „schauen" nach Osten, sie waren also Christen. Am Ort der Nikolaikirche hat man über 90 Grabstätten gefunden, was hochgerechnet auf das gesamte Friedhofsareal eine Gesamtzahl von 150 bis 200 Gräbern ergibt. Legt man nun die damalige Lebenserwartung und eine durch Vergleich mit anderen Städten ermittelte Bevölkerungszahl von 200 für das Gebiet der frühen Nikolaisiedlung zugrunde, so darf man den Beginn der ältesten Siedlung Berlins für das **Ende des 12. Jahrhunderts** vermuten. Cölln auf einer Spreeinsel dürfte zur gleichen Zeit gegründet worden sein.

Wichtig ist weiterhin: Kein einziger Fund deutet auf eine direkt vorangehende slawische Siedlung hin. Wie kam die Siedlung aber dann zu ihrem slawischen Namen „Berlin"? Nicht ganz sicher, aber sehr plausibel ist die Ableitung von „brlo/berlo", was verbunden mit der Endung „-in" „Sumpf" bedeutet oder auch „trockene Stelle in einem Feuchtgebiet". Dafür spricht auch, dass der Name in Urkunden immer wieder mit Artikel („der Berlin") erscheint. Auch wenn es keine slawische Vorgängersiedlung gab, so muss es doch

Slawen gegeben haben, die den Geländenamen an die deutschen Siedler weitergaben. Mit „Bär" hat der Name ganz sicher nichts zu tun, anders als bei Bärwalde oder Bärendorf. Dass **1280** der Bär im Stadtsiegel auftaucht, zeigt nur, dass die Berliner schon damals nicht mehr den Ursprung ihres Stadtnamens kannten. Gleiches gilt für Jüterbog, dessen slawischer Name nichts mit dem Ziegenbock im Stadtsiegel zu tun hat.

Anders liegt die Sache beim Namen Cölln (oder Kölln). Dass man oft die lateinische Form „Colonia" benutzte, spricht entschieden gegen einen slawischen Ursprung. Vermutlich ist der Name von Köln am Rhein übernommen, Heimatstadt vielleicht der ersten Siedler. So könnte sich auch die Patronatswahl der Pfarrkirche erklären: Der Kölner Dom ist ebenso St. Petri geweiht (allerdings auch die Bischofskirche in Brandenburg/Havel).

So muss man den Schluss ziehen: Berlin und Cölln entstanden im Zuge des allgemeinen Landausbaus als Siedlungen „auf der grünen Wiese" – und zwar in bester Lage. Hier nämlich verengt sich das Urstromtal zwischen Barnim und Teltow auf wenige Kilometer. Talsandinseln ermöglichten den Übergang durch die sumpfige Spreeniederung und boten sicheren Baugrund. Vermutlich waren es zunächst Rastplätze beiderseits des Flusses, die Brückenköpfe eines Knüppeldamms, aus denen kleine Ansiedlungen von Händlern und Handwerkern erwuchsen: auf einer Talsandinsel links der Hauptspree Cölln, am rechten Ufer Berlin. Die Plätze beiderseits der Flussquerung, die bald durch eine Brücke gesichert wurde, entwickelten sich zu den Marktplätzen der Siedlungen. In unmittelbarer Nähe errichteten die Siedler ihre ersten Kirchen, in Berlin dem Patron der Kaufleute, St. Nikolai, gewidmet. Als die vornehmsten und ältesten Handwerkszweige Berlins galten später vier Gewerke, die schon früh die Versorgung der durchreisenden Kaufleute gewährleisteten: die Bäcker, die Fleischer, die Schuhmacher und die Schneider.

In der neuen Siedlung kreuzten sich zwei bedeutende Fernstraßen: die Süd-Nord-Straße von Halle und Leipzig über Oderberg nach Stettin und die West-Ost-Straße von Magdeburg nach Frankfurt und weiter nach Posen oder Breslau. Zudem gelangte man per Schiff über Spree, Havel und Elbe bequem nach Hamburg. Die

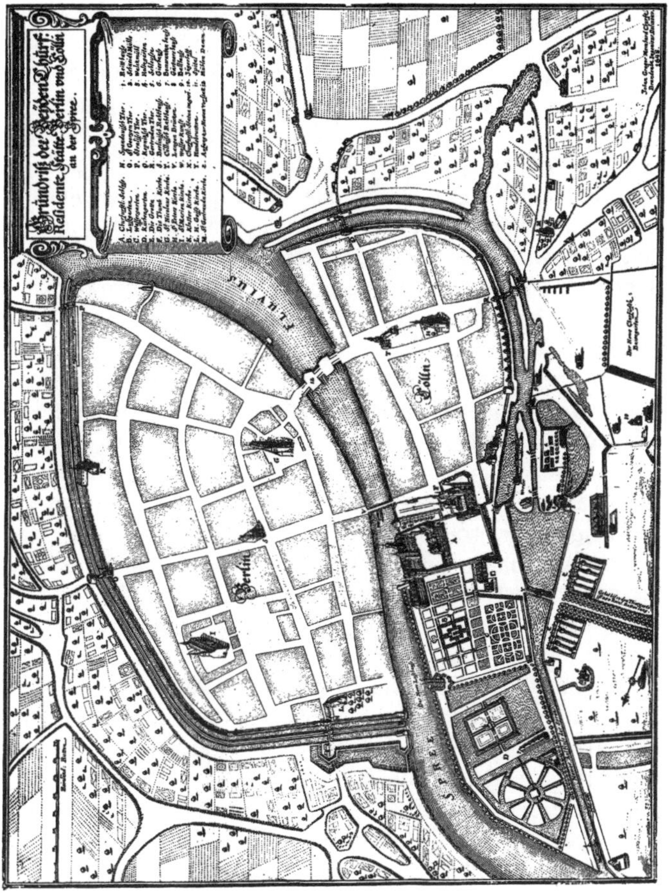

Der älteste Stadtplan von Berlin und Cölln (Gregor Memhardt um 1650)

Markgrafen dürften das Potenzial des neuen Marktfleckens schnell erkannt und die Siedlung nach Kräften gefördert haben.

Unklar ist, warum zwei Städte entstanden: Berlin und Cölln unterstanden um **1240** einem gemeinsamen Propst und einem Schultheiß, waren aber doch voneinander unabhängig. Die Herrschaftsverhältnisse waren zu dieser Zeit ziemlich verworren. Möglich ist, dass die Markgrafen Cölln als ihre Siedlung förderten, während Berlin am anderen Spreeufer noch im Einflussbereich der Herzöge von Pommern lag. Das Phänomen einer Doppelstadt findet man aber auch in Brandenburg Altstadt und Neustadt, und in Frankfurt (Oder) war ebenfalls eine unabhängige Schwesterstadt auf dem anderen Oderufer geplant.

Sicher ist jedenfalls, dass Johann I. und Otto III. Berlin und Cölln mit Stadtrechten versahen und förderten – und zwar so früh und erfolgreich, dass Berlin 1253 als Vorbild für Frankfurt dienen konnte. Cölln war durch die Lage auf der Spreeinsel von vornherein zur Rolle des „Juniorpartners" verdammt, während Berlin große Ausdehnungsmöglichkeiten besaß. Die Markgrafenbrüder ließen beide Städte ausbauen; in Berlin trat zur Nikolaisiedlung die wesentlich größere Neustadt mit dem Neuen Markt und der Marienkirche, deren Bau 1292 abgeschlossen oder zumindest weit fortgeschritten war.

Die Bürger von Berlin und Cölln erhielten von den Markgrafen Stadtrechte nach dem Vorbild Brandenburgs, die wiederum auf dem Magdeburger Recht fußten. Mit dem Brandenburger Recht gewährten die Markgrafen den Städtern die persönliche Freiheit (gegenüber den Landesherren), das Recht zu genossenschaftlichen Bindungen, das Recht, Handel und Gewerbe frei auszuüben, das erbliche Grundbesitzrecht und die Selbstbestimmung über wichtige Teile des städtischen Lebens, sofern diese nicht die Herrschaftsrechte des Stadtherren berührte. Jede Stadt konnte so ihre Verfassung zu einem lokalen Stadtrecht weiterentwickeln. Darüber hinaus erhielten die Berliner von den Markgrafen weitgehende Zollfreiheit bei ihren Handelsfahrten durch die Mark Brandenburg.

Besonders wichtig war das Recht der Niederlage, das alle fremden Händler zwang, in Berlin-Cölln Station zu machen, ihre Waren auf bestimmten Plätzen „niederzulegen" und den Bürgern zum

Verkauf anzubieten – oder stattdessen eine Gebühr zu entrichten. Diese Gebühr haben die Berliner ganz sicher bereits vor 1300 erhoben. Außerdem befreiten die Markgrafen die Berliner vom herrschaftlichen Grundzins, der sich auch auf das städtische Agrarland ringsherum bezog. Wohl mit dem Stadtrecht hatte Berlin ein Gebiet von 120, Cölln von 42 Hufen erhalten (eine Hufe betrug etwa zehn Hektar).

Für die Landesherren war die Förderung einer solchen Stadt ein gutes Geschäft: Sie erhoben den Marktzoll (eine Art Umsatzsteuer) auf jeglichen Kauf und Verkauf in der Stadt, erhielten Einkünfte aus der Berliner Münze, in der seit mindestens 1280 für das Gebiet der östlichen Mittelmark Geld geprägt wurde, und nahmen eine Gebühr für die Benutzung der Mühlen. Die Anlage von Getreidemühlen war das Recht der Landesherren, und alle Bewohner von Berlin-Cölln sowie 32 umliegenden Dörfern waren verpflichtet, ihr Korn gegen Bezahlung auf dem Mühlendamm mahlen zu lassen. Außerdem zogen die Markgrafen zwei Drittel der Gerichtsgebühren und der vom Gericht verhängten Strafgelder ein – das letzte Drittel stand dem Vorsitzenden des Gerichts, dem Schultheiß, zu.

Die Doppelstadt Berlin-Cölln gedieh prächtig. Bereits die erste überlieferte ständische Versammlung in der Mark Brandenburg fand in Berlin statt: **1280** kamen die Markgrafen mit 57 namentlich genannten Adligen zusammen, um einen Vertrag über die Erhebung der landesherrlichen Steuer abzuschließen.

Spandau und Köpenick gerieten bald ins Hintertreffen, obwohl sich auch Spandau zu einem wichtigen Handelsplatz entwickelte; die 1197 erstmals erwähnte Askanierburg wurde ein bevorzugter Aufenthaltsort der Markgrafen. Köpenick dagegen war noch bis 1245 zwischen den Askaniern, den Markgrafen von Meißen und dem Erzbischof von Magdeburg umstritten. Zudem konnte sich die Inselstadt, die nur etwa halb so groß wie Cölln war, durch ihre Flusslage kaum entwickeln.

DER AUSBAU DER STADT

Über den architektonischen Ausbau der Stadt gibt es so gut wie keine Quellen. Beide Teilstädte wurden beträchtlich erweitert und um die **Mitte des 13. Jahrhunderts** mit einer 2,5 Kilometer langen Steinmauer aus Findlingsmauerwerk umgeben, von der an der Klosterstraße noch Reste erhalten sind. Der heutige S-Bahn-Viadukt folgt zwischen Jannowitzbrücke und Museumsinsel ungefähr dem alten Mauerverlauf auf Berliner Seite. Vor der Mauer, die vermutlich sechs bis sieben Meter hoch und mit einem Wehrgang versehen war, lagen zwei Wassergräben mit einem Erdwall dazwischen. Die Mauer war mit Türmen und zahlreichen Wikhäusern (zur Stadt hin offenen Halbtürmen) versehen. Es gab drei Stadttore: im Südosten das Stralauer Tor, im Osten das Oderberger, später Königs- oder Georgentor (etwa dort, wo die Rathausstraße auf den Bahnviadukt stößt), im Norden das Spandauer Tor. Am aufwändigsten war das Oderberger Tor gestaltet: In seinen oberen Stockwerken befanden sich das Zeughaus und das Gefängnis, auf dem Wall zwischen den Wassergräben stand noch ein Außentor.

Cölln verfügte über zwei Stadttore: das Köpenicker Tor und das Gertrauden- oder Teltower Tor nahe der heutigen Gertraudenbrücke. Kleinere Teile des Spreeufers waren ebenfalls durch eine Mauer gesichert. In die Spree waren ober- und unterhalb der Stadt eisenbewehrte Eichenpfähle eingeschlagen, der schmale Durchgang für die Schiffe konnte durch einen waagerechten Baum geschlossen werden (daher die Namen „Oberbaum" und „Unterbaum").

Die alte Spreebrücke wurde durch einen Damm mit zwei, später vier Mühlen ersetzt. Das aufgestaute Wasser sorgte für den nötigen Wasserdruck für die Mühlen, aber auch für ausreichende Bewässerung der Befestigungsgräben. Der Mühlendamm blockierte die Durchfahrt für die Schiffe, sodass alle Waren zwischen „Oberspree" und „Unterspree" umgeladen werden mussten. Eine Durchfahrt durch den Cöllner Stadtgraben wurde erst 1550 durch den Bau einer Schleuse möglich.

Als zweite Verbindung zwischen Berlin und Cölln kam die Neue Brücke, die spätere Lange Brücke als Verlängerung der Oderberger Straße hinzu. Diese heutige Rathausstraße war die „Haupteinkaufstraße" des mittelalterlichen Berlin. An der Ecke Spandauer/Mittelstraße, der wichtigsten Kreuzung der Stadt, stand das Berliner Rathaus, das nach mehreren Stadtbränden jeweils verändert wieder hergestellt wurde. Der letzte und wohl auch älteste Teil, die zweigeschossige Gerichtslaube, wurde 1871 abgetragen und (in neugotischer Form) im Schlosspark von Babelsberg wieder aufgebaut. Eine weitere Kopie dient heute im Nikolaiviertel als Gaststätte. Im offenen Erdgeschoss tagte öffentlich das Gericht, darüber lag die Ratsstube, der Sitzungssaal des Stadtrates. In einem zweiten Bauteil des Rathauses befanden sich das Kaufhaus, in dem Händler ihre Waren anboten, ein Festsaal und der Ratskeller mit einem Bierausschank. Ein Pfeiler der Gerichtslaube diente als Pranger: Der „Kaak" zeigte einen Vogel mit Menschengesicht und Eselsohren, der auf einer Konsole hockte – Sinnbild für Schimpf und Spott.

Von der ersten steinernen Nikolaikirche blieb der Unterbau des Westriegels erhalten, der den Bürgern der noch unzulänglich befestigten Stadt als letzte Zuflucht diente. Die ganze Gestalt des romanischen Granitquaderbaus zeigt ein Modell in der heutigen Kirche. Die Cöllner Petrikirche dürfte ähnlich ausgesehen haben.

Noch vor 1300 wurden die Nikolai- und die Petrikirche beträchtlich erweitert. An St. Nikolai riss man das alte Kirchenschiff ab und ersetzte es durch einen Hallenbau (d. h. einen Bau mit drei gleich hohen Kirchenschiffen) aus Backstein. Auch die zweite Pfarrkirche auf Berliner Seite, St. Marien, wurde aus Backstein erbaut – als relativ schlichter, aber durch seine Größe beeindruckender Bau ohne Turm (der kam erst im 15. Jahrhundert hinzu) und nach dem Vorbild der Bettelordenskirchen.

Die so genannten Bettelorden ließen sich im 13. Jahrhundert in den Städten nieder, um zu predigen und Seelsorge zu betreiben. Die Mönche lebten von Spenden und Almosen und konnten daher nur in Städten mit einer gewissen Wirtschaftskraft überleben. Bereits um **1250** gab es in Berlin einen Franziskanerkonvent, das erste namentlich bekannte Mitglied, Hermann von Langele, diente den Markgrafenbrüdern als Beichtvater. **1271** traten die Markgrafen einen Teil ihres Berliner Grundstücks den Franziskanern ab, die sofort mit dem Bau einer Kirche und eines Klosters begannen. Die im Laufe der Zeit reich ausgestattete Kirche, die bei Mitgliedern der markgräflichen Familie, Adligen und betuchten Bürgern auch als Grablege beliebt war, wurde im Zweiten Weltkrieg zerstört und steht heute als Ruine an der Klosterstraße.

Neben den grau gewandeten Franziskanern ließen sich kurz vor **1297** auch Angehörige des zweiten großen Bettelordens, die „Brüder" der Dominikaner, in der Doppelstadt nieder: in Cölln am nördlichen Ende der heutigen Brüderstraße. Ihr Kloster musste später dem Schlossbau weichen, die Kirche wurde Mitte des 18. Jahrhunderts abgerissen.

Zwei Spitäler gab es im Berlin des 13. Jahrhunderts: das Heiliggeistspital am Spandauer Tor, von dem noch heute die Kapelle auf der Spandauer Straße erhalten ist, und das Georgenspital, das vor dem Oderberger Tor (am heutigen Alexanderplatz) lag und auch als Krankenhaus für die Aussätzigen (Leprakranken) diente. Anfang des 15. Jahrhunderts kam das Gertraudenspital in Cölln hinzu, von dem der Spittelmarkt seinen Namen trägt.

An der östlichen Stadtmauer hatten sich die Markgrafen ein großes Grundstück reserviert. Hier entstand die **1261** erstmals erwähnte „aula Berlin", das „Hohe Haus", das den Markgrafen bei ihren Berlinbesuchen als Quartier diente. Als man 1931 begann, das barocke Gebäude in der Klosterstraße 76 für den Neubau eines Kaufhauses abzureißen, kam unter dem alten Putz völlig überraschend ein frühgotischer Backsteinbau zum Vorschein – die mittelalterliche Residenz der Landesherren in Berlin war wieder entdeckt! Berlin-typisch wurden die Reste dieses historisch so interessanten zweigeschossigen Baus, in dessen Zentrum ein dreischiffiger Saal lag, genauestens vermessen und dann abgerissen. Einzig das Portal blieb erhalten – man baute es im Märkischen Museum ein.

Das Hohe Haus war aus Stein errichtet, aber keine Burg. Als „Festung" fungierte vielmehr die gesamte Doppelstadt, deren Bürger sich selbst verteidigten. Im Notfall konnten sich die Landesherren hierhin zurückziehen. Die Markgrafen hielten sich jedoch selten in Berlin auf, häufig dagegen in der Burg Spandau, wo sie sich zum großen Teil durch Berliner Händler versorgen ließen.

Berlin umfasste nun eine Fläche von 47, Cölln von 23 Hektar.

Die meisten Häuser, überwiegend giebelständige Fachwerkbauten, dienten zugleich Wohn- und Wirtschaftszwecken. Am Stadtrand befanden sich auch größere Höfe mit Wirtschaftsgebäuden und große Gartengrundstücke.

Die Rechte der Markgrafen vertrat in Berlin und Cölln der Schultheiß. Er leitete das niedere Stadtgericht, dem sieben auf Lebenszeit bestimmte Schöffen aus der Bürgerschaft angehörten, und die beiden Stadtverwaltungen mit dem Stadtrat als oberstem Gremium. Der in Berlin aus zwölf, in Cölln aus sechs Mitgliedern bestehende Rat regelte das gesamte Wirtschaftsleben: Er kontrollierte die Jahr- und Wochenmärkte, beaufsichtigte Maße und Gewichte, prüfte die Qualität der einheimischen Produkte und gab den Handwerker-„Innungen" ihre Satzungen. Verletzungen dieser Regeln ahndeten die Ratmannen selbst – meist mit Geldbußen, zuweilen auch mit drakonischeren Strafen. Wer etwa beim Brotverkauf schummelte, wurde auf einem „Schupfstuhl" ins Wasser getaucht, „zänkische" Marktfrauen mussten „Schimpfsteine" tragen.

Beherrscht wurde der Rat durch die Kaufleute. Berlin und Cölln dienten zwar der Umgebung als wichtiger Nahmarkt, ihren raschen Aufschwung verdankten sie jedoch dem Fernhandel. Besonders wichtig war die Schiffsverbindung nach Hamburg. Im 1288 angelegten Hamburger Schuldbuch, das alle auf Kreditbasis geschlossenen Geschäfte der folgenden zehn Jahre verzeichnet, wird die Doppelstadt oft genannt, übertroffen nur von Gent, Utrecht und Lüneburg. Die für die Kaufleute aus Berlin und Cölln verzeichnete Gesamtsumme übersteigt die aller anderen märkischen Städte zusammen. Die Berliner Händler lieferten vor allem Eichenholz und Getreide von Teltow und Barnim – „Berliner Roggen" war in Hamburg als Qualitätsware bekannt. Zahlreiche Berliner Kaufleute fuhren mit ihren Waren weiter bis nach Flandern, wo sie im Gegenzug Tuch kauften. Um **1300** jedoch unterbanden die Hamburger den Durchgangshandel, um Hamburgs Position als Umschlagplatz zu stärken.

In den „Boom" auf der Ostsee waren die Berliner Kaufleute durch den Handel mit Stettin einbezogen. Der Handelsweg führte über Land nach Oderberg, wo alle Waren auf Schiffe umgeladen wurden. Aus Stettin brachten die Berliner Kaufleute vor allem Hering ins Binnenland, die wichtigste Fastenspeise, aber auch andere Fischsorten, Gewürze, Häute und Felle, die vom Ostufer der Ostsee kamen. Im 14. Jahrhundert galt Berlin als Hauptfischmarkt der Mark. Die Heringe wurden hier umgepackt und neu gesalzen. Zwei eigens von der Stadt angestellte Salzmeister überwachten den Salzhandel.

Die Fernhändler spielten bei der Ausbildung des mittelalterlichen Städtewesens generell eine große Rolle. Auf den Handelsfahrten und vor Ort schlossen sie sich zu Genossenschaften zusammen, um ihre Interessen stärker zu vertreten. So entstand zum Beispiel die Hanse ursprünglich als Genossenschaft der Gotlandfahrer. Die Erfahrungen, die die Kaufleute in der genossenschaftlichen Selbstverwaltung machten, prägten entscheidend die Verfassungen der mittelalterlichen Städte.

Juden werden in Berlin erstmals **1295** erwähnt. Vermutlich kamen die ersten Familien mit den Siedlern aus dem Westen in die Mark Brandenburg. Vor allem die jüdischen Geldhändler waren hochwillkommen, schließlich erforderte der Ausbau der Städte und des Handels Geld und Kredite, und die Kirche hatte das Verleihen von Geld gegen Zins allen Christen verboten. Die Juden erhielten vom Markgrafen ein Sonderbürgerrecht, da sie nicht zur – christlich geprägten – Bürgergemeinde und zu den Zünften gehören durften. Im Mittelalter bestatteten die Berliner Juden ihre Toten auf dem 1324 erstmals erwähnten Friedhof von Spandau, wo es wohl schon früh eine große jüdische Gemeinde gab. Die Jüdenstraße in Berlin wird 1392 erstmals so genannt.

UNRUHIGE ZEITEN: DAS 14. JAHRHUNDERT

Das 14. Jahrhundert bescherte Berlin unruhige Zeiten. Die Stadt wurde von äußeren Katastrophen und inneren Konflikten heimgesucht, das Land ringsum drohte mehrmals in Anarchie zu versinken. Dennoch setzte sich der enorme Aufschwung Berlins und Cöllns fort, und um 1400 stand die Doppelstadt (für brandenburgische Verhältnisse) als mächtige und reiche Stadt dar.

Ein schwerer Schlag traf das Land mit dem Tod des Markgrafen

Waldemar (Woldemar), der in seiner Regierungszeit (1308–19) zahlreiche Kriege und Eroberungszüge, die schwersten in Richtung Ostseeküste, geführt hatte. Seine teils glänzenden Erfolge waren jedoch durch finanzielles Chaos erkauft. Ein Jahr nach Waldemars überraschendem Tod starb mit seinem minderjährigen Vetter Heinrich **1320** der letzte brandenburgische Askanier.

Und sofort begann der Kampf um das Erbe. Von allen Seiten erhoben die Nachbarmächte Ansprüche: Die pommerschen Herzöge besetzten die Uckermark und Teile der Neumark, die Fürsten von Mecklenburg-Schwerin brachten die Prignitz unter ihre Pfandherrschaft; Polen begann die Rückeroberung der östlichen Neumark, die Herzöge von Braunschweig übernahmen die Altmark als Pfand, der Erzbischof von Magdeburg das Land Jerichow. Die Kontrolle über die Mittelmark mit Berlin sicherten sich zunächst Waldemars Witwe, Markgräfin Agnes, und Heinrichs Vormund, Herzog Rudolf von Sachsen-Wittenberg.

1323 zog der deutsche König, Ludwig der Bayer, die Mark als erledigtes Lehen ein und übergab sie seinem achtjährigen Sohn Ludwig.

In diese Zeit gab es einen Vorfall, dessen Hintergründe nicht ganz klar sind. **1324** soll der Bernauer Propst Nikolaus als Gastprediger in der Marienkirche gegen den neuen Markgrafen Ludwig gewettert haben. Als er die Kirche verließ, kam es zu einem Aufruhr, der Propst wurde erschlagen und auf dem Neuen Markt verbrannt. Berlin und Cölln wurden daraufhin vom Papst mit dem Kirchenbann belegt, d. h. das normale kirchliche Leben wurde untersagt. Nur die Bettelmönche durften weiterhin Gottesdienste abhalten. Nach langem Prozess verpflichtete sich der Rat 1335, an der Stelle des Totschlags ein Sühnekreuz zu errichten, dessen steinerner Nachfolger noch heute neben dem Haupteingang zur Marienkirche steht. Nach weiteren zähen Verhandlungen um Wiedergutmachungszahlungen an die Familie des Getöteten wurde der Bann **1347** schließlich aufgehoben.

Das Berliner Stadtbuch vermerkt lapidar, dass Geistliche und Laien „leider selten gute Freunde" würden, und wirft den Kirchenmännern „Gierigkeit und Unkeuschheit" vor. **1364** traf es den Schreiber des Erzbischofs von Magdeburg, der angeblich eine Bürgersfrau belästigt hatte. Er wurde hingerichtet, obwohl nur der zuständige Bischof über Geistliche richten durfte. Die Städter kamen jedoch ungeschoren davon.

Unter Markgraf Ludwig (dem Älteren) und seinen Nachfolgern aus den Familien der Wittelsbacher (1323–73) und der Luxemburger (1373–1411) wurde die Mark zum Nebenland, regiert zumeist von fremden Statthaltern in Vertretung der Landesherren, die sich in Bayern, Böhmen oder Mähren aufhielten. Die Mark war für sie nicht mehr als eine willkommene Einnahmequelle, obwohl das Markgrafenamt auch mit der Kurwürde verbunden war. Die Goldene Bulle Kaiser Karls IV. von **1356** bestimmte den Markgrafen von Brandenburg zu einem der sieben Reichsfürsten, die im Dom zu Frankfurt (Main) den deutschen König wählten.

Die Städte nutzten die unsichere Lage, indem sie den stets in Geldnöten steckenden Landesherren Rechte und Einnahmen abkauften. Durch Städtebünde und eine geschickte „Außenpolitik" versuchten sie gleichzeitig, sich gegen Chaos und politische Unsicherheit abzusichern. Vor allem die Raubzüge und Fehden des wirtschaftlich angeschlagenen Adels bedrohten den Lebensnerv der Städte.

1308 kam es auf Anregung von Berlin-Cölln zu einem ersten märkischen Städtebund. **1321** vereinbarten mehr als 20 Städte der Mittelmark und der Niederlausitz in Berlin, sich im Falle einer Bedrohung gegenseitig beizustehen und ihre Haltung gegenüber dem Landesherren miteinander abzustimmen. Im Jahr **1345** beschlossen in Berlin die Vertreter der Städte, der Ritterschaft sowie die Bischöfe von Brandenburg und Havelberg, keine weiteren Geldforderungen der Markgrafen zu akzeptieren. Die Städte waren damit vom Adel und den Bischöfen als gleichberechtigter politischer Partner, als dritter „Stand", anerkannt.

Seinen Höhepunkt erreichte das Chaos, als die Mark in die Feindschaft zwischen Wittelsbachern und Luxemburgern, den Konkurrenten um die deutsche Königskrone, hineingezogen wurde. **1348** tauchte ein Pilger beim Erzbischof von Magdeburg auf und erklärte, er sei der Markgraf Waldemar. Er habe seinen Tod 1319 nur vorgetäuscht und sei stattdessen auf Pilgerfahrt gegangen, da ihn Gewissensbisse wegen der Ehe mit einer nahen Verwandten geplagt hätten. Die Indizien sprechen deutlich, wenn auch nicht mit letzter Sicherheit, gegen diese Geschichte. Für König Karl IV. aus dem Hause Luxemburg war der „falsche Waldemar" jedoch ein Geschenk des Himmels. Im Feldlager vor Müncheberg setzte er ihn feierlich wieder als Markgrafen ein. Und auch die Bevölkerung lief freudig zum letzten Askanier über. Allein die Stadt Brietzen hielt zu Markgraf Ludwig, und seitdem heißt sie Treuenbrietzen.

Schon **1349** allerdings söhnten sich Karl IV. und die Wittelsbacher aus, und **1350** mussten alle Städte Ludwig wieder anerkennen. Der Kampf zwischen Waldemar und den Wittelsbachern zog sich noch bis **1355** hin. Zwei Jahre später starb der vermeintliche Askanier friedlich in Dresden, wo er protokollarisch korrekt als Markgraf bestattet wurde.

Zu den politischen Wirren kamen weitere Katastrophen: **1348** erschien der „Schwarze Tod" in Europa, und auch in Berlin-Cölln raffte die Pest einen Teil der Bevölkerung dahin. Ohnmacht und Wut ließen die Städter an den Juden aus, die erstmals in Berlin (und in Spandau) zu Pogromopfern wurden. Wie viele Juden getötet oder vertrieben wurden, ist unbekannt. 1354 aber nahm die Stadt wieder sechs jüdische Familien auf, gegen Ende des Jahrhunderts lebte eine größere Zahl von Juden in Berlin.

Ein großer Stadtbrand erfasste 1376 vor allem Cölln; vier Jahre später, in der Nacht vom 10. auf den 11. August 1380, wurde die andere Spreeseite fast vollständig ein Raub der Flammen – Steinhäuser gab es erst wenige in der Stadt.

Zumindest politische Erholung versprach die Regentschaft Kaiser Karls IV. seit **1373**, der die Mark den Wittelsbachern abgekauft hatte. Er versuchte den allgemeinen Landfrieden wiederherzustellen und begann Tangermünde zur neuen Hauptresidenz der Mark auszubauen. Doch er starb schon 1378. Von unschätzbarem Wert ist das „Landbuch", in das der Kaiser 1375 alle landesherrlichen Rechte und Einnahmen eintragen ließ. Und dort zeigte sich: Berlin-Cölln brachte dem Landesherrn durch die Mühlenabgaben und die Steuer („Urbede") mehr Geld ein als alle anderen Städte der Mark.

Unter Karls Söhnen und Neffen erlebte das Land einen neuen

Tiefpunkt. Die Mark wurde mehrfach geteilt, die Herrscher ließen sich kaum blicken, die Zentralgewalt zerfiel, Raubritter machten die Handelswege unsicher. Am ärgsten trieben es die Ritter von Quitzow, deren Stammsitz in der Prignitz nordwestlich von Perleberg lag. Von der Burg Plaue bei Brandenburg aus, die über eine Heirat in ihren Besitz gelangt war, zogen sie übers Land und plünderten oder verschleppten alles, was gute Beute versprach.

Schließlich sahen sich 21 brandenburgische Bündnisstädte gezwungen, eine gemeinsame Truppe aus Panzerreitern und Armbrustschützen aufzustellen. 1399 erließen sie ein Vermummungsverbot, demzufolge niemand „med vorbunden antlate" (Antlitz) durch eine Stadt reiten dürfe.

1402 verlagerten die Quitzows ihre Aktionen in Richtung Berlin-Cölln. Die Raubritter verbündeten sich mit den Herzögen von Pommern und den Grafen von Lindow-Ruppin, fielen in den Barnim ein und eroberten u. a. Schloss Bötzow (Oranienburg) und die Stadt Strausberg.

Als die Pommern und die Quitzows sich zerstritten, griffen die Städte auf Betreiben Berlin-Cöllns zu einem gewagten Manöver: Sie stellten Dietrich von Quitzow gegen hohen Sold an die Spitze ihrer Truppen und machten seinen Bruder Johann zum Landeshauptmann der Mittelmark. Tatsächlich gelang es, die Pommern **1404** aus der Mark zu vertreiben.

Die Städter waren so froh, dass „die reichen und namhafftigsten zu Berlin und Cöln Diterich von Quitzow zu scheinbaren und kostlichen eßen geladen, ihm zu ehren den tisch mit schönen frauen und seitenspiel" zierten. Der Chronist berichtet, „wie sie ihn auf den abendt mit laternen, fackeln und freundengesengen zu seiner herberge gefurt und begleitet haben (...), wie sie ihm offte einen abendtantz mit schonen gezierten jungfrauen und weibern zu ehren gehalten und welschen wein geschenckt haben".

Doch dem Ritter wurde bald langweilig. Es kam zum Streit, **1410** zum offenen Bruch. Dietrich von Quitzow hatte inzwischen Saarmund, Trebbin, Bötzow, Strausberg, Rathenow und sogar Burg und Stadt Köpenick besetzt und kontrollierte so die wichtigsten Handelswege von und nach Berlin-Cölln. Und bald begannen wieder Raub und Erpressung. Als die Quitzows das vor der Stadtmauer

Friedrich von Hohenzollern wird mit der Mark Brandenburg belehnt

weidende Vieh nach Bötzow forttrieben, setzte ihnen die Berliner Bürgerwehr nach und erlitt eine schmähliche Niederlage: Wer nicht getötet wurde, wurde als Geisel gefangen genommen.

Die Rettung in höchster Not kam aus ungeahnter Richtung: Nach dem Tod des Markgrafen Jobst von Mähren ernannte König Sigismund im Juli **1411** einen tatkräftigen Mann zum „obersten Verweser und Hauptmann in der Mark": Burggraf Friedrich VI. von Nürnberg aus der mächtigen Familie der Hohenzollern. Mithilfe der Berliner, nicht aber der Cöllner Bürger – was noch viele Jahre für Streit zwischen den Teilstädten sorgte – schlug Friedrichs Truppe am 24. Oktober 1412 am Kremmer Damm zunächst die erneut in die Mark eingefallenen Pommern. Und nachdem Verhandlungen mit den Raubrittern gescheitert waren, zog er im Frühjahr 1414 gegen die Burgen der Quitzows und ihrer Mitverschwörer und eroberte sie leicht. Wie weit die Hilfe der Berliner ging, zeigt Friedrichs Testament von 1440, in dem er festsetzte, man solle die Berliner Marienkirche für den Verlust ihrer Glocken, die man zum Gießen von Geschützen gebraucht habe, entschädigen. **1414** verkündete Friedrich ein Landfriedensgesetz, das Fehden für alle Zukunft verbot. Endgültig besiegt war das Raubritterwesen allerdings erst um 1500.

Zum Dank für seine Verdienste um König und Reich erhielt Friedrich **1415** die Markgrafschaft, das Kurfürstentum und damit auch das Amt des Reichserzkämmerers als erblichen Besitz. Die märkischen Stände huldigten ihm – im Berliner Franziskanerkloster. **1417** wurde Friedrich in Konstanz feierlich mit der Mark belehnt.

Damit begann eine neue Epoche in der Geschichte des Landes – über 500 Jahre blieben die Hohenzollern die Herrscher der Mark Brandenburg. Und keine 30 Jahre später sollten auch Berlin und Cölln zum Schauplatz turbulenter Ereignisse werden, die eine tiefe Zäsur in der Stadtgeschichte darstellen und ihr eine ganz neue Richtung gaben.

Die Markgrafen von Brandenburg (ab 1356 auch Kurfürsten), ab 1701 Könige in/von Preußen, ab 1871 Deutsche Kaiser
(falls nicht anders angegeben, als Regenten gestorben)

Askanier	
Albrecht I. der Bär (* um 1100)	1134/1157–70
Otto I. (* um 1130)	1170–84
Otto II. (* nch 1147)	1184–1205
Albrecht II. (* vor 1177)	1205–20
Johann I. (* um1213)	1220–66
Otto III. (* 1241/15)	1220/25–67
Johann II. (* ?)	1266–81
Otto IV. (* um 1238)	1266–1308
Konrad (* um 1240)	1266–1304
Heinrich I. (* ?)	1293–1318
Johann IV. (* um 1261)	1286–1305
Waldemar (* um 1280)	1308–19
Heinrich II. (* um 1308)	1319–20
Wittelsbacher	
Ludwig (V.) der Ältere (1315–61)	1323–51
Ludwig (VI.) der Römer (*1330)	1351–65
Otto der Faule (* um 1308)	1351–73
Luxemburger	
Wenzel (1361–1419)	1373–78
Sigismund (1368–1437)	1378–97 und 1411–15
Jobst von Mähren (*1354)	1397–11, seit 1388 Pfandbesitzer der Mark
Hohenzollern	
Friedrich I. (*1371)	1415–40
Friedrich II. (*1413)	1440–70
Albrecht Achilles (*1414)	1470–86

Johann Cicero (*1455)	1486–99
Joachim I. Nestor (*1484)	1499–1535
Joachim II. Hektor (*1505)	1535–71
Johann Georg (*1525)	1571–98
Joachim Friedrich (*1546)	1598–1608
Johann Sigismund (1572–1620)	1608–19
Georg Wilhelm (*1595)	1619–40
Friedrich Wilhelm, der Große Kurfürst (*1620)	1640–88
Friedrich III./I. (*1657)	1688–1713, König seit 1701
Friedrich Wilhelm I. (*1688)	1713–40
Friedrich II., der Große (*1712)	1740–86
Friedrich Wilhelm II. (*1744)	1786–97
Friedrich Wilhelm III. (*1770)	1797–1840
Friedrich Wilhelm IV. (*1795)	1840–1858/61
Wilhelm I. (*1797)	1861–88, 1858–61 Prinzregent
Friedrich III. (*1831)	März–Juni 1888
Wilhelm II. (1859–1941)	1888–1918

AUF DEM WEG ZUR AUTONOMIE: DIE INNERE ENTWICKLUNG BERLINS UND CÖLLNS

Hatten die Landesherren ihren Städten anfangs großzügig Privilegien eingeräumt, so begannen sie ihnen bald Rechte und Einnahmen zu verkaufen. Schon 1280 erwarben die Berliner einen Teil der Einkünfte aus der Münze. Für den Landesherren war die Münze ein prächtiges Geschäft, weil er seine Untertanen immer wieder zwingen konnte, alte Münzen gegen eine geringere Zahl von neu geprägten Pfennigen einzutauschen. Erst **1369** machten Berlin und zwölf andere Städte diesem Ärgernis ein Ende: Sie kauften dem Markgrafen für die enorme Summe von 6500 Mark das gesamte Münzrecht ab. Künftig sollte ein „ewiger Pfennig" für den Berliner Münzbezirk gelten.

1298 kauften die Berliner für viel Geld den Köpenicker Spreezoll – er wurde künftig nicht mehr erhoben. Zudem erreichten sie eine Pauschalierung der landesherrlichen Steuer. Die Stadt zahlte dem Landesherrn jährlich nur noch eine einmal festgelegte – und von der aktuellen Bevölkerungszahl unabhängige – Steuersumme, die „Urbede", und legte diese dann intern auf die Bürgerschaft um.

Bezeichnend ist die Entwicklung des Berliner Stadtsiegels: Das älteste bekannte Berliner Siegel von 1253 zeigt – zeittypisch – ein Stadttor und das Zeichen des Stadtherrn: den Adlerschild der Markgrafen. (Das ganz ähnliche Spandauer Siegel hat sich bis heute erhalten.) **1280** erscheint ein individuelleres Siegel, das zwei Bären beiderseits des Adlerschildes zeigt. Auf dem dritten Siegel, das spätestens **1338** in Gebrauch war, erhielt der Bär nun eine beherrschende Stellung gegenüber dem landesherrlichen Adler. Das vierte Siegel 100 Jahre später zeigt den Adler dann thronend auf dem Rücken des Bären. Doch so weit sind wir noch nicht.

1307 schlossen sich Berlin und Cölln mit Zustimmung des Markgrafen zu einer „Union" zusammen. Für den gemeinsamen Rat aus zwölf Berliner und sechs Cöllner Mitgliedern entstand „twischen Berlin unde Collen", d. h. auf oder an der Neuen Brücke, ein gemeinsames Rathaus, das zuerst **1342** erwähnt wird. Nach außen trat die Doppelstadt nun mit einer Stimme auf, im Innern wurden manche Angelegenheiten gemeinsam, andere, wie die Zunftordnungen und die Vermögensverwaltung, weiterhin separat geregelt. Beide Städte führten ihre eigenen Siegel, und auch die alten Rathäuser blieben in Betrieb.

Einen Blick in die politischen Verhältnisse gewährt das „Stadtbuch" aus den 1390er Jahren. Demnach bestand der Berliner Rat aus zwölf, der Cöllner aus sechs Ratmannen, die jeweils für ein Jahr amtierten. Dann wählten sie selbst ihre Nachfolger, berieten als „alter Rat" den neuen Stadtrat und konnten nach einem Jahr wieder in den amtierenden Rat gewählt werden. Die übrigen Bürger hatten keinerlei Stimmrecht.

Tatsächlich war die Rotation zwischen beiden Räten die Regel, sodass sich mit der Zeit eine städtische Führungsgruppe aus wenigen reichen Kaufmannsfamilien herausbildete. Weil dieses Patriziat den zum Teil wohlhabenden Handwerkern mehr Einfluss verweigerte, war der Konflikt vorprogrammiert. Zum ersten Mal brach er **1345** aus: Als sich die märkischen Stände auf einer Versammlung in Berlin neuen Geldforderungen des Landesherrn verweigerten, kam es zum Bruch zwischen Stadtrat und Markgraf. Ludwig unterstützte daraufhin massiv die innerstädtische Opposition gegen den Rat. Und der war gewarnt, denn in Stendal hatten die Bürger gerade ihren Rat gestürzt und einige Kaufmannsfamilien vertrieben. So unterwarfen sich die Ratmannen schließlich Markgraf Ludwig und verpflichteten sich unter anderem, den Gewerken in Berlin vier (von zwölf), in Cölln zwei (von sechs) Ratsposten einzuräumen. Die Kaufmannschaft war geschwächt, behielt aber ihre Vormachtstellung. 1348 versuchte der Markgraf wohl erneut, die Opposition gegen den Rat aufzuwiegeln – diesmal ohne Erfolg.

In den 1370er Jahren kam es wiederum zu Spannungen, als Bürgermeister Tiele Wardenberg nicht wieder in den Rat gewählt wurde und daraufhin die „gemeinen Bürger" gegen die Ratmannen aufzuwiegeln versuchte. Anscheinend warf man sich gegenseitig die Veruntreuung städtischer Gelder vor. Anlass zum Streit bot wohl immer wieder auch das Prinzip der Steuererhebung, das sich am Grund und Boden orientierte, egal ob der Bürger diese besaß oder nur pachtete. Die großen Besitzungen der Patrizier, die außerhalb des Stadtgebiets lagen, waren dagegen, gemäß den Beschlüssen des Stadtrats, der Steuer entzogen.

Um **1380** holte der Rat erstmals die Zustimmung der vier Gewerke und der „Gemeinde", also der Versammlung aller Bürger, ein. Die Ratmannen suchten den Schulterschluss, damit sich der Markgraf oder die Quitzows nicht die inneren Spannungen zunutze machen könnten. Auch das Verhältnis zwischen Berlin und dem kleineren Cölln war immer wieder angespannt. In den 1390er Jahren strebte der Rat gar eine Vereinigung beider Städte an. Doch dazu kam es nicht. Vielmehr ist **1412** erneut von einer Verschwörung der Bürgergemeinde gegen den Rat die Rede, bei der ein Mitglied einer angesehenen Ratsfamilie an der Spitze stand.

Längst nicht jeder Stadtbewohner besaß das Bürgerrecht, das einheitlich für beide Teilstädte galt. Söhne von Bürgern erbten es automatisch, Fremde mussten in einer feierlichen Zeremonie im

Rathaus Treue und Gehorsam gegenüber dem Stadtherrn und dem Stadtrat schwören, sich zu Steuerzahlung, Wachdienst und Heerfolge verpflichten sowie ein Bürgergeld zahlen. Mit dem Bürgerrecht erhielten sie Anteil am gemeinsamen Besitz der Stadt, durften z. B. für den Eigenbedarf in der Spree fischen, die Bürgerweide, die Allmende, vor den Stadtmauern nutzen und Brennholz aus der Stadtheide beziehen. Nur Bürger konnten einen Anteil am städtischen Ackerland erhalten und durften Bier brauen.

Voraussetzung für die Aufnahme in die Bürgerschaft war die „Ehrbarkeit", die zum Beispiel unehelich Geborene und Menschen in „unehrlichen" Berufen wie Abdecker, Henker, Schäfer, Bader oder sogar Müller nicht besaßen. Ehefrauen besaßen das Bürgerrecht durch ihren Mann, behielten es aber auch nach seinem Tod und durften so ein bürgerliches Gewerbe betreiben. Mehr als die Hälfte der städtischen Bevölkerung besaß kein Bürgerrecht. Sie waren lediglich „Einwohner" („inwoner") und arbeiteten zumeist als Dienstmägde und -knechte, Tagelöhner und Handlanger.

Um 1400 spielte der Schultheiß in der Stadtregierung keine Rolle mehr. Den Vorsitz im Rat führten nun zwei gewählte Älterleute oder Ratsmeister, die erst später Bürgermeister genannt wurden. Die nächstwichtigen Ratsmitglieder waren die beiden Kämmerer, die das städtische Vermögen verwalteten. Zudem gab es als eigenes Ressort die Baumeisterei. Die laufenden Geschäfte besorgte ein vom Stadtrat besoldeter Stadtschreiber oder „notarius". Weitere Stadtbedienstete waren die Marktmeister, der Wachtmeister, der für die Stadtwachen zuständig war, die Torwärter an den drei Stadttoren, der Büttel, d. h. der Gerichtsdiener und Henker, sowie der Heidereiter, der für die Überwachung der städtischen Gemarkung (Ländereien) zuständig war. Das allen Bürgern zu gleichen Teilen gehörende Umland wurde durch eine „Landwehr" aus Gräben und Wällen gesichert.

Zu den wichtigsten Aufgaben des Stadtrates gehörten die Finanzierung und Organisation der Stadtverteidigung. In erster Linie zu diesem Zweck war Berlin (wie auch Cölln) in vier Viertel eingeteilt: das Nikolai-, das Marien-, das Heiliggeist- und das Klosterviertel, denen jeweils ein Torwächter oder Marktmeister vorstand. Alle Bürger mussten Waffen im Haus halten, deren Gebrauch sie unter der

Anleitung der Viertelmeister regelmäßig übten. Auch der Wachdienst auf der Stadtmauer wurde viertelweise geregelt.

Seit einer Verfügung des Markgrafen Waldemar von 1317 wurden alle Gesetzesverstöße, die in Berlin-Cölln verübt wurden, vom Berliner Gericht behandelt, sofern die Vergehen nicht seit alters her vom Rat selbst geahndet wurden – wie Körperverletzungen, Beleidigungen und Marktvergehen. Kein Städter durfte mehr vor ein auswärtiges Gericht gebracht werden. Ausgenommen blieben allein die Geistlichen, die weiterhin der Gerichtsbarkeit des Bischofs unterstanden.

Vorsitzender des Gerichts war weiterhin der Schultheiß. Eine kuriose Situation ergab sich um **1350**, als der Markgraf seinen Anteil am Gericht an Tiele Brügge verkaufte, dem als Schultheiß auch das letzte Drittel zustand. Erst **1391** konnte sich der Berliner Rat durch Kauf die alleinige Verfügungsgewalt über das Gericht und die Gebühren sichern – wodurch die Berliner pikanterweise die Gerichtsbarkeit auch über die Cöllner besaßen.

Das „Buch der Übertretungen" im „Stadtbuch" zeigt, dass das Stadtgericht oft harte Strafen verhängte. Bei schweren Fällen von Diebstahl etwa wurden Männer erhängt, Frauen lebendig begraben. Zahlreiche Urteile wurden außerhalb der Stadtmauern vollstreckt; der Galgen, „Rabenstein" genannt, stand vor dem Oderberger Tor.

Die soziale Fürsorge für Alte und Kranke, Witwen und Waisen – nach dem Gebot christlicher Nächstenliebe – wurde von den Handwerkerinnungen oder kirchlichen Bruderschaften übernommen sowie von den Spitälern, die der Stadtrat beaufsichtigte. Die Spitäler wurden wie die Kirchen von vielen Bürgern in ihren Testamenten bedacht, sodass sie selbst zu Vermögen kamen. Das Heiliggeistspital etwa konnte 1319 schon das Dorf Heinersdorf vom Markgrafen kaufen. Der Reichtum der Spitäler führte schließlich dazu, dass sie sich nur noch den Bedürftigen der eigenen Stadt zuwandten – die Armen aus der Fremde wurden an die „Elendengilden" verwiesen, religiös-karitative Vereinigungen von Geistlichen und Laien. Unverheiratete Frauen konnten als Marktfrauen ihr Auskommen finden oder sie lebten in der Gemeinschaft der Beginen, einer klosterähnlichen Gemeinschaft ohne lebenslanges Gelübde, in der

Cöllner Brüderstraße. Auch ein „Hurenhaus" gab es bereits, von dem der Rat vierteljährlich Abgaben einzog. Es stand in der Rosenstraße. Die Huren waren ehr-, aber nicht rechtlos: Auch die Vergewaltigung einer Prostituierten wurde mit dem Tode bestraft.

Die Stadtschulen waren den Pfarrkirchen angegliedert und wurden von Geistlichen geleitet, jedoch vom Rat durch die Schulordnung kontrolliert.

Gegen Ende des 14. Jahrhunderts befand sich die gesamte Besteuerung des Handels in den Händen des Stadtrates. So konnte dieser den eigenen Handel fördern und mithilfe des Niederlagsrechts und gestaffelter Abgaben die Konkurrenz fremder Anbieter erschweren.

Die Gewinne legte der Rat im Umland an – in Ländereien oder ganzen Dörfern, deren Bewohner dadurch zu Abgaben und Dienstleistungen verpflichtet wurden. Sie wurden beispielsweise zu Bauarbeiten an der Stadtmauer herangezogen. Zu den stadteigenen Dörfern gehörten Stralau, Rosenfelde (heute Friedrichsfelde), Lichtenberg, Pankow und Reinickendorf. **1387** kaufte Berlin sogar Schloss und Stadt Köpenick.

Aber auch einzelne Bürger erwarben zum Teil große Ländereien mit ganzen Dörfern. Diese Patrizierfamilien, die sich selbst als „gute Leute" bezeichneten, bauten sich große Häuser, stifteten Altäre und große Grabstätten in den Kirchen und begannen auch anderweitig, ihren Reichtum zur Schau zu stellen. **1355** erließ der Rat eine Luxusordnung, die vor allem den Frauen Beschränkungen bei Schmuck und Kleidung auferlegte und den Aufwand bei Familienfeiern begrenzen sollte. Auch das Spiel mit Kegeln und Würfeln um Geld versuchte man einzudämmen. Das gesellige Leben der Städter spielte sich vielfach in den Gilden, Innungen und Bruderschaften ab.

DIE UNTERWERFUNG: BERLIN WIRD RESIDENZSTADT

Mit der Übernahme der Landesherrschaft durch Friedrich von Hohenzollern **1415** schienen für Berlin-Cölln friedliche Zeiten anzubrechen. Der neue Kurfürst galt als Städtefreund, und auch wenn er insgesamt nur rund fünf Jahre in Brandenburg verbrachte, weil ihn seine Aufgaben in Franken und im Reich in Anspruch nahmen, so verschaffte er dem Land doch Sicherheit und stabile Verhältnisse.

Berlin-Cölln, dessen damalige Einwohnerzahl man auf 500 bis 800 schätzen kann, war die bedeutendste Handelsstadt der Mark Brandenburg – neben dem aufstrebenden Frankfurt (Oder). Beide Teilstädte waren Mitglieder der Hanse, denn zumindest 1359 nahmen ihre Vertreter am großen Hansetag in Lübeck teil, wie später noch mehrmals bis 1434. Eine besondere Rolle haben sie dort aber nicht gespielt – im Vergleich zu Köln, Dortmund oder den großen Seehäfen waren Berlin und Cölln dann doch zu unbedeutend.

Die Doppelstadt hatte sich eine weitgehend autonome politische Stellung erkauft oder erkämpft und strotzte vor Selbstbewusstsein. Das wurde in dem Moment zum Problem, als sich der Landesherr anschickte, verlorene Rechte zurückzugewinnen. **1426** setzte Friedrich seinen ältesten Sohn Johann als Statthalter ein, und als der von den Städten Geld forderte, um die in die Uckermark eingefallenen Pommern zurückzudrängen und seinen Anteil an der Reichssteuer gegen die Hussiten aufzubringen, stieß er auf Widerstand. Die Begründung der Städte, sie lägen zu weit von den Zügen der böhmischen Glaubensritter entfernt, erwies sich allerdings als Fehleinschätzung: 1432 kamen die Hussiten die Oder herab und zerstörten u. a. Strausberg und Müncheberg, ehe sie zurückgeschlagen werden konnten.

Die märkischen Städte engagierten sich nun wieder auf den Hansetagen, wo **1430** ein gemeinsamer Widerstand gegen Fürstengewalt vereinbart wurde. Ein Jahr später schlossen sich Brandenburg Alt- und Neustadt, Berlin, Cölln und Frankfurt zu einem Bund vor allem gegen Übergriffe des Landesherren zusammen. Und **1432** kam es tatsächlich zu einem Zusammenschluss Berlins und Cöllns. Unter Vermittlung Brandenburgs und Frankfurts wurden alle Zwistigkeiten beigelegt. Alle städtischen Angelegenheiten sollten ab sofort gemeinsam auf dem Rathaus „zwischen beiden Städten" behandelt und verwaltet werden. Nur die Innungen blieben, angeblich auf ihren eigenen Wunsch, in beiden Städten selbständig. Die Handwerker waren nicht im Stadtrat, aber anscheinend in einem 16er-Ausschuss, einem beratenden Gremium, vertreten. Genau hier lag der Konstruktionsfehler, der für Berlin-Cölln weitreichende Folgen haben sollte.

Der Konflikt von **1442** lässt sich nur aus den kurfürstlichen Urkunden rekonstruieren. Die „Viergewerke" (Bäcker, Fleischer, Schumacher, Schneider) und „die ganze Gemeinde" hatten beim Landesherrn gegen den Zusammenschluss Berlins und Cöllns geklagt, in dem sie „Schaden und Verderben für beide Städte" sahen. Daraufhin suchten Bürgermeister und Ratmannen den Kurfürsten auf, händigten ihm die Schlüssel der Stadttore aus und erklärten ihren Rücktritt, um den Weg für einen neuen Stadtrat freizumachen.

Das gewagte Spiel ging schief. Denn der neue Landesherr, Friedrich II. Eisenzahn (seit 1437 Statthalter, seit 1440 Kurfürst), nutzte die ihm auf dem Silbertablett präsentierte Chance, die Städte zu schwächen. Er stellte sich voll und ganz auf die Seite der Opposition, löste den Zusammenschluss Berlins und Cöllns wieder auf und bestimmte, dass die beiden Stadträte künftig vor allem aus Mitgliedern der Gewerke und der gemeinen Bürger bestehen sollten. Jeder neu gewählte Rat musste nun von ihm oder seinem Hauptmann genehmigt werden. Außerdem untersagte er den Städten eine eigene Außenpolitik, also Bündnisse zu schließen oder an Hansetagen teilzunehmen.

Dass die Städter diesen Schlag gegen ihre Unabhängigkeit nicht einfach so hinnahmen, versteht sich von selbst. Ein halbes Jahr später, im August 1442, war die Lage wohl so kämpferisch, dass der Kurfürst mit 600 Reitern, „welche damals ein groß schrecken gemacht, für die Stadt komen; ist der unbestendige pöbel bald zugefahren, haben die Thore geoffnet und den Churfürsten eingelassen". Der Kurfürst forderte ein freies Tor für sich, um nach Belieben in die Stadt und sein Hohes Haus gelangen zu können. Die Gewalt über die Stadttore, und damit über die gesamte Stadt, lag jedoch allein beim Stadtrat.

Der Kurfürst bediente sich nun eines Tricks: 1435 hatte Berlin-Cölln für eine hohe Summe ein großes Territorium südlich der Stadt vom Johanniterorden erworben – Tempelhof, Mariendorf, Marienfelde und Rixdorf. Weil dies ohne offizielle Lehnsübertragung des Landesherrn erfolgt war, was normalerweise kein Problem darstellte und gegen eine Geldzahlung nachgeholt werden konnte, zog der die Ländereien kurzerhand ein und gab sie den Städten erst nach schwerwiegenden Zugeständnissen zurück. Im Vertrag vom 29. August 1442 verzichteten die Städter auf die hohe Gerichtsbarkeit (vor allem für Tötungsdelikte), die sie erst 1391 erworben hatten, traten das Niederlagsrecht – ihr wichtigstes Instrument der Handelsförderung – ab und überließen dem Kurfürsten das gemeinsame Rathaus auf der Neuen Brücke, in das nun der Hofrichter zog. Im Norden von Cölln erhielt der Landesherr ein großes Grundstück als Bauplatz für eine neue Residenz. Friedrich II. legte am 31. Juli 1443 selbst feierlich den Grundstein.

Die Niederlage der Doppelstadt war vernichtend, aber noch nicht endgültig. Im Februar 1443 versammelten sich in Wilsnack in der Prignitz die Landesherren von Brandenburg, Dänemark, Pommern, Mecklenburg, Sachsen und Braunschweig, um ihr weiteres Vorgehen gegen die Städte abzusprechen. Die Hansestädte reagierten prompt und vereinbarten im Juli in Lüneburg einen Abwehrbund (unter dem niederdeutschen Namen „Tohopesate"), zu dem auch Berlin mit 31 Bewaffneten gerechnet wurde – trotz des kurfürstlichen Verbots jeglicher Bündnisse. Auch taucht in den Quellen 1444 und 1446 wieder ein gemeinsamer Rat beider Städte auf – man war anscheinend nicht gewillt, sich dem Kurfürsten zu unterwerfen. Als dieser nun **1448** begann, den Landbesitz außerhalb der Stadt, wie ihn mittlerweile auch viele einfache Bürger hatten, auf die lehnsmäßige Rechtmäßigkeit zu überprüfen, kochte die Wut über. Die Städter, vereint im Angesicht des Gegners, nahmen den Richter des Markgrafen gefangen und vertrieben den Mühlenmeister und den Zöllner. Sie drangen in das Hohe Haus ein und vernichteten einen großen Teil der Akten und Urkunden in der Kanzlei. Sie besetzten ihr altes Rathaus, setzten die Baustelle des Schlosses unter Wasser und bereiteten sich dann auf die Verteidigung der Stadt vor.

Der Markgraf forderte die gesamte Bürgerschaft auf, vor seinem Gericht in Spandau zu erscheinen. Der Rat lehnte dies ab und ersuchte stattdessen die Bündnisstädte um Unterstützung. Doch die Drohungen des Landesherrn wirkten stärker als alle Schwüre. Niemand kam Berlin zuhilfe, und so brach der „Berliner Unwille" zusammen. Vor den Vertretern der Städte, des Adels und der Geistlichkeit mussten die Berliner und Cöllner schließlich in Spandau die Bestimmungen von 1442 anerkennen. Die Anführer des Aufstands, oberste Berliner Ratsfamilien, wurden durch beträchtliche Geldbußen und den Entzug ihrer Lehen bestraft. Einige Ratsmitglieder wurden „aus den vier hauptstetten und zu Spandow" (Berlin, Cölln, Brandenburg Alt- und Neustadt) verbannt.

Die Bitterkeit saß tief. 1452 beschwerten sich die Berliner Ratsherren brieflich bei ihren Amtskollegen in Lübeck, und schließlich erklärte Berlin seinen Austritt aus der Hanse. Man vertrug sich später aber doch wieder, zumal auch der Kurfürst nichts gegen einen florierenden Handel seiner Städte hatte, und Berlin schied erst 1516, wegen eines anderen Streitfalls, endgültig aus der Hanse aus.

1448–1648
Eine typische Residenzstadt

DIE LETZTEN JAHRZEHNTE DES MITTELALTERS

1451 konnte Kurfürst Friedrich II. seine neue Residenz in Cölln beziehen. Das Schloss bildete nach Westen, Norden und Osten zur Spree hin einen Teil der Stadtmauer. Nach Cölln hin lag es jedoch an einem offenen Platz und war nicht gesichert (deshalb Schloss und nicht Burg). Mit einbezogen in den dreigeschossigen Bau war ein mächtiger Turm der alten Stadtmauer, wegen seiner Kupferhaube „Der grüne Hut" genannt – er war bis 1950 der älteste Bauteil des Schlosses. Zur Anlage gehörten außerdem Nebengebäude und Stallungen sowie zumindest zeitweilig ein Badehaus und ein separater Tanzsaal, ein Schießplatz und eine Stechbahn (für den sportlichen Wettkampf, bei dem sich die Gegner zu Pferde aus dem Sattel „stachen").

1454 erwirkte Friedrich beim Papst die Erhebung der Schlosskapelle zur Pfarrkirche, **1465** erfolgte die Umwandlung in eine Stiftskirche, die nun Dom genannt wurde und der neun Stiftsherren mit dem Berliner Propst an der Spitze angehörten.

Zur festen Residenz wurde das Cöllner Schloss erst mit dem Regierungsantritt des Johann Cicero **1486**. Als erster Hohenzoller konzentrierte er sich auf die Mark, während sein Bruder Friedrich, gemäß der Erbteilung seines Vaters Albrecht Achilles, die fränkischen Hohenzollernbesitzungen Ansbach und Bayreuth übernahm.

Berlin-Cölln entwickelte sich nun zur Residenz- und Hauptstadt des Landes. Hier tagten die märkischen Stände, hier arbeiteten die zentralen Behörden. **1516** wurde das Kammergericht gegründet, seit **1513** trat der allgemeine brandenburgische Landtag nur noch in Berlin zusammen. Viele der neuen Beamten und Hofbediensteten kamen aus Franken – bei Hofe und in den Verwaltungen wurde nun Hochdeutsch gesprochen. Das wirkte feiner und gebildeter. Auch die städtische Kanzlei ging **1504** zum „Meißnischen" über. Die Lutherbibel der Reformation, die wachsenden Handelsbeziehungen nach Süden, vor allem nach Leipzig und Nürnberg, aber auch die Veränderung im Rechtswesen – weg vom niederdeutschen Recht (mit dem Rechtszug über Brandenburg und Magdeburg) hin zum „gelehrten" römischen Recht mit der obersten Instanz in Speyer – beförderten das Hochdeutsche nachhaltig. Bis 1550 hatte sich Hochdeutsch als Schriftsprache in Berlin durchgesetzt. Berlin wurde zur Sprachinsel in der plattdeutschen Mark Brandenburg – und entwickelte ein ganz eigenes Idiom. Denn auch das Hochdeutsche sprach man weiterhin niederdeutsch aus.

Das geistige Klima in der Stadt wandelte sich. Berlin-Cölln wurde **1477** sogar Hochschulstadt, als die Dominikaner ihr Generalstudium der sächsischen Ordensprovinz, die sich von den Niederlanden über Böhmen bis ins Baltikum erstreckte, in Cölln etablierten. Die brandenburgische Landesuniversität („Viadrina") wurde 1506 allerdings in Frankfurt (Oder) angesiedelt.

Und doch schlummerte, als Kolumbus schon längst die Neue Welt betreten und die Gelehrten die geistigen und künstlerischen Schätze der Antike wieder entdeckt hatten, unter der Oberfläche noch dunkelster Aberglaube. Eine besonders kuriose Geschichte spielte sich am 15. Juli **1524** ab. Für diesen Tag hatte der Hofastronom Johannes Carion den Untergang Berlins durch eine große Wasserflut prophezeit – woraufhin Joachim I. mit seinem Hofstaat den Tempelhofer Berg (den heutigen Kreuzberg) erklomm, um aus sicherer Distanz das Schauspiel zu betrachten. Zum Unglück kam's dann aber erst, nach Stunden vergeblichen Wartens, auf dem Heimweg: Bei der Einfahrt ins Schloss sollen vier Pferde und ein Wagenknecht vom Blitz erschlagen worden sein.

Gar nicht amüsant sind dagegen die Geschehnisse des Jahres **1510**, die wegen ihrer Perfidie ausführlicher erzählt werden sollen: Am 2. Februar 1510 wurden aus der Dorfkirche von Knoblauch bei Brandenburg/Havel eine Monstranz und eine Kapsel mit zwei geweihten Hostien gestohlen. Am Tatort fand man den Lötkolben des Kesselflickers Paul Fromm, nahe seinem Haus in Bernau Teile der Monstranz. Im Verhör gab Fromm freimütig zu, die Hostien gegessen zu haben. Der Vertreter des Brandenburger Bischofs, der die Untersuchung leitete, ordnete dennoch die Folter an, und daraufhin „gestand" Fromm, er habe nur eine Hostie selbst gegessen, die zweite aber an den Spandauer Juden Salomo verkauft. Der Kurfürst, in dessen Zuständigkeit Strafsachen von Juden fielen, beorderte Salomo nach Berlin, und der Jude gestand nach einem „peinlichen Verhör" (Folter), er habe unter heftigen Beschimpfungen mehrmals auf die Hostie eingestochen, bis sie in drei Teile auseinandergesprungen sei, die er weder essen, verbrennen noch fortspülen konnte. Diese Geschichte, die auf die Marterung und Tötung Christi und die Elemente Feuer und Wasser anspielt, entsprach haargenau dem Geständnis aus dem Sternberger Judenprozess von 1493, der zur Hinrichtung oder Ausweisung der mecklenburgischen Juden geführt hatte.

Anschließend habe Salomo ein Drittel der Hostie in einen Matzekuchen eingebacken, den er in der Spandauer Synagoge aufgehängt habe. Die anderen Teilen habe er den Juden Jakob nach Brandenburg und Markus nach Stendal geschickt. Jakob erklärte unter der Folter, er sei in seinem Hause mit dem Hostienstück ebenso verfahren wie Salomo, und nannte mehrere Beteiligte, die natürlich unter der Folter ebenfalls alles zugaben. Einer von ihnen, ein Rabbi, erklärte, er habe das Hostienstück schließlich zu einer Hochzeit nach Osterburg gebracht, bei der die Gäste, Juden aus mehreren Städten der Mark, den Hostienfrevel wiederholt hätten. So war nach wenigen Verhören ein weit gespanntes Netz von Schuldigen geknüpft.

36 Beschuldigte aus der ganzen Mark wurden schließlich nach Berlin gebracht, wo man ihnen zusätzlich noch vorwarf, Christenkinder gemartert und getötet zu haben. Da jedoch nirgends Kinder vermisst wurden, erinnerte man sich eines Mannes mit langem Bart, der vor etwa zehn Jahren durch die Mark gereist sei und den Judengemeinden Christenkinder verkauft habe. Diese seien dann rituell getötet worden. So kamen schließlich 51 Beschuldigte zusammen, unter ihnen die reichsten und angesehensten Juden der Mark Brandenburg.

Der Prozess erfolgte auf Befehl des Kurfürsten durch die Bürgermeister, Ratsherren und Schöffen von Berlin und Cölln, und am 19. Juli 1510 verkündete der Berliner Bürgermeister auf dem Neuen Markt vor der Marienkirche die Urteile. 38 zum Tode Verurteilte wurden unter lautem Singen und Beten vor die Stadt ge-

Die Urteilsverkündung im Judenprozess auf dem Neuen Markt 1510

führt und auf einem Scheiterhaufen verbrannt. Zwei Juden, die während des Prozesses konvertiert waren, wurden zum Tod durch das Schwert begnadigt, ein dritter soll wegen seiner Kenntnis der Augenheilkunde der Hinrichtung entkommen und ins Graue Kloster gegangen sein. Das Schicksal der übrigen zehn Beschuldigten ist unbekannt, möglicherweise haben sie die Folter nicht überlebt.

In der Folge des Prozesses wurden alle brandenburgischen Juden des Landes verwiesen, was den Nebeneffekt hatte, dass die Schuldner der Juden ihre Kredite nicht mehr zurückzuzahlen brauchten. Kurfürst Joachim I., der sich ansonsten als aufgeklärter Humanist gab, zog die beträchtlichen Vermögenswerte der Juden ein, doch wogen die Zinseinkünfte, die er nun verlor, auf die Dauer schwerer.

Die Geschichte endet mit einer reichlich makabren Pointe: Unmittelbar nach dem Judenprozess erschienen zwei Druckschriften in Nürnberg und Frankfurt (Oder), die die Geschehnisse deutschlandweit bekannt machten. Ausgerechnet diesen 25 Holzschnitten des Frankfurter Drucks verdanken wir – neben grausigen Hinrichtungsdetails – die ältesten Detailansichten von Berlin.

„Die Einwohner sind gut, aber sehr rau und ungelehrt, dem Essen und Trinken mehr ergeben als dem Studium guter Schriften (...). Sie neigen von Natur her zur Faulheit."
Johannes Trithemius, Humanist und Abt des Klosters Sponheim bei Kreuznach 1505 in einem Brief aus Berlin

DIE REFORMATION

Die Vorgeschichte der Reformation ist eng mit Berlin verknüpft. Albrecht, der Bruder des Kurfürsten, amtierte zugleich als Erzbischof von Magdeburg und von Mainz und wurde 1518, mit erst 28 Jahren, auch noch Kardinal. Dies waren gleich zwei Verstöße gegen das Kirchenrecht, die sich allerdings durch eine Geldspende an den Papst regeln ließen. Eingefädelt hatte das Geschäft der Prälat Johann

Blankenfelde, Sohn eines Berliner Bürgermeisters, der es später bis zum Erzbischof von Riga brachte; vorfinanziert wurde es vom Bankhaus Fugger in Augsburg. Die Rückzahlung an die Fugger sollte über den Verkauf von Ablässen erfolgen, mit denen der Dominikanerprediger Johann Tetzel durch die Lande reiste. Die Qualität dieser Ablässe zeigt ein Brief, den Tetzel 1514 in Berlin ausstellte: Adressat war Tielemann aus Köpenick, der, als er ein Schwein schlachten wollte, versehentlich seinen Sohn erschlug. Tetzels Ablasshandel war der berühmte Tropfen, der das Fass zum Überlaufen brachte.

1517 löste der Augustinermönch und Theologieprofessor Martin Luther mit seinen 95 Thesen an der Schlosskirche zu Wittenberg die Reformation aus. Luthers Ideen wurden in der Mark Brandenburg rasch populär – so sehr, dass sich der Kurfürst genötigt sah, den Vertrieb der Lutherbibel wegen „viel hundert Irrtum" zu untersagen und den Berlinern die Teilnahme an der Fronleichnamsprozession zu gebieten.

Während Joachim I. sich als „Hardliner" der Kirchentreuen profilierte und Luther beispielsweise auf dem Reichstag von Worms hart angriff, trat seine Frau **1527** – in seiner Abwesenheit – zum evangelischen Glauben über. Nach seiner Rückkehr nach Berlin bat Joachim die Bischöfe und Zisterzienseräbte seines Landes um Rat, ob er seine Gemahlin töten oder sich lieber scheiden lassen sollte. Die geistlichen Herren rieten zu Geduld und empfahlen, die Fürstin für ein halbes Jahr in strenge Haft zu nehmen. Elisabeth dachte überhaupt nicht daran, sich zu beugen, und floh stattdessen bei Nacht und Nebel aus dem Schloss. In Empfang genommen wurde sie jenseits des Schlossgrabens von ihrem Bruder, dem König von Dänemark, der sie anschließend zu ihrer beider Onkel, dem Herzog von Sachsen, brachte.

Doch es kam noch schlimmer für den Kurfürsten. Der so glaubensfeste Joachim unterhielt seit Jahren ein öffentlich bekanntes Verhältnis mit der Bürgertochter Katharina Hornung, der Schwester des erwähnten Johann Blankenfelde. Als der gehörnte Ehemann nicht mehr stillschweigen wollte, zwang ihn der Kurfürst, das Land zu verlassen. Hornung flüchtete nach Sachsen und bat nun Luther um Unterstützung, wie es auch die Kurfürstin Elisabeth tat. Luther geriet somit – peinlicherweise und für jeden sichtbar – in die

Rolle des Richters über den Kurfürsten. 1528 schrieb er ihm: „Summa, gnädigster Herr, es ist zuviel. Zuviel zerreißt den Sack, es kann so nicht gehen, stehen noch bleiben. Gott muss drein sehen, will drein sehen nicht helfen, so muss drein schlagen helfen. Gott gebe, dass sich Euer Kurfürstliche Gnaden seliglichen bedenke und bekehre. Amen."

Wer den Schaden hat, braucht für den Spott nicht zu sorgen. Noch auf dem Sterbebett **1535** nahm Joachim seinen Söhnen das schriftliche Versprechen ab, niemals vom alten Glauben zu lassen. Joachim II. schien dem Vater zunächst folgen zu wollen. **1536** verlegte er die Stiftskirche aus dem Schloss in die benachbarte, wesentlich größere Kirche der Dominikaner, deren Mönche nach Brandenburg/Havel versetzt wurden. Der gotische Bau wurde modernisiert und prächtig ausgestattet; die Gebeine seiner Vorväter ließ Joachim II. aus der Klosterkirche Lehnin in den neuen Dom umbetten.

Doch die Reformation ließ sich nicht mehr aufhalten. **1537** berief der Rat der Stadt Cölln einen evangelischen Prediger, **1538** trat Joachims Bruder Hans von Küstrin, der Markgraf der Neumark, zum neuen Glauben über. Im Februar **1539** erbaten die Räte von Berlin und Cölln die Einführung des evangelischen Ritus, und als wenig später weite Teile des Adels mit dem Bischof von Brandenburg vereinbarten, die evangelische Lehre im Land zu fördern, fand sich der Kurfürst isoliert. Am 1. November **1539** empfing er, wahrscheinlich in der Spandauer Nikolaikirche, erstmals das Abendmahl in beiderlei Gestalt – und trat damit zum neuen Glauben über. Das neue Bekenntnis wurde in der „Brandenburgischen Kirchenordnung" festgeschrieben.

So verlief die Reformation in Berlin und Brandenburg friedlich und ohne Blutvergießen. Sie war vom Volk ausgegangen, hatte aber auch für den Fürsten zwei wichtige Effekte: Zum einen fielen bei der Säkularisation der Bistümer, Klöster und anderer kirchlicher Institutionen all ihre Güter an den Kurfürsten. Zum zweiten wurde der Landesherr nun auch zum obersten Kirchenherrn. Hatten die Hohenzollern im 15. Jahrhundert bereits die Städte entmachtet, so fiel nun mit der Kirche auch der zweite Stand als Machtfaktor aus. Das Gegengewicht zum Landsherrscher bildete fortan allein der Adel.

BERLIN IM 16. JAHRHUNDERT

Seit Mitte des 15. Jahrhunderts stagnierte die Wirtschaft in ganz Norddeutschland. In den nordeuropäischen Handel drängten verstärkt Niederländer und Engländer, die Macht der Hanse schwand. Und Berlin-Cölln geriet als Fernhandelsplatz immer stärker in den Schatten der Messeorte Frankfurt (Oder) und Leipzig.

Zudem kam nun eine Entwicklung zum Tragen, die sich seit dem Ende des 14. Jahrhunderts angebahnt hatte: Die Adligen begnügten sich nicht mehr damit, von den Zins- und Naturalzahlungen ihrer Besitzungen zu leben, sondern begannen ihre Güter selbst zu bewirtschaften – mithilfe ihrer Bauern, die schließlich in eine Art Leibeigenschaft gezwungen wurden. Die „Junker" entwickelten sich zu regelrechten Agrarunternehmern, die mit den eigenen Produkten Handel trieben. Und während der Kurfürst den politisch schwachen Städten immer neue Steuern auferlegte, konnten die mächtigen Adligen die fordernde Hand des Landesherrn weitgehend abwehren. Nicht wenige reiche Städter zogen aufs Land, wo man nun wesentlich profitabler und vom Staat ungestört Handel treiben konnte.

In gleichem Maße wuchs die Bedeutung des Fürstenhofs für das städtische Wirtschaftsleben. Vor allem das Handwerk differenzierte sich, zumal der Bedarf an „Luxusartikeln" stark zunahm. So bildeten im 16. Jahrhundert u. a. die Barbiere, die Pantoffelmacher, die Hutmacher und die Glaser neue Zünfte. 20 Goldschmiedemeister gab es zu Joachims II. Regierungszeit in Berlin, und auch die Zahl der Kürschner, also der Pelzverarbeiter, und der Rad- und Stellmacher, die Kutschen herstellten, stieg stark an.

Bald nach seinem Regierungsantritt **1535** ließ Joachim II. das erste Schloss durch einen prächtigen Renaissanceneubau ersetzen. Sein Baumeister Caspar Theiß baute ihm auch das Jagdschloss Grunewald, das dem Wald seinen Namen gab. Zwischen Residenz und Jagdschloss ließ Joachim einen Knüppeldamm anlegen, den Kurfürstendamm, der in Höhe des Olivaer Platzes nach Süden abknickte und dann etwa der Linie der heutigen Konstanzer Straße und des Hohenzollerndamms folgte.

Joachims Sohn und Nachfolger Johann Georg ließ das Stadt-

Kurfürst Joachim II. von Brandenburg (anonyme Zeichnung)

Blick von Alt-Berlin auf die Lange Brücke und das Schloss um 1690

schloss durch Rochus zu Lynar, der parallel auch die Arbeiten an der Zitadelle Spandau leitete, weiter um- und ausbauen. Zur Versorgung des Schlosses und des neu angelegten Küchengartens mit fließendem Wasser wurde **1580** ein alter Wachtturm am Schlosshof zum Wasserturm aufgestockt. Bereits seit 1572 versorgte ein Leitungssystem mit einem Wasserturm jene Berliner Bürger, die der „Gewerkschaft der Wasserkunst" angehörten. In beiden Fällen war das Wasser jedoch schmutzig und konnte nur zu Wasch- und Löschzwecken benutzt werden.

Auf dem Werder jenseits der Spree entstanden **1602** ein Ballhaus, in dem man eine frühe Form des Tennis spielte, und eine Reithalle. Vom Schloss führte die so genannte Hundebrücke (Vorgängerin der heutigen Schlossbrücke) über den kleinen Spreearm zum Jägerhof, wo man sich samt Hunden versammelte, um zum Schloss Grunewald zu reiten.

Für seine aufwändige Hofhaltung betrieb Joachim II. eine abenteuerliche Schuldenpolitik. Weil auch die Einführung zahlreicher Sondersteuern wie des „Biergeldes" nicht half, kam der Kurfürst schließlich auf die Idee, sämtliche Vermögenswerte der Berliner Kaufleute und Bankiers registrieren und jeglichen Schmuck, Münzen und Edelmetalle einziehen zu lassen – so geschehen am 4. August 1567. Die Betroffenen konnten später nur teilweise entschädigt werden. Bei seinem Tod **1571** hinterließ Joachim II. ein enormes Finanzchaos.

Büßen musste dafür vor allem Joachims II. „Hofjude" Lippold, der dem Kurfürsten als Finanzier und Mann für alle Fälle beistand. So sorgte er für den Lebensunterhalt der Mätressen des Fürsten, vor allem für Anna Sydow, die Gattin des kurfürstlichen Glockengießers, die den Fürsten oft in Männerkleidung auf seinen Jagdausflügen zum Schloss Grunewald begleitete und mit ihm eine gemeinsame Tochter hatte. Die Legende erzählt, Joachims Sohn habe Anna Sydow nach dem Tod des Vaters dort bei lebendigem Leib eingemauert, weshalb sie seitdem dort herumspuke. In Wirklichkeit hatte Johann Georg dem Vater einen Schutzbrief für Anna und ihre Kinder ausstellen müssen. Was ihn aber nicht hinderte, sie sofort nach dem Tode des Vaters in der Zitadelle Spandau einzusperren, wo sie nach vier Jahren starb.

Lippold war seit 1556 als „Oberster" der märkischen Juden für das Eintreiben des Schutzgeldes verantwortlich, betrieb die kurfürstliche Münze sowie eine Pfandleihe, die ihn in weiten Kreisen der Bevölkerung verhasst machte. Gleich nach des Kurfürsten Tod ließ sein Sohn Lippold verhaften und die Pfänder aus seinem Haus an die Pfandnehmer zurückgeben. Lippold wurde der Prozess gemacht, und als man ihm keine Unregelmäßigkeiten als Finanzier und Münzmeister nachweisen konnte, erzwang man auf der Folter das Geständnis der Zauberei, des Verkehrs mit dem Teufel und der Vergiftung des Kurfürsten, dem er in der Todesstunde zur Seite gestanden hatte. Im Januar **1573** wurde Lippold grausam hingerichtet.

Blieb Berlin auch im 16. Jahrhundert von Kriegen verschont, so drohten doch immer wieder Pestwellen, Teuerungen, die viele in die Armut rissen, und Hungersnöte aufgrund von Missernten. An die Vergänglichkeit des Lebens erinnert eindringlich der „Totentanz" in der Turmhalle der Berliner Marienkirche, der vermutlich 1484/85 entstand.

Die Armenordnung von 1596 bestimmte, dass erkrankte Bürger und Einwohner in einem der städtischen Spitäler auf Kosten der Stadt versorgt wurden. Unvermögende Schüler erhielten ebenfalls städtische Zuwendungen und durften durch Kurrendesingen vor den Haustüren Berlins und Cöllns etwas Geld hinzuverdienen. Die „Hausarmen", d. h. durch Krankheit oder Todesfälle in Not geratene Bürger, erhielten alle 14 Tage ein Almosen, das in drei Klassen gestaffelt war. Zusätzlich wurden für sie Sammelbüchsen in den Gasthäusern aufgestellt. Die vierte Klasse der Bedürftigen bildeten die Bettler. Die einheimischen Bettler wurden untersucht, und wenn sie tatsächlich nicht arbeitsfähig waren, erhielten sie ein Bettelzeichen, mit dem sie an drei Tagen in der Woche von zehn bis zwölf Uhr vormittags betteln durften. Fremde Bettler versuchte man gar nicht erst in die Stadt gelangen zu lassen – was bei großen Festen und Jahrmärkten aber kaum zu vermeiden war.

Fast alle Bürger waren als Mitglieder in einer Bruderschaft für den Notfall abgesichert. Hofleute, Bürger, Gilden, alle wichtigen Zünfte und sogar die Gesellen einiger Gewerke bildeten eigene Bruderschaften, die sich vor allem dem religiösen Leben widmeten

– indem sie z. B. Altäre in den Kirchen stifteten oder Kirchenleuchter mit Kerzen versorgten –, aber auch der sozialen Fürsorge und der Geselligkeit. Jede Zunft feierte jährlich ihr Fest mit Umzügen, viel Bier, Musik und Tanz. Der Cöllner Schützenkönig, der jedes Jahr zu Pfingstmontag gekürt wurde, erhielt sogar vom Stadtrat Geld, damit er die „Unkosten desto leidlicher tragen möge". In der Tat musste der Schützenkönig allen Brüdern und Schwestern der Bruderschaft ein halbes Stübchen (knapp zwei Liter) Wein, anderthalb Taler für das gemeinsame Bad und zu essen „nach seinem Gefallen und Vermögen" ausgeben. Beliebt war auch das Ochsenrennen am Fronleichnamstag, als dessen Siegprämie ein Bogen, ein Schwert und ein Schwein ausgesetzt waren.

Private Feste wurden ausgiebig gefeiert – ein Hochzeitsfest etwa dauerte in der Regel drei Tage. Mehrere Luxusordnungen, die aber anscheinend nicht recht befolgt wurden, sollten die Bürger daran hindern, sich zu verschulden, aber auch, die Standesgrenzen zu wahren. So ordnete die Polizeiordnung von **1580** die Bürgerschaft in vier Stände und wies jedem Stand eine maximale Zahl an Tischen und Gästen, Dienern und Gerichten, Musikanten und Fackelträgern zu.

Die Stadtverfassung von 1442 bestand formal während des gesamten 16. Jahrhunderts fort, wobei neben den Stadtrat als weiteres Organ die Gemeindeverordneten – Vertreter der Stadtviertel, der Zünfte und des nicht amtierenden Rates – traten. De facto jedoch redeten der Kurfürst und die Institutionen des Hofes den Städten immer mehr in ihre Angelegenheiten hinein. Selbst in relativ unbedeutenden Fragen behielt der Kurfürst sich, seinem Kanzler oder seinem Geheimen Rat die letzte Entscheidung vor. Der **1604** gegründete „Geheime Rat" entwickelte sich zum zentralen Beratungsgremium des Fürsten. Die Beamten des Hofes waren der kurfürstlichen Gerichtsbarkeit mit dem Hausvogt an der Spitze unterstellt und zudem von städtischen Abgaben und Dienstleistungen befreit. Handwerker, die für den Hof arbeiteten, konnten als „Freimeister" vom städtischen Zunftzwang ausgenommen werden.

Die Städte übten die Marktaufsicht aus und regelten sämtliche Steuersachen, die Einquartierung von Soldaten und seit der Reformation auch das Schulwesen. Die Grundlagen zum Studium legten

Der Berliner Knüppelkrieg

Der Stadtchronist berichtet: „Im Jahre 1567 im Augusto ist auch der Knüppel-Krieg gewesen, dass die Bürger beider Städte Berlin und Cölln in voller Rüstung haben müssen nach Spandau ziehen, zu denen sind die Spandauschen gestoßen; da sind die meisten langen Spieße zerschnitten worden, kurze Fest-Stangen daraus gemacht, und sind die Bürger etzliche zu Schiffe, etzliche hin und wieder auf und um der Festung zu Haufen mit unterschiedlichen Losungen vertheilt, und bei Nacht ein Anfall geschehen, dadurch ihrer viel beschädiget, und wenn solcher Scharmützel wäre bei Tage geschehen, wäre eine große Schlacht daraus geworden."

Drei Tage währte die Wasserschlacht, die der Kurfürst mit seinem Hofe von einem großen Schiff aus genoss, während die Kanonen böllerten und Pauker und Trompeter die musikalische Umrahmung besorgten. Die ins Wasser gefallenen „Krieger" wurden von Fischerbooten aufgesammelt.

Während des anschließenden „Landgefechts" hatten die Spandauer dann aber keine Lust mehr, absprachegemäß die Verlierer zu geben. Sie lockten die Berliner und Cöllner in einen Hinterhalt, indem sie vortäuschten zu fliehen, und begannen dann, mit ihren Knüppeln auf die Gegner einzudreschen, die sich ihrerseits erbittert wehrten. Wutentbrannt ritt der Kurfürst zwischen die Streiter, doch auch er wurde vom Pferd geknüppelt, und nur mit Mühe konnten seine Getreuen ihn aus dem Kampfgetümmel retten.

Am Abend trennte man sich unentschieden, doch in derselben Nacht noch ließ Joachim den Spandauer Bürgermeister aus dem Bett werfen und für einige Monate gefangen setzen. So konnte er in Ruhe darüber nachdenken, dass es nicht klug war, ein besserer Feldherr sein zu wollen, als der Kurfürst gestattete.

die Lateinschulen, die der Nikolai- und der Petrikirche angegliedert waren; Basiswissen vermittelten die Elementarschulen und eine „Freischule" für die Kinder der Armen. Außerdem gab es die so genannten „Winkelschulen", eigentlich verbotene Privatschulen. Als alle Berliner und Cöllner Bürger 1615 nach dem „Berliner Tumult" Eidesunterschriften leisten sollten, konnte etwa die Hälfte ihren Namen schreiben.

1574 gründete der Kurfürst das (noch heute bestehende) „Gymnasium zum Grauen Kloster", das im aufgelösten Franziskanerkloster untergebracht wurde. Schon zwei Jahre nach der Gründung unterrichteten 13 Lehrer über 600 Schüler. **1658** erhielt Berlin ein zweites Gymnasium, als das 1607 vom Kurfürsten gegründete Joachimsthalsche Gymnasium aus der uckermärkischen Kleinstadt nach Berlin verlegt wurde.

Um 1600 wuchs Berlin-Cölln allmählich über den Ring der mittelalterlichen Stadtmauern hinaus. Vor den Stadttoren entstanden die ersten Vorstädte; viele Bürgergärten wurden mit Gartenhäusern oder -lauben versehen. Auf der Feldmark um die Stadt bildeten sich größere „Vorwerke", die reichen Bürgern oder Hofbeamten gehörten.

DIE „ZWEITE REFORMATION" UND DER „BERLINER TUMULT"

Als Kurfürst Johann Sigismund am Weihnachtstag **1613** mit 55 Mitgliedern seines Hofes zum reformierten (oder calvinistischen) Glauben übertrat, mochte ihm das Volk nicht folgen. Johann Sigismund sicherte den Lutheranern zwar die Religionsfreiheit zu – schließlich blieben auch seine Ehefrau Anna und die Töchter lutherisch –, das Volk jedoch traute dem Frieden nicht und erst recht nicht den neuen Hofpredigern.

Es waren wohl vor allem Gerüchte, die den „Tumult" zum Ausbruch brachten. Zwei Wochen vor Ostern **1615** ließ Markgraf Johann Georg in Abwesenheit seines Bruders den Dom, der 1608 zur obersten Pfarrkirche von Cölln erklärt worden war, von allen Bildern, Epitaphien und Kruzifixen „säubern". Von einem Bild in der

Petrikirche soll er dabei gesagt haben, es zeige „Schand und Hurerei". Worauf sich der junge Diakon der Petrikirche in seiner nächsten Predigt zu den Worten verstieg: „Willst Du reformieren, so zieh nach Jülich, da hast Du zu reformieren genug!" (Was die Kurfürstin mit den Worten kommentierte: „Welcher Hencker hat ihn geheißen von Jülich zu predigen?") Schnell ging das Gerücht um, der Diakon solle verhaftet werden. Eine Menschenmenge versammelte sich zum Schutz vor seinem Haus. Die Stadtchronik berichtet: „Nachdem sie starck bezechet, seindt sie drei stundt in der nacht auf die gassen ungestürmer weiß geloffen, undt ein schreckliches geschrei, darunder viel Gotteslesterungen, offentlich hören lassen, daß sie alle die Calvinistischen Predicanten zue todt schlagen." Als der Markgraf mit einigen Knechten herbeigeritten kam, um zu beschwichtigen, fielen Schüsse, er wurde von einem Stein getroffen und musste sich zurückziehen. Die Menschenmenge ging auf die Häuser der reformierten Hofprediger los und plünderte sie („viel an Bücher, Silber und andern Vorrath daraus diebisch entwandt"). Am nächsten Tag herrschte wieder Ruhe, wohl auch wegen des Gerüchts, der Markgraf wolle mit Gewalt gegen die Stadt vorgehen.

Der Kurfürst kehrte eilends in seine Residenz zurück und nahm mithilfe der Landstände die Untersuchung auf, bei der 150 Zeugen gehört wurden. Doch die Rädelsführer waren längst über alle Berge, auch der Diakon hatte sich nach Wittenberg abgesetzt. Im Urteil vom Januar **1616** wurde er förmlich des Landes verwiesen, einige Haftbefehle wurden ausgefertigt, aber dabei blieb es. Die Stadt wurde nicht zur Rechenschaft gezogen. Vor allem verzichtete der Kurfürst endgültig auf das ihm nach dem Augsburger Religionsfrieden von 1555 zustehende Recht, das Bekenntnis seines Volkes festzulegen („Cuius regio, eius religio"). Die „Zweite Reformation" war gescheitert. Schon um die kleine Minderheit der eigenen Glaubensbrüder zu schützen, waren die künftigen Herrscher nunmehr zur Toleranz in religiösen Fragen verpflichtet – ob sie wollten oder nicht. Allerdings gab es noch unter dem Großen Kurfürsten teils heftige Auseinandersetzungen zwischen Lutheranern und Reformierten.

Kurfürst Johann Sigismund hatte der Streit schwer mitgenommen. Als einziger Hohenzoller legte er im November **1619** seine

Amtsgeschäfte nieder und zog sich, weil im Cöllner Schloss die „Weiße Frau" spukte, ins Haus seines Kammerdieners im Nikolaiviertel zurück, wo er im Januar **1620** verstarb.

Die „Weiße Frau", die erstmals 1597 wenige Tage vor seinem Tode dem Kurfürsten Johann Georg erschienen sein soll, identifizierte man gemeinhin als Anna Sydow, der Johann Georg so übel mitgespielt hatte. In den folgenden Jahren und Jahrzehnten berichteten auffällig viele Angehörige des Hofes, die „Weiße Frau" gesehen zu haben, und so vermutet man, dass es das Gespenst tatsächlich gab: in Form von Hofbediensteten, die in Verkleidung umhergingen, um Besucher zu ängstigen oder auch einen ungeliebten Kurfürsten zu vertreiben.

In die kurze Regierungszeit Johann Sigismunds fielen zwei weitere Ereignisse, die für die Geschichte Berlins und Brandenburgs wegweisend wurden: Nach dem Aussterben der Herzöge von Jülich erhielt Brandenburg **1614** aus der Erbmasse das Herzogtum Kleve und die Grafschaften Ravensberg (um Bielefeld) und Mark (um Bochum, Hamm, Lüdenscheid), **1618** kam das Herzogtum Preußen hinzu. Das Herrschaftsgebiet des Kurfürsten erstreckte sich nun – allerdings nicht zusammenhängend – „von der Maas bis an die Memel", wie es Hoffmann von Fallersleben später für die deutsche Nationalhymne formulierte. Von seiner inneren Verfassung her war Brandenburg-Preußen jedoch alles andere als eine Großmacht, wie der 1618 aufflammende europäische Religionskrieg zeigen sollte.

DER DREISSIGJÄHRIGE KRIEG

Der Einschnitt, den der Dreißigjährige Krieg (1618–48) für die Geschichte der Stadt bedeutete, ist kaum zu überschätzen. Entscheidend waren weniger die Kriegsgeschehnisse selbst als vielmehr die Lehren, die der junge Kurfürst Friedrich Wilhelm, der **1640** 20-jährig die Regierung übernahm, aus der Katastrophe zog. Seine Entscheidungen bildeten die Grundlage für den späteren Aufstieg Berlins zur deutschen Metropole.

Kurfürst Georg Wilhelm verfolgte das Ziel, Brandenburg aus den Kriegshändeln zwischen den Protestanten unter Führung der

Schweden einerseits und den Katholiken unter Führung des Kaisers andererseits herauszuhalten. Als dies nicht gelang, schlug er sich zunächst auf die katholische, dann auf die schwedische, dann wieder auf die kaiserliche Seite. Dabei besaß Brandenburg kein schlagkräftiges Heer, und so wurde das Land, zwischen dem schwedischen Vorpommern und dem katholischen Sachsen gelegen, zur leichten Beute der jeweils gerade verfeindeten Partei. Mal waren es die Schweden, mal die Kaiserlichen, die fast Jahr für Jahr durchs Land zogen, Dörfer und Felder plünderten und die Städte um hohe Schutzgelder erpressten. Das Land verödete, viele Bewohner flohen in sicherere Gegenden.

Zerstört wurde Berlin-Cölln nicht, doch in Gefahr befand es sich mehrfach. **1631** etwa stand Gustav II. Adolf mit seinen Truppen bei Treptow und forderte vom Kurfürsten, seinem Schwager, freien Durchzug durchs Land. Als Georg Wilhelm sich weigerte, besetzte der Schwedenkönig kurzerhand mit 1000 Mann die Stadt. Georg Wilhelm musste Gustav Adolf schließlich nicht nur freies Geleit zusichern, sondern auch die Nutzung der Festungen Spandau und Küstrin und den Unterhalt der schwedischen Truppen von monatlich 30 000 Talern. Als Gustav Adolf am 16. November **1632** in der Schlacht von Lützen (bei Leipzig) gefallen war, rückten die kaiserlichen Truppen ins Land und erpressten ihrerseits Berlin-Cölln. Kaum hatte Georg Wilhelm **1635** den Prager Frieden unterzeichnet und sich damit auf die katholische Seite gestellt, waren die Schweden wieder da und erhielten durch die Androhung von Massakern hohe Schutzgelder.

Die 1000 Mann, die der Kurfürst 1634 in Berlin hatte stationieren lassen, und die verbündeten Truppen, die zeitweilig in den Städten einquartiert waren, benahmen sich ebenfalls, als wären sie in Feindesland. Hinzu kamen fünf Pestepidemien, die Berlin-Cölln zwischen 1626 und 1638 heimsuchten. Allein 1631 erlag rund ein Viertel der Stadtbevölkerung dem „Schwarzen Tod".

Der Kurfürst flüchtete schließlich mit seinem Hofstaat **1637** in die preußische Residenz Königsberg. Die Regierung überließ er seinem Statthalter Graf Schwarzenberg, der sich in der Festung Spandau verschanzte. 1640 ließ Schwarzenberg die Gebäude vor dem Berliner Georgentor, im Januar 1641 auch die Häuser, Scheunen und Gärten vor der Cöllner Stadtmauer einebnen, um freies Schussfeld zu erhalten – wie sich herausstellte, eine völlig überflüssige Aktion.

Schwarzenberg starb im März **1641**, und der junge Kurfürst Friedrich Wilhelm schloss wenig später einen Waffenstillstand mit den Schweden. Er entließ einen Großteil seiner Söldner und zahlreiche Offiziere und bildete **1643** ein erstes stehendes Heer von 2700 Mann – den Kern der späteren preußischen Armee. Als der Kurfürst im März 1643 erstmals nach Berlin-Cölln kam, war die Bevölkerung um ein Drittel bis die Hälfte geschrumpft, viele Häuser und Grundstücke waren zerstört, Handel und Gewerbe lagen am Boden – nicht zuletzt, weil sich der kurfürstliche Hof nunmehr seit Jahren in Königsberg befand. Das Land ringsum war verwüstet, „die Ratsdörfer seindt sämmtlichen abgebrannt und liegen in deren Asche – woher denn auch die Feldmarken wüste und elendiglich verlassen stehen, von Menschen oder von Vieh ist keine Ansicht weit und breit".

1648–1815
Berlin als Hauptstadt von europäischem Rang

WIE DER PHÖNIX AUS DER ASCHE – BERLIN UNTER DEM GROSSEN KURFÜRSTEN

Auch wenn der Westfälische Friede erst 1648 in Osnabrück und Münster geschlossen wurde, begann seit **1643** der Wiederaufbau Berlins und Cöllns. Friedrich Wilhelm ließ zunächst das Schloss wieder herstellen und erweitern sowie den Nutz- in einen barocken Lustgarten umgestalten. Diese Arbeiten gaben vielen Städtern Lohn und Brot. Das nötige Geld lieh sich der Fürst von den wenigen Kriegsgewinnlern im Lande wie dem Spandauer Kommandanten Ribbeck. Einen gewichtigen Anteil am Aufschwung der Stadt hatte der kurfürstliche Hof, der nun wieder Handel und Handwerk mit zahlreichen Aufträgen versorgte.

Als Basis für den staatlichen Wiederaufbau erkannte Friedrich Wilhelm eine gut organisierte Verwaltung. Er forcierte den Auf- und Ausbau eines zentralistischen Staatsapparats, dessen Kern die Steuererhebung bildete, und baute das stehende Heer bis zu seinem Tode 1688 auf rund 30 000 Mann aus. Im Gegenzug gestand der Kurfürst den Adligen Steuerfreiheiten und die Polizei- und Justizgewalt auf ihren Gütern zu.

Friedrich Wilhelm, den die Zeitgenossen seit seinem Sieg über die Schweden bei Fehrbellin **1675** den „Großen Kurfürsten" nannten, verfolgte auch in der Außenpolitik weit gesteckte Ziele. Mit Hinterpommern brachte er nach dem Westfälischen Frieden ein großes Stück Ostseeküste unter seine Herrschaft, das strategisch so wichtige Vorpommern mit der Odermündung wurde jedoch erst 1720 preußisch.

Seit den 1670er Jahren baute der Kurfürst eine Seeflotte auf, **1682** wurde eine „Afrikanische Kompanie" für den Überseehandel gebildet. Und für ein Vierteljahrhundert war Berlin-Cölln gar die Hauptstadt einer Kolonialmacht, wenn auch einer unbedeutenden. Groß-Friedrichsburg an der Küste Guineas wurde schließlich 1717 an die Niederlande verkauft.

Seine Residenz ließ der Kurfürst seit **1658** zur Festung ausbauen. Bis **1662** war das Berliner Teilstück mit fünf Bastionen fertig gestellt. Auf Cöllner Seite wurden in den Ring aus acht Bastionen auch der Werder, die von einem Spreearm umschlossene Insel westlich der Stadt, und ein schmaler Streifen südlich von Cölln mit einbezogen. Hier entstand der aus nur zwei Parallelstraßen bestehende Stadtteil Neu-Cölln. Auf dem Werder wurde die neue Stadt Friedrichswerder angelegt – nach Plänen des Festungsbauleiters Gregor Memhardt, den der Kurfürst **1660** zum ersten Bürgermeister ernannte. Die Bewohner waren überwiegend kurfürstliche Bedienstete.

Als die alte Cöllner Stadtmauer **1680** abgerissen werden konnte, wurde der „Kupfergraben" zwischen Cölln und Friedrichswerder durch Kaimauern befestigt und mit Ziehbrücken nach holländischem Vorbild versehen. Eine letzte, die Jungfernbrücke, ist bis heute erhalten.

1674 gründete der Kurfürst eine zweite Neustadt: die durch Wälle und Palisaden geschützte Dorotheenstadt längs der entstehenden Prachtstraße Unter den Linden. **1688** kam, bereits in der Regierungszeit Friedrichs III., die Friedrichstadt als dritte und größte Neustadt hinzu. Ansiedlungswillige wurden durch Baukostenzuschüsse und Baumaterialien gelockt. Gänzlich ungeplant wuchsen auf der Berliner Seite zeitgleich die Königsvorstadt, die Stralauer und die Spandauer Vorstadt, die, weil auf einem Gelände der Kurfürstin liegend, ebenfalls gefördert wurde.

Die Neu- und Vorstädte veranschaulichen das Wachstum Berlin-Cöllns, das wie nur wenige andere Städte vom wirtschaftlichen Aufschwung nach dem Dreißigjährigen Krieg profitierte. Die Bevölkerung stieg von etwa 6000 im Jahr 1650 auf rund 50 000 im Jahr 1709, wesentlich schneller als die Zahl der Häuser – immer mehr Menschen wohnten zur Miete.

Gezielt versuchte der Kurfürst, Neubürger nach Brandenburg zu holen. Entgegen den hohen Erwartungen ließen sich aus den Niederlanden, wo Friedrich Wilhelm einen großen Teil seiner Jugend verbracht und (in Leiden) studiert hatte, nur wenige Wasser- und

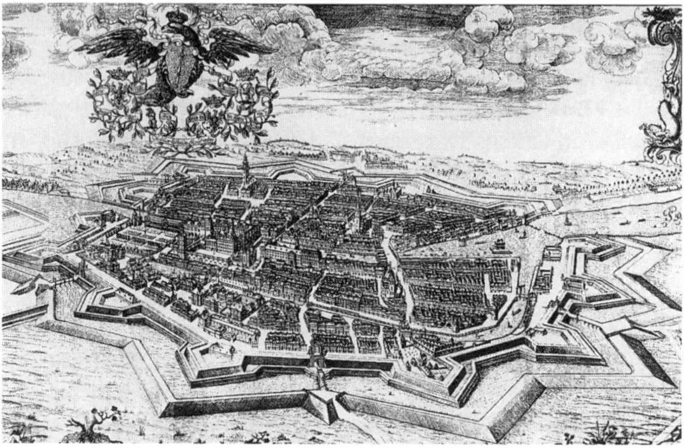

Berlin im Todesjahr des Großen Kurfürsten 1688 (Schultz-Plan)

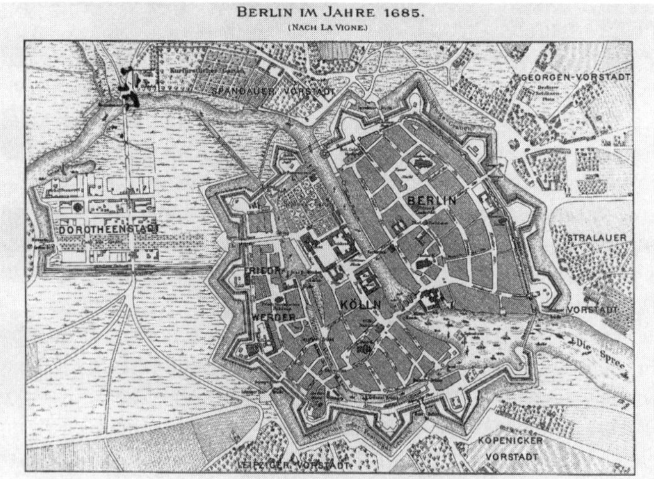

Plan der Stadterweiterung 1685 (La Vigne)

Schiffbauspezialisten anlocken. Wesentlich wichtiger wurde die Wiederansiedlung von Juden, die offiziell seit 1572 in der Mark Brandenburg nicht mehr geduldet waren und die nun das im Dreißigjährigen Krieg zusammengebrochene Geld- und Kreditwesen wieder aufbauen sollten. Am 21. Mai **1671** gewährte der Kurfürst 50 jüdischen Familien aus Wien – zeitlich begrenzte – Aufnahme in der Teilstadt Berlin. Ihre Zahl stieg rasch an, da die Schutzgelder und Sonderabgaben, die sie zu zahlen hatten, die kurfürstliche Kammer naturgemäß erfreute. Die Berliner Juden beschränkten sich zunächst fast völlig auf den Handel mit Geld und Pfändern, konnten ihre Tätigkeit jedoch bald ausweiten. Durch ihren freien Handel waren sie den in Zünften organisierten christlichen Händlern und Handwerkern deutlich überlegen. Und so ist es kein Wunder, dass die Alteingesessenen immer wieder Verbote und Auflagen für die unliebsame Konkurrenz forderten.

Zur wichtigsten Zuwanderergruppe aber entwickelten sich die Hugenotten, Franzosen reformierten Glaubens. Im Gefolge des „Edikts von Potsdam", mit dem Friedrich Wilhelm am 20. Oktober **1685** auf die Aufhebung des Toleranzedikts von Nantes reagierte, ließen sich rund 5000 Franzosen in Berlin, Cölln und vor allem in den drei Neustädten nieder. Damit stellten sie ein Viertel der Gesamtbevölkerung. Lange Zeit führten die Hugenotten ein eigenes kulturelles Leben mit einer eigenen Kirchengemeinde, einem eigenen Gerichtsbezirk und einem eigenständigen Französischen Gymnasium. Hugenottische Handwerker durften zunächst 15 Jahre lang als „Freimeister" außerhalb der Zunftordnungen arbeiten, später bildeten sie zum Teil separate hugenottische Gilden. Mit ihnen kamen zahlreiche neue Handwerkstechniken nach Berlin, etwa die Herstellung von Taschenuhren, Schmuck, feinen Metallarbeiten und Tapeten, die Emailverarbeitung, die Wollkämmerei sowie die Gold- und Silberdrahtzieherei.

Eine wichtige Rolle kam den Franzosen aber auch beim Aufbau des Berliner Manufakturwesens zu, das gemäß der merkantilistischen Wirtschaftstheorie durch Steuernachlässe subventioniert und durch hohe Zölle vor auswärtiger Konkurrenz geschützt wurde. Produziert wurden in diesen frühen Fabriken u. a. Seifen, Textilien, Gobelins, Spielkarten, Waffen und Uhren.

Mit dem Bau des heutigen Oder-Spree-Kanals zwischen Fürstenberg und Müllrose/Fürstenwalde **1669–71** verbesserte sich die Verkehrslage Berlins ganz erheblich. Berlin wurde nun wieder zum wichtigsten Hafen zwischen Oder und Elbe, Schlesien und der Nordsee und löste Frankfurt als wichtigsten Binnenhafen der Mark ab.

In den brandenburgischen Städten führte Friedrich Wilhelm ein gerechteres Steuersystem ein: Die „Akzise" wurde auf alle Lebensmittel, später auf alle Waren des täglichen Bedarfs erhoben. Seit **1681** trieben nicht mehr die Städte selbst, sondern staatliche Steuerkommissare die Abgaben ein.

Die Stadträte wurden nun vom Kurfürsten bestimmt – oft waren es verdiente Beamten und ausgebildete Juristen. Als oberste kommunale Behörde fungierte seit **1658** das direkt dem Kurfürsten unterstellte Militärgouvernement mit einem Kommandanten an der Spitze. Ihm unterstanden die Soldaten, die nach und nach in Berlin-Cölln stationiert wurden – **1659** waren es 2000 Mann zuzüglich Frauen und Kinder.

Das Militärgouvernement koordinierte aber auch all das, was man in der Sprache der Zeit die „Policey" nannte: die Feuerwehr, die Straßenreinigung und -beleuchtung, die Nachtwächter, die Aufsicht über Mauern, Tore und Brücken.

Das Bild der Stadt wandelte sich: Die öffentliche Straßenbeleuchtung begann **1679** mit dem kurfürstlichen Befehl, an jedem dritten Haus ein brennendes Licht aufzuhängen – 1682 wurden dann schon die ersten Laternen auf Pfählen aufgestellt. Wegen der Feuergefahr wurden Strohdächer und Kamine aus Lehm und Holz verboten, leicht entflammbare Vorräte mussten nun in einem „Scheunenviertel" außerhalb der Stadt gelagert werden, und auch Schweineställe wurden aus der Stadt verbannt. Die kleinen Abwasserkanäle an den Straßen wurden überwölbt. 1680 befahl der Kurfürst allen Hauseigentümern, die Straßen vor ihrem Haus bis zur Straßenmitte zu pflastern, wenig später mussten an den viel befahrenen Straßen auch die vorspringenden Treppen und Kellereingänge verschwinden. Auch wenn viele Ge- und Verbote nicht flächendeckend eingehalten wurden, rühmten Fremde doch immer wieder die Sauberkeit in der Stadt.

1683 wurde den Fuhrwerken das schnelle Fahren in der Stadt verboten – es war mehrfach zu Unfällen gekommen. Des Nachts musste nun jedes Fahrzeug eine Laterne oder Fackel tragen.

Etwa zur gleichen Zeit entstanden die ersten „öffentlichen Verkehrsmittel": die von zwei Männern getragenen Sänften, Portechaisen oder Tragsessel, die man an drei Standplätzen – vor dem Schloss, am Rathaus oder auf dem Friedrichswerder – für eine Wegstrecke oder stunden- und tageweise mieten konnte. **1739** wurden Pferdetaxen eingeführt.

Berlin wurde nun auch ein Ort des Geistes. Es entstanden die ersten Buchverlage und Zeitungen, der Kurfürst baute die im Krieg zerstreuten Kunst- und Naturaliensammlungen wieder auf, und die kurfürstliche Bibliothek stand jedem Interessierten offen. Paul Gerhardt, 1657–66 Pastor der Nikolaikirche, gilt als bedeutendster protestantischer Kirchenlieddichter nach Luther. Von 1688 bis zu seinem Tod 1694 wirkte der bedeutende Jurist und Theoretiker des Absolutismus, Samuel von Pufendorf, am Berliner Hof; 1691 kam der bekannteste Theologe seiner Zeit, Philipp Jakob Spener, als Konsistorialrat an die Nikolaikirche und mit ihm die Idee des Pietismus, einer von innerem Fühlen bestimmten Glaubensrichtung, die dem Ausgleich zwischen Lutheranern und Reformierten entscheidend den Weg bereitete. Zur „Union" beider Kirchen in Preußen kam es schließlich 1817 – 300 Jahre nach Luthers Reformation.

BERLIN WIRD KÖNIGSRESIDENZ: DIE REGIERUNGSZEIT FRIEDRICHS III./I.

Der Sohn und Nachfolger des Großen Kurfürsten führte Berlin in den Kreis der europäischen Königsresidenzen. Nach zehnjährigen Verhandlungen errang (und erkaufte sich) Friedrich III. vom Kaiser die Zustimmung zu einer prestigeträchtigen Rangerhöhung: Am 18. Januar **1701** krönte er sich selbst in Königsberg zum „König *in* Preußen". Erst als auch Westpreußen mit der ersten polnischen Teilung 1772 an Preußen fiel, nannte sich sein Enkel Friedrich II. „König *von* Preußen". Friedrich, als König nun wieder „der Erste", baute Berlin zielstrebig zur Residenzstadt von europäischem Rang aus. Es entstanden das Zeughaus und am Ort der heutigen Staatsbibliothek der Marstall, in den auch zwei wissenschaftliche Institutionen zogen: Die **1696** gegründete Akademie der Künste, die dritte in Europa nach London und Paris, versammelte als Gelehrtenversammlung und Ausbildungsstätte zugleich Maler und Bildhauer, Architekten und Stukkateure, Kupferstecher und Ziselierer, Mathematiker und Astronomen. **1700** kam auf Initiative der Kurfürstin Sophie Charlotte die „Sozietät der Wissenschaften" hinzu, als deren Gründungspräsident der berühmte Gottfried Wilhelm Leibniz amtierte. **1710** gründete der König als Pesthaus die „Charité", die durch die Verknüpfung von medizinischer Lehre und ärztlicher Praxis (seit 1727) wegweisend wurde. 1711 kam mit Antoine Pesne einer der bedeutendsten Porträtisten des Rokoko als Hofmaler nach Berlin.

Wichtigstes Projekt des Königs aber war der Um- und Ausbau des Stadtschlosses zur großen Barockresidenz, der von Andreas Schlüter 1698 begonnen und 1716 von Eosander von Göthe abgeschlossen wurde. Ein Opfer des schlechten Baugrunds wurde allerdings der „Münzturm", der zwei Jahre nach Baubeginn wieder abgerissen werden musste. Schlüter, einer der bedeutendsten europäischen Künstler seiner Zeit, wurde vom König entlassen.

Rings um Berlin ließ Friedrich weitere Schlösser und Lusthäuser errichten oder erweitern, darunter Oranienburg, Niederschönhausen und Lietzen- oder Lützelburg beim Dorf Lietzow, das der Kurfürstin Sophie Charlotte als Sommerresidenz diente und nach ihrem Tod 1705 den Namen Charlottenburg erhielt. Die kleine Siedlung vor dem Schloss wurde zur Stadt Charlottenburg erhoben; der König, seine Söhne und hohe Hofbeamte „spielten" den Magistrat.

Auch die Hofbeamten, die es sich leisten konnten, errichteten sich prächtige Stadtpalais und Landhäuser. Die Schlösser dieser „Residenzlandschaft" waren durch Flüsse, Bäche oder künstlich angelegte Kanäle miteinander verbunden, auf denen der König und seine Hofgesellschaft in Booten, Gondeln oder der 25 Meter langen und sieben Meter breiten Yacht „Liburnica" unterwegs waren.

Friedrichs Bauprogramm und seine Hofhaltung verschlangen Unsummen. 1712 umsorgten den König 30 Kammer- und fünf Hofjunker, acht Hofkammer- und Hofstaatsbedienstete, sechs Hof- und Leibmediziner, zwölf Geheime Kammerdiener und zahlreiche weitere Bedienstete, Pagen und Lakaien. Neben 36 fest angestellten Hofmusikern standen weitere 24 Trompeter und zwei Paukisten in königlichen Diensten.

Zur Finanzierung verkaufte und verpachtete Friedrich Ämter und Behörden und verfiel auf solch exquisite Einnahmequellen wie eine Perücken- und Karossensteuer. Als er **1713** starb, hinterließ er dennoch einen Schuldenberg von 20 Millionen Talern.

Zu den wenigen erfolgreichen Sparmaßnahmen des Königs zählt dagegen die Verschlankung der Verwaltung. Am 18. Januar **1709**, am achten Jahrestag seiner Krönung, verschmolz Friedrich per Edikt die fünf Residenzstädte Berlin, Cölln, Friedrichswerder, Dorotheenstadt und Friedrichstadt zur neuen „Haupt- und Residenzstadt Berlin". Die Verwaltung unterstand nun einem 19-köpfigen Magistrat, der sich paritätisch aus Lutheranern und Reformierten zusammensetzte. Die vier (nun länger als ein Jahr amtierenden) Bürgermeister, zwei Syndici, drei Kämmerer und zehn Ratsherren wurden vom König auf Lebenszeit berufen.

BERLIN UNTER DEM „SOLDATENKÖNIG"

Friedrich Wilhelm I. nannte sich selbst „Gottes schlichter Amtsmann", sein Staatsideal war innere Stärke, nicht äußerer Glanz. Nach dem Tod seines Vaters am 25. Februar 1713 machte Friedrich Wilhelm dem „tollsten Haushalt in der Welt" (so er selbst) ein Ende. Er entließ einen Großteil des Hofstaats und senkte die Ausgaben für Repräsentationszwecke radikal – was zunächst zu einem erheblichen Rückgang in der Berliner Wirtschaft führte.

Die Finanzstruktur des brandenburgisch-preußischen Staates erwies sich jedoch als intakt. Und so konnte der neue König rasch sein wichtigstes Ziel anpacken: den Ausbau der Armee. In den 27 Jahren seiner Regierung verdoppelte der „Soldatenkönig", der seit 1725 in der Öffentlichkeit nur noch Uniform trug, das Heer auf

83 000 Mann. 1720 stellten die Soldatenfamilien etwa ein Fünftel der Berliner Bevölkerung. Nach wie vor waren sie in Privatquartieren untergebracht – der Bau von Kasernen begann erst unter Friedrich II. In und außerhalb der Stadt entstanden nun Exerzierplätze, so an der Stelle des Lustgartens vor dem Schloss und auf dem Tempelhofer Feld (heute Flughafen). Interessanterweise hielt sich aber gerade der „Soldatenkönig" aus allen Kriegshändeln heraus.

Die Erfordernisse des Militärs bestimmten nun auch das Wirtschaftsleben. Besonders das Textilgewerbe wurde gefördert, und schon bald konnten die preußischen Soldaten komplett mit inländischen Tuchen eingekleidet werden. Es entstanden große Manufakturen, die teilweise in staatlicher Regie geführt wurden; mit 4000 Beschäftigten galt etwa das „Königliche Lagerhaus" in der Klosterstraße als Europas größte Tuchmanufaktur. Einzelne Arbeitsschritte der Produktion erfolgten im Verlagssystem, bei dem die Fabrikbesitzer den formell selbständigen Handwerkern die zu verarbeitenden Rohstoffe „vorlegten" und die spätere Abnahme des fertigen Produkts garantierten. Die Handwerker, besonders die Weber, wurden so gleichsam zu ausgelagerten Fabrikarbeitern, die völlig von ihren Auftraggebern abhängig waren.

Während sich Wollprodukte sogar zum Exportgut entwickelten, konnte die Berliner Seidenfabrikation nur dank hoher Importzölle gegen die französische Konkurrenz bestehen. Die Versuche unter Friedrich II., die Seidenraupenzucht im Lande heimisch zu machen (z. B. in Tegel und Adlershof), scheiterten. Generell jedoch konnte die Leistungsfähigkeit der brandenburgischen Landwirtschaft beträchtlich gesteigert werden – was auch Berlin als größtem Handelsplatz des Landes zugute kam.

Berlins gute Verkehrslage wurde konsequent ausgebaut. Der **1746** eröffnete Plaue-Parey-Kanal verkürzte den Wasserweg nach Magdeburg, der Finowkanal den Weg nach Stettin erheblich. Neben dem alten Packhof auf dem Friedrichswerder entstand **1743** ein zweiter als Zollstation und Lagerstätte auf der heutigen Museumsinsel. Seit 1685 bildete Berlin das Zentrum eines sternförmig ausstrahlenden Postkutschennetzes. 1712 begann der Postzwang, anfangs für Briefe, später auch für Pakete und die Personenbeförderung. **1739** nahm die Börse im ehemaligen Neuen Lusthaus am Lustgarten ihren Betrieb auf.

Auch unter dem Soldatenkönig blieb Brandenburg-Preußen ein „Einwanderungsland". Fachleuten vor allem der Textilindustrie versprach der König Zoll- und Abgabenfreiheiten. Zudem kamen immer wieder Glaubensflüchtlinge nach Berlin, so etwa 2000 böhmische Protestanten und kleinere Gruppen Pfälzer, Schweizer und Sachsen. 1740 war Berlin mit knapp 100 000 Einwohnern die größte deutsche Stadt nach Wien.

128 verschiedene, zum Teil sehr spezialisierte Handwerksberufe zählte man **1730** in Berlin. Der Staat versuchte, das Zunftsystem immer weiter aufzuweichen. So wurde zum Beispiel der Zugang zum Meisteramt wesentlich erleichtert, was den Wettbewerb verschärfte, aber auch die Konkurrenzfähigkeit der Produkte erhöhte. Zudem arbeiteten immer mehr Handwerker unselbständig in den Manufakturen. Für einfache Arbeiten wurden nun auch Kinder und die Insassen der Armen-, Zucht- und Waisenhäuser herangezogen.

Die Konjunkturkrise der 1730er und 40er Jahre stieß beträchtliche Teile der Bevölkerung in die Armut. Sie traf nicht nur kleine Handwerker und Händler, sondern auch viele Soldaten. Obwohl sie unter strenger Strafe standen, waren Desertionen an der Tagesordnung. Alle männlichen Einwohner Preußens waren im Prinzip der Wehrpflicht unterworfen, die jedoch nicht konsequent umgesetzt wurde. Preußische Soldaten dienten ihr Leben lang, bekamen aber in der Regel neun Monate im Jahr Urlaub. Die Einwohner einiger großer Städte, darunter Berlin, waren vom Wehrdienst befreit.

Die Reform der Staatsverwaltung **1722** band die Stadt Berlin ganz in den absolutistischen Staatsapparat ein. Als zentrale Staatsbehörde installierte der König das „General-Ober-Finanz-Kriegs- und Domänen-Direktorium". Für Berlin war die regionale Unterbehörde, die „Kurmärkische Kriegs- und Domänenkammer", zuständig, deren Vorsitzender als „Stadtpräsident" nun auch die Stadtverwaltung leitete. Friedrich II. erweiterte seine Befugnisse noch um die Polizeiaufsicht.

Friedrich Wilhelm I. ließ das Berliner Stadtgebiet beträchtlich vergrößern. Die Friedrichstadt wurde ab **1732** nach Westen und Süden erweitert, die Hauptstraßen endeten in drei Schmuck- und Exerzierplätzen: Rondell (heute Mehringplatz), Octogon (Leipziger Platz) und Quarré (Pariser Platz). Ganz im Westen, an der heutigen Wilhelmstraße, entstanden auf Druck des Königs prächtige Adelspalais; um das Kollegienhaus für das Kammergericht und andere Behörden (heute Jüdisches Museum) entwickelte sich ein „Geheimratsviertel".

Auch die barocken Vorstädte sowie große unbebaute Landflächen wurden nun in die Stadt einbezogen. Die **1738** errichtete „Akzisemauer" bestand links der Spree aus einer etwas über drei Meter hohen Steinmauer, rechts der Spree begnügte man sich mit einem Palisadenzaun, der „Linie". Sie diente als Steuergrenze und sollte Soldaten vom Desertieren abhalten. Ihr Verlauf und die Lage der anfangs 14, später 18 Stadttore, die überwiegend aus zwei massiven und wenig geschmückten Torpfosten bestanden, lassen sich noch heute gut am Stadtplan ablesen (Linienstraße, Palisadenstraße, Tore).

Zudem wurden die alten Festungsanlagen um Alt-Berlin, Cölln und den Friedrichswerder abgebaut. Die Festungsgräben allerdings blieben erhalten – Friedrich II. ließ sie später durch Brücken mit repräsentativen Kolonnaden schmücken.

Die einzigen Repräsentationsbauten, die sich der Soldatenkönig gönnte, waren prächtige, hoch aufragende Kirchtürme, die, an bestehende Kirchen angebaut, die Berliner Silhouette schmückten. Erhalten blieb allein der Turm der Sophienkirche.

BERLIN UNTER FRIEDRICH II.

Friedrich Wilhelms Sohn, Friedrich II., war ein Mann mit zwei unterschiedlichen Gesichtern: einerseits ein Machtpolitiker, der Preußen in mehrere schwere Kriege stürzte, um es zur Großmacht auszubilden; andererseits ein „roi philosophe" mit großer Liebe zur Architektur. Friedrich wollte Berlin zum glänzenden Mittelpunkt eines aufgeklärten Staates ausbauen, der die führenden Geister Europas anziehen sollte.

Berliner Geistesleben unter Friedrich II.
Zur Zeit Friedrichs II. forschten und lehrten in Berlin u. a. die Mathematiker Leonhard Euler und Joseph Lagrange, der Philosoph Johann Georg Sulzer und der Forstwissenschaftler Johann Gledisch. Andreas Marggraf entdeckte in Berlin den Zuckergehalt der Runkelrübe, sein Schüler Franz Carl Achard entwickelte ein Verfahren zur Herstellung von Zucker, mit dem schließlich das Monopol des tropischen Rohrzuckers gebrochen werden konnte. 1788 entdeckte der Chemiker Martin Heinrich Klaproth in Berlin das Element Uran.
Überstrahlt wurde ihr Wirken allerdings durch den Ruhm des französischen Philosophen Voltaire, der 1750–53 am Hof des Königs in Potsdam weilte. Ebenfalls in Berlin lebte seit 1743 der bedeutende jüdische Philosoph Moses Mendelssohn, den Friedrich trotz des Votums der Mitglieder nicht in die Akademie berief. Das Musikleben blühte dank bedeutender Hofmusiker auf, allen voran Carl Philipp Emanuel Bach, der als bedeutendster Komponist seiner Zeit galt.

Am Hofe, in der Akademie, aber auch im neuen Theater auf dem Gendarmenmarkt dominierte die französische Sprache. Die deutschsprachige Literatur, die ja erst im 18. Jahrhundert aufblühte, erhielt ihre Impulse aus dem Bürgertum. Zur zentralen Gestalt wurde der Verleger und Schriftsteller Friedrich Nicolai, und auch Gotthold Ephraim Lessing lebte mehrere Jahre in Berlin. In „Clubs" und „Gesellschaften" diskutierten Künstler und Kaufleute, Beamte und Bürger, Akademiker und Geistliche – das sich formierende „Bildungsbürgertum" – die wissenschaftlichen, literarischen und politischen Neuigkeiten. Berlin wurde zu einer gewichtigen Verlagsstadt. 13 Buchhandlungen gab es im Jahr 1760, bei rund 200 in ganz Deutschland.

Gleich **1740** nahm Friedrich den Neubau eines repräsentativen Stadtzentrums in Angriff, das Bauten für die Politik, die Künste und die Wissenschaft verbinden sollte. Am Forum Fridericianum entstanden die Staatsoper und, nach dem Gewinn Schlesiens, die Hedwigskirche als katholische Pfarrkirche Berlins. Hinzu kamen das Palais des Königsbruders Prinz Heinrich (heute Humboldt-Universität) und die Königliche Bibliothek, der ein Plan Fischer von Erlachs für die Wiener Hofburg zugrunde lag. Überhaupt studierte der König immer wieder die Bilder europäischer Barockarchitektur, um Anregungen zu erhalten oder gar komplette Fassaden in Berlin oder Potsdam zu kopieren. Hinter diesen prächtigen, vom König selbst oder mit seiner Hilfe finanzierten Häuserfronten entstanden schlichte Wohn- und Mietshäuser für einfache Bürger. Die Dorotheen- und die Friedrichstadt erhielten nach und nach ein prächtiges Gesicht, den Gendarmenmarkt schmückte Friedrich mit einem Komödienhaus und den Turmbauten des Deutschen und des Französischen Doms. Seit Mitte der 1740er Jahre hielt sich Friedrich allerdings überwiegend in Potsdam auf – im Sommer in Sanssouci, im Winter im Stadtschloss.

Weniger repräsentativ entwickelten sich die nördlichen und östlichen Stadtteile. Nördlich der Akzisemauer, zwischen der heutigen Brunnen- und der Gartenstraße, wurden **1752–54** 120 Familien von Bauhandwerkern angesiedelt, die überwiegend aus dem sächsischen Vogtland kamen, weshalb das Viertel (Neu-)Vogtland genannt wurde. In unmittelbarer Nähe, etwa am heutigen Gartenplatz, befand sich die „Scharfrichterei" mit dem Galgen, an dem erst 1839 die letzte Hinrichtung stattfand.

Doch die Regierungszeit Friedrichs des Großen hatte auch ihre Schattenseiten. Im Streben, Preußen einen angemessenen Platz im „Konzert der Großmächte" zu erobern, stürzte sich Friedrich in die zwei – siegreichen – Schlesischen Kriege **1740–42** und **1744–45**. Im Siebenjährigen Krieg **1756–63** schrammte er jedoch nur haarscharf an der Niederlage vorbei. Die Berliner Wirtschaft stürzte in eine schwere Krise. **1757** besetzte ein österreichisches Husarenregiment Berlin, **1760** konnten russische Truppen nur durch eine enorme Geldzahlung zum Abzug aus der besetzten Stadt bewogen werden – die Verhandlungen führte in dieser kritischen Situation übrigens kein Regierungsvertreter, sondern der Kaufmann Gotzkowsky.

Nach dem Siebenjährigen Krieg führte Friedrich noch bestimmter die merkantilistische Wirtschaftspolitik fort, indem er die hei-

Mauerstraße und Böhmische Kirche 1776 (Johann Georg Rosenberg)

Der Neue Markt und die Marienkirche um 1780 (J. F. Fechhelm)

mische Produktion subventionierte und ausländische Konkurrenz durch hohe Importzölle unterband. Zahlreiche Manufakturen übernahm der Staat, so 1763 die Porzellanmanufaktur Gotzkowsky, die seitdem als KPM – Königliche Porzellan-Manufaktur firmiert (sie erhielt 1793 die erste Berliner Dampfmaschine). Andere neue Industriezweige wie die Email-, die Zucker- oder die Gipsproduktion erhielten beträchtliche Anschubfinanzierungen. Zudem reformierte der König das Berliner Kreditwesen, um den Einfluss vor allem der großen Hamburger Bankiers einzudämmen. 1807 bestanden neben der 1722 gegründeten Königlichen Seehandlung und der Königlichen Bank (von 1765) 41 Privatbanken in Berlin.

Auf königlichen Befehl entstanden rings um Berlin neue Siedlungen und Kolonien, die der hauptstädtischen Textilindustrie zulieferten: Bereits 1716 Moabit als Siedlung französischer Emigranten, 1737 Böhmisch-Rixdorf, 1749 Grünau, 1750 die böhmische Webersiedlung Neu-Schöneberg. Emigranten aus der Pfalz gründeten 1747 Müggelheim, 1753 entstand für Baumwollspinnerfamilien Friedrichshagen.

DIE LETZTEN JAHRE DES „ALTEN SYSTEMS"

Schon in den letzten Jahren der langen Regierungszeit Friedrichs des Großen begannen sich die Schwächen des Merkantilismus zu offenbaren. So kam es **1775** in den Seidenbetrieben zum ersten größeren Arbeitskampf in Berlin. Ganz deutlich wurden die Strukturprobleme aber in der Regierungszeit seines Neffen und Nachfolgers Friedrich Wilhelm II. (1786–97). Die das Kunstgebilde Preußen verbindende Idee der „Staatsraison" – jeder Bürger sei ein Diener des Staates – und die allumfassende Bürokratie, die sämtliche Lebens- und Wirtschaftsbereiche reglementierte, drohten nicht nur Selbstbewusstsein und Eigenverantwortung der Bürger zu ersticken, sondern unterbanden auch jegliche Eigeninitiative der Unternehmer. Lebensfähig blieb die preußische Industrie vor allem durch hohe Subventionen und die Abschottung des heimischen Marktes. Viele Berliner lebten in Armut, 1788 war fast jeder zehnte Einwohner auf staatliche Unterstützung angewiesen. Der neue König fuhr dennoch die staatliche Wirtschaftsförderung zurück und konzentrierte sich im Übrigen auf seine Privatvergnügen. Dazu zählte u. a. die Architektur, auf deren Feld nun der Klassizismus Einzug in Berlin hielt. Im Tiergarten entstand das Schloss Bellevue, am Neuen See in Potsdam das Marmorpalais, von dem der König einen schönen Blick auf sein kulissenhaftes Lustschloss auf der Pfaueninsel hatte; und während in Paris die Revolution tobte, schuf Carl Gotthard Langhans 1789–91 das Berliner Wahrzeichen schlechthin: das Brandenburger Tor. Zum Vorbild nahm er sich die Propyläen auf der Athener Akropolis – Berlin wurde zum „Spreeathen" (auch wenn der Begriff schon 1706 geprägt wurde).

Im geistigen Leben machte der rationale Absolutismus romantischen, teils sogar mystisch-spiritistischen Gedanken Platz; Propheten und Wunderheiler hatten Hochkonjunktur. Die vom König verfügten Zensurmaßnahmen schränkten die Pressefreiheit ein, dennoch blühte das kulturelle Leben. Berühmt waren die literarischen Salons von Henriette Herz und Rahel Levin (später Varnhagen). Das Deutsche Nationaltheater – so hieß der Bau am Gendarmenmarkt seit 1786 – stieg unter August Wilhelm Iffland zur führenden deutschen Bühne auf. Zu den großen Köpfen der „Berliner Frühromantik" gehörten Friedrich und August Wilhelm von Schlegel, Achim von Arnim, Wilhelm Heinrich Wackenroder, Clemens Brentano und Ludwig Tieck.

Im Jahr 1800 zählte Berlin 170 000 Einwohner und war damit die sechstgrößte Stadt Europas nach London, Paris, Wien, Amsterdam und St. Petersburg. Immer mehr Straßen wurden nun mit Öllaternen beleuchtet, die aber um Mitternacht verlöschten. **1799** führte man die (straßenweise) Numerierung der Häuser ein und brachte an den Eckhäusern Straßenschilder an: mit goldener Schrift auf blauem Grund. Und seit dem Jahr 1800 gab es auch eine Stadtpost: 13 Briefboten trugen mehrmals täglich die Post aus, andere Boten liefen mit Glocken durch die Straßen und sammelten Briefe ein – Briefkästen gab es noch nicht.

Rings um Berlin lockten nun Ausflugslokale, in denen man – steuerfrei – billig trinken und speisen konnte. Bereits 1760 hatte an einer eisenhaltigen Quelle der Weddinger Panke der Friedrichs-

Gesundbrunnen eröffnet. Und vor dem Leipziger Tor, südlich des Tiergartens, den Friedrich II. zu einem barocken „Lustpark für die Bevölkerung" hatte umgestalten lassen, entstand etwa seit 1790 als exklusives Wohngebiet die Friedrichsvorstadt, das spätere Tiergartenviertel.

„Wie konnte bloß jemand auf die Idee kommen, mitten in all dem Sand eine Stadt zu gründen?"
Der französische Schriftsteller Stendhal 1808

NAPOLEON IN BERLIN – DIE FRANZÖSISCHE BESATZUNG

Friedrich Wilhelm III. erbte von seinem Vater **1797** einen riesigen Schuldenberg und wenig geordnete Verhältnisse. Doch das Zupacken lag auch ihm nicht. Reformansätze verfolgte er nicht weiter. Den Prinzipien der Französischen Revolution, Gleichheit, Freiheit und Volkssouveränität, die sich im Sturm durch Europa verbreiteten, hatte der preußische König keine Vision entgegenzusetzen. Das „Allgemeine Preußische Landrecht" von 1794 hatte zwar die Justiz reformiert, zugleich aber die Prinzipien der Ständischen Gesellschaft betoniert, die jedem Bürger durch Geburt einen Platz in einer bestimmten Gesellschaftsschicht zuwies.

Außenpolitisch lavierte Friedrich Wilhelm III. zwischen Napoleon und seinen Gegnern und hoffte auf den Schutz der Neutralität. Als die Franzosen jedoch **1806** Ansbach und Bayreuth besetzten, forderte Friedrich Wilhelm ultimativ ihren Rückzug und erklärte Frankreich schließlich den Krieg – leichtfertig und völlig unvorbereitet. In der Doppelschlacht von Jena und Auerstedt wurden die Preußen am 14. Oktober vernichtend geschlagen. Und da auch Berlin kaum in der Lage war, sich zu verteidigen, rüstete jeder, der es sich leisten konnte, zur Flucht. Die Königsfamilie, die wichtigsten Behörden mit den Staatskassen und zahlreiche wohlhabende Bürger machten sich auf in Richtung Königsberg. Der Gouverneur ließ ein Plakat anschlagen: „Der König hat eine Bataille verloren. Jetzt ist Ruhe die erste Bürgerpflicht. Ich fordere die Einwohner Berlins dazu auf. Der König und seine Brüder leben!" Dann machte er sich selbst aus dem Staub.

Am 23. Oktober zog das französische Vorauskommando in die Stadt. Einen Tag später nahm Napoleon im Potsdamer Stadtschloss Quartier, am 26. nächtigte er im Schloss Charlottenburg, und am 27. Oktober erfolgte – bestens inszeniert und bei schönstem Wetter – der feierliche Einzug des Kaisers durch das Brandenburger Tor. Napoleon machte es sich im Schloss bequem, seine Truppen, die in Biwaks oder Privatquartieren übernachteten, ließen es sich mit Fleisch, Gemüse, Bier, Wein und Branntwein gut gehen. Für Nachschub hatte der Magistrat zu sorgen.

Zwei Tage später wählten 2000 vom Magistrat bestimmte Bürger eine 60-köpfige „Generalverwaltungsbehörde", die aus ihrer Mitte sieben Mitglieder eines „Comité administratif" bestimmte. Diese sollten die Stadtverwaltung leiten, kontrolliert von einem „Intendanten" namens Bignon. Sämtliche hohe Staats- und Finanzbeamten Berlins mussten im Schloss erscheinen und dem neuen Stadtherrn Loyalität schwören. Einige schrieben bewusst unleserlich, ein Kriegsrat goss sogar „versehentlich" ein Tintenfass über die Unterschriften – aber alle unterschrieben. Die Minister unter ihnen wurden später vom König in Ungnade entlassen. Ende 1806 war dann auch die Bürgergarde komplett, eine 1200, später 1900 Mann starke uniformierte Truppe, die der französische Stadtkommandant befehligte.

Napoleons „Generalinspekteur der Museen" Denon inspizierte währenddessen die königlichen Schlösser und Sammlungen und ließ alles, was ihm gefiel, nach Paris verschiffen. So verschwanden aus den Schlössern Berlins, Charlottenburgs und Potsdams 116 Gemälde, 32 antike Statuen, 74 antike Büsten, 183 Bronzearbeiten, 538 geschnittene Steine, 7262 Medaillen und Münzen, 25 Elfenbein- und 23 Bernsteinarbeiten, außerdem Marmor- und Bronzestücke, Manuskripte und Stücke der Sammlung Alexander von Humboldts. In Potsdam nahm Napoleon den Degen Friedrichs des Großen und andere Erinnerungsstücke an sich, und seine Offiziere bedienten sich ebenfalls nach Belieben. Anfang Dezember 1806 wurde die Quadriga vom Brandenburger Tor geholt und nach Paris geschickt.

Traf dies nur den Stolz der Berliner, so riss die Einquartierung der französischen Soldaten tiefe Löcher in die Kassen der zwangsverpflichteten Quartiergeber. Nacht für Nacht waren über 10 000, manchmal sogar 30 000 durchziehende Soldaten unterzubringen. Der Minister von Reden beherbergte zeitweise einen General, einen Oberst, 16 Mann und 41 Pferde, die Familie Nicolai 22 Soldaten und 12 Pferde – die Kosten trugen die „Gastgeber“. Wer niemanden aufnehmen konnte, musste einen Ausgleich zahlen. Hinzu kamen Gelder zum Unterhalt der Truppen, säuberlich abgerechnet für Heu und Stroh, Fleisch, Getreide und Salz, Bier und Wein, Hüte und Schreibmaterialien. Im Frühjahr **1808** ließ Napoleon bei Charlottenburg eine Barackenstadt für 25 000 Soldaten errichten, die die Stadt Berlin finanzieren musste, inklusive einem Ballhaus!

Überdies forderten die Besatzer Kontributionszahlungen in Höhe von 140 Millionen Franken als Voraussetzung für ihren Abzug. Mit Sondersteuern, Krediten, Anleihen und anderen Mitteln gelang es dem Comité administratif schließlich, die enorme Summe aufzubringen. Zu einem hohen Preis: Ende 1808 betrug die Verschuldung der ausgebluteten Stadt viereinhalb Millionen Taler. Die Abtragung der Schulden dauerte bis 1861.

Wirtschaftlich stand Berlin vor dem Abgrund. Die Franzosen öffneten den abgeschotteten preußischen Markt ihren Produkten, was der Berliner Seidenindustrie das Genick brach. Staatliche Gehälter und Pensionen, Löhne und Mieten wurden schleppend oder gar nicht mehr gezahlt. Hinzu kam die schlechte Ernte **1807**. Im Frühjahr **1808** gab es mehrmals offenen Aufruhr vor Bäckereien, die nicht mehr genug Brot anbieten konnten.

Zu einem wirklichen Volksaufstand kam es jedoch nicht, obwohl die Franzosen die Bevölkerung mit der Zeit klar gegen sich aufgebracht hatten. Denn wie sich zeigte, waren Napoleons Truppen nicht gekommen, um den Berlinern und Preußen die politischen und sozialen Ideen des Fortschritts zu bringen. Sie pressten sie einfach nur brutal aus.

Allmählich formierte sich eine patriotische Bewegung. Johann Gottlieb Fichte hielt im Winter 1807/08 jeden Sonntagvormittag

„Reden an die deutsche Nation", Friedrich Schleiermacher predigte in der Dreifaltigkeitskirche für eine umfassende Erneuerung der geistigen und moralischen Grundlagen des preußischen Staates. Schriften und Zeitungen machten Stimmung gegen die Franzosen, was manchen Redakteur in Haft brachte.

DIE REFORMEN UND DIE BEFREIUNGSKRIEGE

Anfang Dezember **1808** zogen die Franzosen schließlich ab, eine Woche später ritt der populäre Major von Schill mit seinen Husaren in Berlin ein. Als Wilhelm von Humboldt im Januar 1809 nach Berlin zurückkehrte, schrieb er: „Berlin ist zu einem Dorf geworden. Es gibt kaum Wagen, man geht an Hof zu Fuß im Frack, bei Diners und Soupers brennt man Talg."

Der König und sein Hof allerdings blieben noch bis Dezember 1809 in Königsberg, und von dort versuchten nun die Staatsminister Karl Reichsfreiherr vom und zum Stein und sein Nachfolger Freiherr (später Fürst) Karl August von Hardenberg den preußischen Staat grundlegend zu reformieren. Anders als in Frankreich, wo ein selbstbewusstes Bürgertum die Revolution erzwang, war die preußische „Revolution von oben" das Werk einiger weniger Männer in der Staats- und Militärführung, die vor allem auf die Verbesserung der Staatsorganisation und die Stärkung des einzelnen Bürgers zielten. Umgesetzt wurden die Reformen durch den fast militärisch organisierten preußischen Beamtenapparat, dessen Beharrungskräfte den Reformschwung mit der Zeit aber immer weiter abbremsen sollten. Viele weiterreichende Ansätze blieben schließlich durch den Widerstand von Adel und Bürokratie stecken. Die starke Stellung des grundbesitzenden Adels, der sich als Elite fühlenden Beamtenschaft und der Armee blieb erhalten. Nur ein Gebiet konnte wirklich grundlegend reformiert werden: die Wirtschaft – und sie trug dann auch maßgeblich zum weiteren Aufstieg Preußens bei.

Im Gefolge der Steinschen Städteordnung kam es im April **1809** zu den ersten freien und geheimen Wahlen eines Stadtparlaments, das aus seinen Reihen wiederum einen 25-köpfigen Magistrat wählte. Wahlberechtigt waren jedoch nur Hausbesitzer oder Bürger mit mehr als 200 Talern Jahreseinkommen, die knapp sieben Prozent der Berliner Bevölkerung ausmachten. So dominierten in der ersten Stadtverordnetenversammlung Kaufleute und Handwerksmeister, gefolgt von Fabrikanten, Gärtnern und Bauern. Zum Oberbürgermeister wählten die 102 Stadtverordneten den einzigen Adligen in ihren Reihen, Leopold von Gerlach.

Die Aufhebung der Erbuntertänigkeit der Bauern bildete die Voraussetzung für das explosionsartige Wachstum Berlins im 19. Jahrhundert, weil die nun freien Landarbeiter auf Arbeitssuche nach Berlin zogen. Auch die allgemeine Gewerbefreiheit von **1810**, d. h. die Auflösung des Zunftzwangs, machte sich erst allmählich bemerkbar, da sich das Zunftsystem als sehr beharrlich erwies. Noch viele Jahre später gab es Handwerkszweige, in denen nicht ein einziger unzünftiger Meister arbeitete.

1812 wurden endlich die Juden den Christen gleichgestellt, allerdings mit gewichtigen Ausnahmen. Hohe Staatsämter und Militärränge etwa blieben ihnen weiterhin verschlossen. **1814** schließlich wurde die allgemeine Wehrpflicht – als Teil der Scharnhorstschen Militärreform – eingeführt, die nun auch für die bislang ausgenommenen Berliner galt.

Eine zentrale Rolle in der Reformdiskussion spielte die Erneuerung des Bildungswesens. Nach dem Frieden von Tilsit 1807, mit dem Preußen alle Gebiete westlich der Elbe verlor, verfügte es nur noch über die Universitäten Königsberg und Frankfurt (Oder); Duisburg, Halle/Salle und Erlangen waren nicht mehr preußisch. Vor allem auf Betreiben Wilhelm von Humboldts, der im Innenministerium für Kultus und öffentlichen Unterricht zuständig war, wurde **1809** die Berliner Universität gegründet. Im Prinz-Heinrich-Palais, wo sie noch heute untergebracht ist, nahm sie im Oktober 1810 den Lehrbetrieb auf, mit 53 Dozenten und 256 Studenten in den Fachbereichen Medizin, Rechtswissenschaften, Philosophie und Theologie. Unter den 33 Professoren des ersten Semesters befanden sich klangvolle Namen: der Philosoph Fichte, der zum ersten Rektor gewählt wurde, die Theologen Schleiermacher und Marheineke, der Jurist Savigny, die Mediziner Graefe und Hufeland, der Historiker Niebuhr, der Chemiker Klaproth, der Agrarwissenschaftler Thaer, der Philologe Böckh. Wenig später wurden die Philosophen Schelling und Hegel sowie der Historiker Ranke berufen. 1832 war die Berliner Universität (seit 1828 Friedrich-Wilhelms-Universität) mit 1700 Studenten die größte in Deutschland. Völlig neuartig und wegweisend war Humboldts Universitätskonzept: Lehre und Forschung sollte gleiches Gewicht zukommen; Studenten und Professoren wurden als Partner bei der aktiven Erweiterung des Wissens verstanden; und als Ziel des Studiums galt nicht mehr nur die Vermittlung von Fachwissen, sondern eine umfassende humanistische Bildung, Charakterbildung und Selbstverwirklichung der Studierenden.

Wirtschaftlich erholte sich Berlin zunächst kaum, zumal die preußische Regierung die Kontributionsforderungen der Franzosen zu erfüllen versuchte. Als sich die Spanier 1808 gegen Napoleon erhoben und 1809 die Österreicher folgten, kam es in vielen Orten Deutschlands zu kleineren Erhebungen gegen Napoleon – doch der preußische König schwieg. Als Major Schill mit seinen Husaren auf eigene Faust gegen die Franzosen aufbrach, war die Begeisterung in Berlin groß; der Polizeipräsident verhängte sogar eine Nachrichtenzensur, um die Stimmung abzukühlen, doch das Unternehmen scheiterte sechs Wochen später in Stralsund, der Anführer fiel.

Erst im Dezember **1809** kehrten der König und sein Hofstaat nach Berlin zurück, und das Leben normalisierte sich. Im Juli **1810** starb die im Volk überaus beliebte Königin Luise; sie wurde in einem Mausoleum im Schlosspark von Charlottenburg beigesetzt. Ab Oktober 1810 lasen die Berliner in den von Heinrich von Kleist herausgegebenen „Berliner Abendblättern" völlig Neuartiges: Lokalnachrichten. Und im Frühjahr 1811 erlebten sie, wie Ludwig Jahn, Lehrer am Gymnasium zum Grauen Kloster, in der Hasenheide den ersten Turnplatz eröffnete.

Die Friedenszeit sollte nicht lange währen. Napoleon, der sich 1811 auf dem Gipfel seiner Macht befand, wollte nun auch Russland unterwerfen. Den preußischen König zwang er zu einem Militärbündnis von so demütigenden Bedingungen, dass zahlreiche Offiziere wie Gneisenau, Boyen und Clausewitz den Dienst quittierten und nach England oder Russland gingen. Polizeipräsident Gruner emigrierte nach Prag, wo er eine Widerstandsgruppe gegen die Franzosen aufbaute.

Im März **1812** rückten die Franzosen erneut in Berlin ein. Sie kamen nun als Verbündete, verhielten sich aber wie Besatzer – das Kommando in der Stadt übernahm wieder ein französischer Gouverneur. Die Stimmung war nun offen antifranzösisch, Schlägereien und Zusammenstöße waren an der Tagesordnung, Sabotageakte verübte vor allem der „Deutsche Bund" um Jahn und seinen Freund Friedrich Friesen. König und Regierung jedoch bemühten sich nach Kräften, die erneut maßlosen Forderungen der Franzosen zu erfüllen, und pressten den Bürgern Kriegssteuern ab.

Entsprechend groß war der Jubel, als die ersten Nachrichten von der Niederlage Napoleons eintrafen. Um sie vor Übergriffen zu schützen, befahl der Gouverneur alle Soldaten aus den Privatquartieren schleunigst in die Kasernen. Um die Jahreswende erlebte Berlin den Durchzug geschlagener französischer Truppen. Dass General Yorck am 30. Dezember 1812 im litauischen Tauroggen eigenmächtig eine Konvention zur Neutralisierung des zur französischen Armee gehörenden Korps abgeschlossen hatte, wurde von der Bevölkerung mit Begeisterung aufgenommen, vom König jedoch scharf verurteilt. Friedrich Wilhelm war weiterhin bestrebt, „die freundschaftlichen Verhältnisse mit den Kaiserlichen französischen Militärbehörden sorgfältig zu erhalten", wie er der „Oberregierungskommission" unter August von der Goltz aufgab, als er mit seiner Regierung im Januar ins „Franzosen-freie" Breslau übersiedelte. Im Volk wurde dies als Vorbereitung für einen Frontwechsel gedeutet, und entsprechend begeistert folgten die jüngeren Berliner den Aufrufen zur Bildung von Freiwilligenverbänden. Doch noch zauderte der König. Von der Goltz überlegte währenddessen, wie man die aufgewiegelte Menge mit gewaltsamen Mitteln niederhalten könne – schließlich befanden sich noch immer 10 000 französische Soldaten in der Stadt. Als am 20. Februar **1813** ein Trupp von 200 russischen Kosaken vor Berlin auftauchte, glich die Stadt einem „Hexenkessel", so ein zeitgenössischer Beobachter. Erst nach Stunden bekamen die Franzosen, die preußische Gendarmerie und die Bürgerwehr die Situation unter Kontrolle. Die Franzosen bereiteten nun in aller Stille den Rückzug vor. Als sie in der

Nacht zum 4. März aus Berlin abzogen, rückten gerade die Russen an, die der französischen Nachhut zwischen Schöneberg und Steglitz noch beträchtliche Verluste zufügen konnten. Am 27. Februar nämlich hatte sich Friedrich Wilhelm endlich – unter strenger Geheimhaltung – gegen Napoleon mit Russland verbündet.

Der Jubel der Berliner erreichte seinen Gipfel, als General Yorck, der „Held von Tauroggen", in die Stadt einzog. Der Empfang für den König eine Woche später fiel deutlich kühler aus. Am 17. März erfolgte die preußische Kriegserklärung gegen Frankreich. Allein in Berlin meldeten sich 6300 Freiwillige, die für Preußen und Deutschland in den Krieg ziehen wollten. Ende März wurden alle verfügbaren männlichen Berliner zwischen 17 und 40 Jahren zur Landwehr eingezogen, wobei sich jeder selbst zu bewaffnen hatte. Theaterdirektor Iffland erschien mit Brustharnisch und Schild der Jungfrau von Orleans. Doch die Landwehr kam nicht mehr zum Einsatz – Berlin blieb von weiteren Kriegshandlungen verschont.

Schlimmer traf es die Festungsstadt Spandau, in der sich französische Truppen über Wochen gegen die preußische Belagerung wehrten. Zunächst ließ der französische Kommandant 114 Häuser und Scheunen vor den Toren der Stadt abbrennen, um freies Schussfeld zu bekommen, dann explodierte ein Pulvermagazin. Schließlich fielen einem erneuten Bombardement weitere 81 Gebäude zum Opfer. Erst nach einem Sturmangriff kapitulierte die Stadt am 21. April, zwei Tage später ergab sich die französische Besatzung der Zitadelle.

Kritisch wurde die Lage Berlins erneut, als die preußischen und russischen Truppen am 2. Mai 1813 die Schlacht von Großgörschen (südwestlich von Leipzig) verloren. Wieder bereiteten sich Regierungsbeamte und wohlhabende Berliner zu Flucht, doch Napoleon beorderte seine Truppen zunächst zurück. Erst nach einem sechswöchigen Waffenstillstand begann er, mit 70 000 Mann auf Berlin vorzurücken. Wenige Kilometer südlich der heutigen Stadtgrenze kam es am 23. August zur Entscheidung: Die vereinigte „Nordarmee" unter dem Befehl des schwedischen Kronprinzen Bernadotte schlug die Franzosen, vor allem dank eines eigenwilligen Angriffs des Generals von Blücher. Vom Halleschen Tor bis zum blutigen Schlachtfeld bei Großbeeren reihten sich Wagen voller Hilfsgüter und Proviant, Verletztentransporte und unzählige Neugierige. Ganz Berlin war unterwegs. Stralau, wo am selben Tag der „Fischzug", Berlins größtes Volksfest, gefeiert werden sollte, blieb menschenleer.

Endgültig gebannt war die Gefahr für Berlin nach dem Sieg der Preußen unter Blücher und Tauentzien am 6. September 1813 bei Dennewitz, wo 22 000 Franzosen ihr Leben verloren. Nach der Völkerschlacht bei Leipzig Mitte Oktober zog sich Napoleon schließlich nach Frankreich zurück. Die Gefahr war vorbei, der Jubel unbeschreiblich. Blücher stieg zum Volkshelden auf, die Universität verlieh ihm die Ehrendoktorwürde. In feierlichem Triumphzug durch Deutschland kehrte die Quadriga aus Paris zurück. Ergänzt um Schinkels Eisernes Kreuz und den preußischen Adler, wurde sie verhüllt aufs Brandenburger Tor gesetzt und beim Einzug des Königs am 7. August **1814** feierlich enthüllt.

Noch einmal kehrte Napoleon von seiner Verbannung auf der Insel Elba nach Paris zurück, doch seine zweite Herrschaft währte nicht lange. Am 18. Juni wurde er bei Belle-Alliance/Waterloo von englischen und preußischen Truppen unter Wellington und Blücher endgültig geschlagen.

An die „Befreiungskriege", wie die ursprünglichen „Freiheitskriege" in den Jahren der Restauration nur noch genannt wurden, erinnert seit 1821 das „Nationaldenkmal" (mit einem „Eisernen Kreuz") von Schinkel, das dem Kreuzberg seinen Namen gab. An die Schlacht von Waterloo oder Belle-Alliance erinnert die Friedenssäule mit einer von Rauch entworfenen Viktoria auf dem heutigen Mehringplatz.

1815–71
Berlin auf dem Sprung zur Millionenstadt

BERLIN IM BIEDERMEIER: POLITISCHE RESTAURATION UND INDUSTRIELLE REVOLUTION

Die national und liberal eingestellten Berliner hofften nun endlich auf weitere Reformen: auf bürgerliche Mitbestimmung, eine Verfassung durchs Volk, eine konstitutionelle Monarchie. Sie hofften auf frischen, freiheitlichen Wind. Doch sie hofften vergebens. Friedrich Wilhelm III. löste sein zweimal gegebenes Versprechen, Preußen eine Verfassung zu geben (zuletzt am 22. Mai 1815), nie ein.

Als Ergebnis des Wiener Kongresses, der von November **1814** bis Juni **1815** tagte, entstand nicht der von den Patrioten erhoffte deutsche Nationalstaat, sondern der lose geknüpfte Deutsche Bund unter Österreichs Führung, dem 35 souveräne Fürstenstaaten und die vier verbliebenen freien Reichsstädte (Frankfurt a. Main, Hamburg, Bremen, Lübeck) angehörten. Die Fürsten verfolgten eine strikt antinationale und antiliberale Politik. Auf die konservativ-reaktionäre Haltung der Fürsten, Adligen und vieler Beamten, die das öffentliche Leben der kommenden Jahrzehnte prägte, antwortete das liberale Bürgertum mit Resignation. Es zog sich in die eigenen vier Wände zurück und widmete sich der Kunst und der Literatur. Idyllisch aber war das Zeitalter des „Biedermeier" nur für die Wohlhabenden. Immer mehr Menschen, gerade in Berlin, gerieten in dieser Phase der beginnenden Industrialisierung in Not und Armut.

Nach und nach wurden die Reformkräfte in der preußischen Führung kaltgestellt. Die Ermordung des konservativen Dichters August von Kotzebue durch einen Theologiestudenten im März **1819** nahm der Staat zum Anlass, zahlreiche „Demagogen" vor allem aus dem Umfeld der Universitäten, den vermeintlichen „Brutstätten der Revolution", zu verhaften. Ludwig Jahn kam, ohne dass man ihm etwas beweisen konnte, für fünf Jahre in Haft und blieb bis 1841 unter Polizeiaufsicht. Das Turnen wurde verboten, die Burschenschaften aufgelöst.

Im September 1819 verständigten sich der österreichische Minister Metternich und der preußische König in Karlsbad auf die Überwachung der Universitäten und die Buch- und Pressezensur. Humboldt quittierte daraufhin den Staatsdienst; Schleiermacher, Stein, Gneisenau, Ernst Moritz Arndt und andere wurden beschattet, ihre Briefe geöffnet. Das Spitzel- und Denunziantenwesen blühte.

Widerstand regte sich kaum. Die Menschen waren viel zu sehr damit beschäftigt, nach den langen Krisenjahren wieder auf die Beine zu kommen. Als im Juli **1830** die Nachricht von der Revolution in Paris und der erzwungenen Abdankung des erzreaktionären Königs Karl X. nach Berlin gelangte, flammten zwar allenthalben politische Diskussionen auf, doch erst im September kam es zu Massenversammlungen von Handwerkern und jungen Arbeitslosen, die schnell mit militärischer Gewalt gesprengt wurden. In fünf Tagen gab es 200 Festnahmen, doch der größte Teil der Berliner Bevölkerung blieb unbeteiligt. Die Revolte hatte allerdings zur Folge, dass die Berliner Gefängnisse auf die dreifache Kapazität erweitert wurden. Und dennoch waren sie zeitweilig überfüllt: Zwischen 1829 und 1840 gingen 122 337 Verhaftete durch die Berliner Gefängnisse!

Anlässlich des Volksfestes zum Geburtstag des Königs kam es am 3. August **1835** erneut zu Aufruhr und Straßenschlachten. Sie richteten sich allerdings nicht gegen den König, der, man glaubt es kaum, als gutmütig und gerecht galt und enorm beliebt war – die politische Unterdrückung lastete man allein seinen Ministern und Beamten an. Der Aufruhr entlud sich vielmehr, weil die Obrigkeit erstmals Feuerwerkskörper verboten hatte und plötzlich doch Raketen in die Luft gingen. Die Polizisten schritten ein, die Menge wehrte sich, und im Nu entwickelten sich heftige Kämpfe, die erst mithilfe von Kürassieren nach drei Tagen unter Kontrolle gebracht waren. Die Chronik verzeichnet 150 Verhaftungen und 100 Schwerverwundete, von denen zwei starben.

Und doch erlebte Berlin gerade in diesen Jahren eine kulturelle Blüte ohne Gleichen, die sich vor allem mit dem Namen Karl Friedrich Schinkels verbindet. Mit der Neuen Wache, dem Schauspiel-

Der Gendarmenmarkt mit dem alten Nationaltheater 1795 (F. A. Calau)

Parade vor dem Palais Friedrich Wilhelms III. 1841 (Wilhelm Brücke)

haus am Gendarmenmarkt, der Friedrichswerderschen Kirche, dem Alten Museum, in dem die Königlichen Kunstsammlungen seit 1830 der Öffentlichkeit zugänglich gemacht wurden, der Schlossbrücke und zahllosen anderen Bauten prägte er das Bild Berlins wie kein zweiter Architekt vor oder nach ihm.

Berliner Kulturleben

Zu den herausragenden Persönlichkeiten des Berliner Kulturlebens gehörten auch der Landschafts- und Stadtplaner Peter Josef Lenné – der den Tiergarten zum heutigen Landschaftspark und den barocken Fasanengarten bis 1844 zum ersten zoologischen Garten Deutschlands umgestaltete –, die Bildhauer Gottfried Schadow, Christian Rauch und Friedrich Tieck, die Maler Franz Krüger und Eduard Gaertner, die Schriftsteller Adolf Glaßbrenner und Willibald Alexis, Heinrich Heine, der drei Jahre in Berlin studierte, Adelbert von Chamisso sowie der 1822 verstorbene Kammergerichtsrat, Schriftsteller und Komponist E.T.A. Hoffmann, der seine freien Stunden am liebsten bei Lutter & Wegner am Gendarmenmarkt verbrachte, jener Weinhandlung, in der man den Begriff „Sekt" erfand.

Den Mittelpunkt des Kulturlebens, als dessen Fixpunkte noch immer die Salons der Humboldts in Tegel, der Rahel Varnhagen, der Henriette Herz oder der Herzogin von Kurland galten, bildete das Schauspielhaus am Gendarmenmarkt, dessen Neubau von Schinkel am 18. Juni 1821 mit der Uraufführung von Carl Maria von Webers „Freischütz", der ersten romantischen Oper, eröffnet wurde. In der Singakademie (heute Maxim-Gorki-Theater) dirigierte 1829 das Berliner Wunderkind Felix Mendelssohn Bartholdy die Wiederaufführung der lange verschollenen Matthäuspassion von Johann Sebastian Bach. Die Leitung der Staatsoper, die viele Jahre der musikalisch konservative Gaspare Spontini innehatte, übernahm **1842** für vier Jahre einer der größten Komponisten seiner Zeit, der in Paris berühmt gewordene Berliner Giacomo Meyerbeer (Jacob Meyer-Beer).

Aus dem Bereich der Wissenschaft seien nur zwei Ereignisse genannt: **1826** entdeckte der Lehrer Georg Simon Ohm in Berlin das später nach ihm benannte Gesetz der Elektrizitätsleitung, **1846** entdeckte der Astronom Johann Gottfried Galle in der Berliner Sternwarte in der Charlottenstraße den Planeten Neptun.

Die preußische Wirtschaftspolitik wurde, anders als der politische Bereich, von liberalen Ideen bestimmt. **1818** wurden sämtliche Binnenzölle in Preußen aufgehoben, die Einfuhrzölle drastisch gesenkt. Das war gut gemeint, doch da die umliegenden Staaten an ihren hohen Einfuhrzöllen festhielten, blieben preußische Produkte dort zu teuer. Im Gegenzug aber wurde Preußen nun mit ausländischen Waren überschwemmt, wobei sich vor allem die englischen Produkte als vielen einheimischen überlegen erwiesen. Zum Schutz der Industrie wurde das Zollsystem 1821 wieder geändert. Vor allem aber kam man zum Schluss, dass der Staat seine Industrie, wenn er sie der Konkurrenz aussetzte, auch darauf vorbereiten müsse. Unter der Federführung von Christian Peter Wilhelm Beuth, dem Direktor der „Technischen Deputation für Handel und Gewerbe", entstand ein ausgeklügeltes System der Gewerbeförderung und -schulung, das entscheidend zum Aufschwung der preußischen und der Berliner Industrie beitrug. Die 1821 gegründete Fachschule, das spätere Gewerbeinstitut, erwarb sich einen ausgezeichneten Ruf; **1879** wurde sie mit der Bauakademie (gegründet 1799) zur „Technischen Hochschule Berlin zu Charlottenburg" zusammengeschlossen.

Der Staat erleichterte Investitionen, finanzierte neue Technologien und unterstützte risikofreudige Projekte, vor allem aber gab er den Unternehmern oder denen, die es werden wollten, modellhafte Beispiele – auf Auslandsreisen und durch Musterbetriebe in Berlin. So standen etwa die **1805** gegründete Königliche Eisengießerei oder die Firma Cockerill, die Maschinen und Werkzeuge zur Wollfabrikation baute und auch selbst eine Wollspinnerei betrieb, jedem Interessierten zur Besichtigung offen. Zu den bedeutenden Berliner Pionierunternehmen zählte auch die Mineralwasserfabrik Struve & Soltmann, die in der heutigen Hollmannstraße in Kreuzberg über 40 Jahre lang einen „Kurgarten" betrieb. Mehr als 20 verschiedene künstlich hergestellte Mineralwässer standen den „Kurgästen" zur Auswahl.

Das Zeitalter der Eisenbahn

Am 29. Oktober 1838 begann für Berlin das Zeitalter der Eisenbahn mit der Eröffnung der 26 Kilometer langen Strecke über Steglitz und Zehlendorf nach Potsdam. Die Lokomotiven und die Schienen waren noch in England gebaut, die Fahrt dauerte – mit vier Zwischenhalten – rund eine Stunde. Kaum zehn Jahre später war Berlin das Zentrum des preußischen Eisenbahnnetzes. Von Kopfbahnhöfen vor den Stadtmauern (nur der Frankfurter Bahnhof, der Vorgänger des heutigen Ostbahnhofs, lag in der Stadt) gingen die Linien nach Köthen/Anhalt und weiter nach Halle (1841), nach Frankfurt (Oder) (1842), nach Stettin (1843) und nach Hamburg (1846). 1851 wurden die fünf Kopfbahnhöfe durch eine Bahn parallel zur Akzisemauer miteinander verbunden. 1867 entstanden neben dem Frankfurter der Ostbahnhof für die Ostbahn über Küstrin nach Königsberg, im selben Jahr der Görlitzer Bahnhof, 1871 der Lehrter Bahnhof, 1875 der Dresdner Bahnhof, der bereits nach sieben Jahren wieder aufgegeben wurde. Im Nordbahnhof an der Bernauer Straße endeten die Güterzüge in Richtung Stralsund. Den Ausbau des Eisenbahnnetzes beschloss 1879 die Wetzlarer Bahn nach Frankfurt (Main), die direkt an die Stadtbahn angeschlossen wurde und keinen eigenen Bahnhof erhielt.

1867–77 wurden alle Kopfbahnhöfe durch eine weit außerhalb der Stadt geführte „Ringbahn" miteinander verbunden. Jeweils zwei Gleise standen dem Güter- und dem Personenverkehr zur Verfügung. 1882 schließlich konnte die „Stadtbahn" quer durch Berlin eröffnet werden: eine 12,5 Kilometer lange, auf 731 gemauerten Bögen und aufgeschütteten Wällen geführte Strecke mit jeweils zwei Gleisen für den Fern- und den Stadtverkehr. Seit 1874 erfolgte dann der Ausbau der Vorortverbindungen mit eigenen Gleisanlagen und Bahnhöfen.

Mit der optischen Telegraphenverbindung von Berlin zur Festung Ehrenbreitstein bei Koblenz rückte das preußische Rheinland **1833** näher an Berlin. Über 61 Stationen – so die Sternwarte in der Dorotheenstraße, der Turm der Annenkirche in Dahlem, der Schäferberg in Wannsee, der Telegraphenberg bei Potsdam – konnte eine Depesche bei günstiger Sicht in anderthalb Stunden in Koblenz sein; die Postkutsche brauchte sechs Tage.

Die Verheißungen der beginnenden Industrialisierung zogen die Menschen wie ein Magnet nach Berlin. Ab **1827** wurde die Friedrich-Wilhelm-Stadt angelegt, seit den 1840er Jahren das Köpenicker Feld mit dem Engelbecken im Zentrum bebaut, und im Norden wuchs die Stadt bereits über den Mauerring hinaus.

400 000 Einwohner hatte Berlin 1846 – doppelt so viele wie 30 Jahre zuvor. Manche machten ihr Glück, doch viele endeten in Armut. Denn es kamen viel mehr Menschen, als Berlin Arbeitsplätze bieten konnte. Es gab keine Absicherung für Arbeitslosigkeit, Krankheit oder Berufsunfähigkeit und erst recht keine Alterssicherung. Die Löhne waren niedrig, die Arbeitstage lang: Maschinenbauer arbeiteten zwölf Stunden am Tag, Schuhmacher und Tischler meist sogar 15 Stunden. Trotzdem mussten Frauen und Kinder oft mitverdienen. Erst seit den 1850er Jahren wurde die seit 1717 geltende Schulpflicht auch wirklich durchgesetzt. Die Staatsregierung sah durchaus, dass in den ärmsten Familien „ungeschickte, unwissende, verkrüppelte, körperlich schwache und gemütlose Menschen" heranzuwachsen drohten, „die überwiegend zu Verbrechen geneigt sind". Immerhin wurde **1839** die Arbeit für Kinder unter neun Jahren verboten und bis zum Alter von 16 Jahren auf ein Höchstmaß von zehn Stunden pro Tag bei freien Sonn- und Feiertagen begrenzt.

Das Betteln auf den Straßen war verboten, und wer von den Bettelvögten, seit 1839 von der Polizei, erwischt wurde, kam ins Arbeitshaus, den berüchtigten „Ochsenkopf" in der Alexanderstraße, der bis zu 1000 Insassen aufnehmen konnte. Da es nicht immer Arbeit gab, wurde 1835 nach englischem Vorbild eine „Tretmühle" eingebaut, in der zwölf Mann unter Aufsicht eines Aufsehers stundenlang wie die Hamster im Laufrad Treppen steigen mussten. Bis in die 1850er Jahre war das Gerät in Betrieb. Den letzten

Ausweg sahen viele in der Kriminalität. Die Zahl der Diebstähle stieg rapide an, nicht allerdings die der Schwerverbrechen: Zwischen 1838 und 1842 wurden in Berlin ganze fünf Mordfälle bekannt.

Katastrophal entwickelten sich die Wohnverhältnisse vor allem in der Rosenthaler Vorstadt, die Bettina von Arnim in ihrer aufrüttelnden Schrift „Dies Buch gehört dem König" von 1843 anprangerte. Ein besonders extremes Beispiel bildeten sieben Wohnhäuser an der Ecke Garten- und Torstraße, die sich ein Kammerherr 1821–25 erbauen ließ und über die wir durch die Gutachten des Armenarztes und den regen Schriftverkehr zwischen Behörden und Besitzer informiert sind. 1827 lebten in den 426 Stuben zu je 14 Quadratmetern, die sich auf fünf Geschosse einschließlich Keller und Dach verteilten, 2108 Bewohner! Sie mussten sich im Hof zwei Brunnen und in einem Hofgebäude 20 Toiletten für die Erwachsenen und 28 für die Kinder teilen. Bis zu 15 Menschen bewohnten eine Stube. Es war gängige Praxis in Berlin, andere Familien oder „Schlafburschen" in der eigenen Wohnung aufzunehmen, um Miete zu sparen. Geschlafen wurde in wechselnden Schichten.

Seit Mitte der 30er Jahre bildete die Armenfürsorge den größten Posten unter den städtischen Ausgaben. Fünfköpfige Armenkommissionen prüften vor Ort die Bedürftigkeit, entschieden über die Mietsteuerbefreiung, über die Teilnahme an der Armenspeisung, die Zuweisung von Kindern zu Freischulen und die Auszahlung von Almosen. Rund die Hälfte der Berliner 4- bis 15-Jährigen kamen aus Familien, die sich das Schulgeld nicht leisten konnten, drei Viertel der Handwerksmeister lebten am Rande des Existenzminimums. Das Elend der Ärmsten zu lindern versuchten auch die nun zahlreich entstehenden Stiftungen und Sozialvereine, private Waisenhäuser oder „Speisungsanstalten".

Berlins Infrastruktur aber verbesserte sich in diesen Jahren beträchtlich. Schon **1816** entstand in einer Militäreffektenfabrik die erste Gasbeleuchtungsanlage Berlins, der zwei weitere folgten. Der König zeigte sich bei einem Besuch beeindruckt, ging jedoch auf die Idee, auch die Umgebung des Schlosses so zu beleuchten, nicht weiter ein. Der Erfinder starb jung, die Idee ebenfalls. 1826 war

Das Feuerland

„Vom Oranienburger Tor aus reihte sich an der rechten Seite der Chausseestraße eine große Maschinenfabrik an die andere in fast ununterbrochener Reihenfolge. In den Straßenlärm hinein tönte überall schallendes Geräusch, und das dumpfe Pochen mächtiger Dampfhämmer erschütterte weithin den Boden, dass in den Wohnhäusern gegenüber die Fußböden zitterten, die Gläser klirrten und die Lampenkugeln klapperten. Zu gewissen Stunden war die Straße ein Flussbett mächtiger Ströme von schwärzlichen Arbeitern, die aus den Fabriken in sie einmündeten." So der Schriftsteller Heinrich Seidel, der als Ingenieur selbst eine Zeit lang bei Wöhlert arbeitete, rückblickend aus dem Jahr 1882.
1805 nahm an der Panke vor dem Oranienburger Tor die Königliche Eisengießerei ihren Betrieb auf – dort, wo heute an der Invalidenstraße das Naturkundemuseum liegt. Sie erwarb sich auch durch die enge Zusammenarbeit von Technikern und Künstlern (allen bedeutenden Berliner Bildhauern der Zeit) schnell internationales Renommee; Berliner Eisen-, Bronze- und Zinkguss war berühmt. 1816 entstand hier die erste außerhalb Englands gebaute Lokomotive, die allerdings noch nicht ausgereift war. Ganz in der Nähe gründete Franz Anton Egells 1826 Berlins erste private Eisengießerei. Ihr folgten in unmittelbarer Nachbarschaft die Maschinenbaufabriken von August Borsig, ehemals Betriebsleiter bei Egells, 1837, F. A. Pflug 1838, Friedrich Wöhlert 1842, Louis Schwartzkopff 1852 sowie an der Gartenstraße die Firma Carl Hoppe 1848. Allein die Firma Borsig, die rasch zu Berlins größtem Unternehmen heranwuchs, beschäftigte 1847 1200 Arbeiter. Den Ruhm der Borsigschen Lokomotiven begründete eine Wettfahrt von Berlin nach Jüterbog 1841, bei der die erste Borsig-Lokomotive zehn Minuten eher ankam als ihre englische Konkurrentin. 1847–50 entstand ein zweiter Standort in Moabit, 1898 verlagerte Borsig die komplette Produktion nach Tegel, und das „Feuerland" wurde zum Wohngebiet.

es dann die englische „Imperial Continental Gas Association“, die die ersten Gaslaternen auf Berlins Straßen aufstellte, ihr Gaswerk stand am Landwehrkanal nahe dem Halleschen Tor. 1847 erglühte das erste städtische Leuchtgas, und fortan lieferten sich die Stadt und die Engländer einen harten Konkurrenzkampf, der den Kunden die billigsten Gastarife Europas bescherte.

Die Bürgersteige pflasterte man mit großen Platten aus schlesischem Granit, wie man sie noch heute findet. Und **1848** wurde die städtische Straßenreinigung eingeführt. Bereits 1827 hatte die Königliche Stadtpost Berlin in 36 Zustellbezirke eingeteilt, versehen mit Kürzeln für die Himmelsrichtungen und Nummern. 1829 wurde eine Hundesteuer eingeführt, um die Zahl der Hunde in der Stadt zu verringern.

Seit **1839** verkehrte die erste Pferdetaxe, Droschke genannt, im Linienverkehr mit fahrplanmäßigen Abfahrzeiten: zwischen Potsdamer Bahnhof und Alexanderplatz. 1846 wurde die erste „Berliner Omnibus-Compagnie“ zugelassen, die auf ihrer Linie 1 zwischen Alexanderplatz und Tiergarten auf Zuruf hielt. Den Verkehr zu den Städten und Dörfern im Umland unterhielten die „Torwagen“, die vor den Stadttoren standen und losfuhren, wenn alle Plätze besetzt waren.

VORMÄRZ

Schon die Zeitgenossen sahen die Revolution vom März 1848 als so gravierende Zäsur an, dass sie die vorangegangenen Jahre als „Vormärz“ bezeichneten. Das Klima in Berlin wurde immer politischer und radikaler und steuerte fast zwangsläufig auf das reinigende Gewitter zu. Die Regierung Friedrich Wilhelms IV., auf den die liberalen, bürgerlichen Kräfte große Hoffnungen setzten, begann im Juni **1840** viel versprechend. Der Kunst liebende Monarch, den man später „den Romantiker auf dem Thron“ nannte, lud die Gebrüder Grimm, die der Hannoversche König 1837 als Professoren in Göttingen abgesetzt hatte, nach Berlin (und berief sie ein Jahr später an die Akademie der Wissenschaften). Er erließ eine Amnestie für die politischen Gefangenen und schlug alle schwebenden

Verfahren nieder. Dann jedoch machte der König, den Bismarck später als intelligent und geistreich, aber inkonsequent und entschlussschwach charakterisierte, eine Kehrtwende. Zur feierlichen Huldigung lud er Fürsten und Adlige ins Schloss – die Vertreter der Städte und Landkreise mussten draußen bleiben. Berlins Oberbürgermeister Krausnick durfte vor den Augen der im Lustgarten versammelten Menge nur einige Stufen die Freitreppe hinaufsteigen und dann, entblößten Hauptes bei strömendem Regen, von unten herauf zum König sprechen. Deutlicher hätte der Monarch seine Herablassung kaum zeigen können.

Kurz darauf berief Friedrich Wilhelm Konservative und Reaktionäre in Schlüsselpositionen des Staates. Eine Verfassung lehnte er, wie sein Vater, ab. Als der Königsberger Arzt Johann Jacoby in seiner Schrift „Vier Fragen" 1841 eine Konstitution forderte, wurde er wegen Hochverrats zu Festungshaft verurteilt und nur auf starken Druck der Öffentlichkeit in zweiter Instanz freigesprochen.

Hatte sich also in der Haltung des Königs zum Volk nichts geändert, so diskutierte das Volk nun aber wieder über König und Staat. Die öffentliche Meinung bildete sich vor allem in den rund 100 Lesecafés und Konditoreien der Stadt. Das Kranzler Unter den Linden, Josty und Courtin, die Koblanksche Konditorei und vor allem Stehely am Gendarmenmarkt, dessen „Rote Stube" als Treffpunkt der Liberalen und Radikalen galt, boten neben Café und Kuchen auch in- und ausländische Zeitungen – das Stehely hielt angeblich 80 verschiedene im Abonnement. Man las und erfuhr die neuesten Nachrichten, man diskutierte und politisierte. Einer der Wortführer war der Student und Doktorand Karl Marx, der fünf Jahre in der Stadt lebte, wenig später leistete Friedrich Engels seinen einjährigen Militärdienst in Berlin ab.

Dem im April 1844 gegründeten Berliner Handwerkerverein, der nach zwei Jahren über 2000 Mitglieder zählte, waren zwar politische Betätigungen untersagt, aber er entwickelte sich doch zur „Bildungsstätte für heranwachsende Revolutionäre", so ein frühes Mitglied. Erste Ansätze einer organisierten Berliner Arbeiterschaft bildete der illegale „Bund der Gerechten", dessen Ziel ein „allgemeiner Kommunismus, das heißt Gleichheit aller Menschen bei einem entsprechenden Staatszustande" wàr. In seinem Auftrag verfassten Marx und Engels 1847/48 das „Kommunistische Manifest". Die durch die wachsende Massenarmut immer drängendere „soziale Frage" spielte in vielen bürgerlichen Diskussionen allerdings weiterhin keine große Rolle.

Während sich die gebildeten Bürger politisch reaktivierten, kam es in den verarmten Unterschichten zu ersten großen Protesten. 1844 konnte der große Weberaufstand in Schlesien vom Militär nur blutig niedergeschlagen werden. In Berlin traten die Kattundrucker kurzzeitig in den Streik – leider lässt sich nicht rekonstruieren, mit welchem Ergebnis. Ob das Attentat, das der ehemalige Bürgermeister von Storkow, Heinrich Ludwig Tschech, am 26. Juli **1844** auf den König verübte, politische Hintergründe hatte, weiß man nicht. Friedrich Wilhelm wurde nur leicht verletzt, der Täter später in Spandau hingerichtet.

Im Dezember 1844 erteilte der König endlich die Weisung, eine Verfassung vorzubereiten, doch als der Vereinigte Landtag, die erstmals zusammengerufene Vertretung der preußischen Provinzialstände, im April **1847** im Weißen Saal des Berliner Schlosses zusammenkam, eröffnete der König die Sitzung mit den Worten, er werde nie „ein beschriebenes Blatt" (eine Verfassung) akzeptieren, „um uns mit seinen Paragraphen zu regieren und durch sie die alte heilige Treue zu ersetzen". Während man sechs Wochen lang ergebnislos tagte – die liberale Mehrheit forderte unter anderem die Einrichtung des Landtages auf Dauer –, verkauften pfiffige Berliner auf den Straßen „Konstitutions-Pfannkuchen", die innen hohl waren. Die Welle der politischen Verhaftungen und Bücherverbote erreichte in jenem Jahr ihren Höhepunkt. Zudem kam es im April zu ernsten Versorgungsengpässen. Einkaufende Frauen plünderten Kartoffelstände, Bäckereien und Fleischereien, das aufgebrachte Volk randalierte und demolierte. 300 Menschen wurden während der „Kartoffelrevolution" verhaftet, erst nach drei Tagen hatte das Militär die Ruhe wieder hergestellt – die Ruhe vor dem ganz großen Sturm.

„Ein Wort hätte hingereicht, den Verfassungsstreit in Preußen auf immer zu beendigen; es ist nicht gesprochen worden, die Folgen müssen getragen werden; die Geschichte aber wird richten zwischen der Regierung und uns."
Der rheinische Abgeordnete und Ministerpräsident der Märzregierung Ludolf Camphausen 1848.

1848 – DIE REVOLUTION

Zwischen dem 22. und dem 24. Februar erzwangen vor allem Studenten und Arbeiter in Paris die Abdankung des Königs und die Ausrufung der Republik, am 4. März wurde in der französischen Hauptstadt das allgemeine und gleiche Wahlrecht verkündet. In Mannheim, Stuttgart, Darmstadt und anderen deutschen Hauptstädten kam es Ende Februar zu Volksversammlungen und Aufständen, und seit dem 7. März versammelten sich auch in Berlin Tag für Tag Tausende in den „Zelten", einem der beliebten Ausflugslokale an der Spree (nahe dem heutigen Bundeskanzleramt). Wie in den anderen deutschen Hauptstädten wurde eine „Adresse" an den König formuliert, die die wichtigsten Forderungen der Bürger zusammenfasste, darunter Presse-, Rede- und Versammlungsfreiheit, gleiches Wahlrecht unabhängig von Religion und Besitz, unabhängige Gerichte, die Volksbewaffnung, eine allgemeine deutsche Volksvertretung und die sofortige Einberufung des Vereinigten Landtags. Die Adresse endete mit den Worten: „Nur die Gewährung dieser Wünsche wird im Stande sein, die Eintracht zwischen König und Volk zu sichern, auf welcher allein die Kraft der Nation nach Innen und Außen beruht." Die Adresse erreichte den König nie, weil er und seine Berater sich diese „Zudringlichkeit" verbaten. Oberbürgermeister Krausnick weigerte sich, zwischen Volk und König zu vermitteln. Die Stadtverordneten erarbeiteten vielmehr eine sehr abgeschwächte eigene Adresse, doch der König ließ die Verordneten drei Tage warten, ehe er sie gnädig empfing.

Die Wortführer in den Volksversammlungen waren liberale Bürger, doch auch die Arbeiter, die durch die ganz Europa seit 1846 erfassende Wirtschaftskrise in großem Maße zu verelenden drohten, begannen ihren Forderungen Gehör zu verschaffen. Die Firma Borsig etwa hatte erst Anfang März rund 400 Arbeiter, ein Drittel der Belegschaft, entlassen müssen.

Als die Volksmassen am Abend des 13. März 1848 von den „Zelten" in die Stadt zurückkehrten, wurden sie am Brandenburger Tor vom Militär erwartet. Es kam zu schweren Zusammenstößen: Die Soldaten gebrauchten ihre Waffen, das Volk wusste sich nur mit Steinwürfen zu wehren. Es gab zahlreiche Verletzte. Als sich die Zusammenstöße in den nächsten Tagen wiederholten, ging die Regierung auf den Vorschlag aus der Bürgerschaft ein, Unbewaffnete als Vermittler aufzustellen. Honoratioren und Bürger im Kommunaldienst wurden berufen, um mit weißen Armbinden und Holzstöcken für Ordnung zu sorgen und die etwa 200 Berliner Polizisten zu entlasten. Das Volk sah sie jedoch als Handlanger der Staatsmacht, und bei ihrem ersten Großeinsatz am 16. März musste das Militär die Schutztruppe selbst vor den Demonstranten beschützen. Wieder gab es Tote und Verwundete.

Als Konsequenz forderte die Volksversammlung am 17. März die Bildung einer bewaffneten Bürgerwehr, deren Mitglieder nur aus der Bürgerschaft kommen sollten. Diese zählte rund 27 000 Köpfe – die übrigen 400 000 Berliner besaßen kein Bürgerrecht, da es an Grundbesitz und Vermögen gekoppelt war. (Die Trennung zwischen „Bürgern" und „Schutzverwandten" wurde 1850 aufgehoben). Ferner wurde eine neue Adresse an den König formuliert:

„Allergnädigster König!

Unerreichbares zu erstreben liegt nicht in unserer Absicht; wir beschränken uns auf das Notwendigste, dadurch nur die Pfade weiterer Entwicklung anbahnend. Dahin gehört:

1. Zurückziehung der militärischen Macht;
2. Organisation einer bewaffneten Bürgergarde;
3. Gewährung der uns seit einem Menschenalter verbürgten, unbedingten Pressefreiheit;
4. Einberufung des vereinigten Landtages.

Wird uns dies gewährt, wird es uns *sofort* gewährt, dann garantieren wir den wahren Frieden unserer Stadt."

Das Schreiben sollte dem König am 18. März durch eine Delegation und im Rahmen eine Massendemonstration überreicht werden. Die Nachrichten aus Wien, wo ein blutiger Volksaufstand am 15. März den Staatskanzler Metternich zur Flucht gezwungen hatte, bestärkte die Berliner Revolutionäre: „Was die Wiener können, können wir auch."

Am Morgen des 18. März kündigte der König endlich die Einführung einer Verfassung und die Pressefreiheit an, doch die Demonstration ließ sich nicht mehr absagen – die Massen strömten bereits auf den Schlossplatz. Nach 13 Uhr erschien der König auf dem Schlossbalkon und wurde bejubelt, sein Minister Bodelschwingh verlas die Ankündigung der Reformen. Damit waren allerdings nicht alle Forderungen erfüllt, und das Volk forderte nun auch den Rückzug des Militärs. Indigniert befahl der König schließlich, den Schlossplatz „zu säubern und dem dort herrschenden Skandal endlich ein Ende zu machen". Gegen den ausdrücklichen Befehl, „mit eingesteckter Waffe" vorzugehen, begann die Kavallerie die Säbelattacke, die ersten Schüsse fielen. Die Menschen stürmten in Panik vom Schlossplatz in die angrenzenden Straßen, wo sie sich hinter Barrikaden aus Straßenständen, Fuhrwerken, Baumaterial u. ä. verschanzten und den Kampf gegen das Militär aufnahmen – in dem Gefühl, vom König verraten worden zu sein. 14 Stunden währte der Bürgerkrieg, der von den meisten Bürgern unterstützt wurde, in dem aber vor allem Arbeiter und Handwerker an vorderster Front kämpften. 12 000 Soldaten standen ihnen gegenüber, die mit großer Brutalität vorgingen und Haus um Haus zu erobern versuchten. Um Mitternacht schlug der kommandierende General von Prittwitz dem König schließlich vor, die auch fürs Militär verlustreichen Kämpfe einzustellen. Falls die Bürger nicht zur Besinnung kämen, sollte das Militär die Stadt verlassen und von außen beschießen. Friedrich Wilhelm wollte seine Residenzstadt jedoch nicht in Flammen aufgehen sehen und richtete stattdessen, nachdem er die Einstellung des Kampfes befohlen hatte, eine Proklamation „An meine lieben Berliner", in denen er den Bürgern eine goldene Brücke baute und „eine Rotte Bösewichter, meist aus Fremden bestehend" als Urheber des Aufstands bezeichnete. Die Berliner sollten die Barrikaden räumen und zu Verhandlungen zurückkehren. Er gab sein

Wort darauf, dass das Militär sich zurückziehen werde. Nach ersten Verhandlungen und nachdem die erste Barrikade abgetragen war, befahl der König tatsächlich den vollständigen Rückzug der Truppen aus Berlin – gegen den scharfen Widerspruch seiner Militärs.

183 „Märzgefallene" wurden auf den Schlossplatz gebracht, wo Friedrich Wilhelm, der sich nun ganz in die Hand seines Volkes begeben hatte, zur Ehrung der Toten gezwungen war. Der württembergische Gesandte berichtete, der König sei „erniedrigt und gedemütigt wie kein anderer deutscher Fürst".

Der König berief eine neue Regierung unter dem Liberalen Ludolf Camphausen und ließ zur Wahrung der Ordnung eine Bürgerwehr aufstellen, die mit Waffen aus dem Zeughaus versehen wurde. 400 Borsig-Arbeiter bildeten unter Führung ihres Firmenchefs ein eigenes „Arbeiterbataillon". Alle politischen Gefangenen wurden amnestiert, die Zensur und weitere Verbote aufgehoben – so durfte man nun auch auf offener Straße rauchen. Zum Zeichen der Versöhnung zwischen König und Volk begab sich Friedrich Wilhelm am 21. März auf einen Umritt durch die Straßen Berlins, am Arm eine schwarz-rot-goldene Armbinde. Mitsamt seinen Generälen und Ministern folgte er der deutschen Trikolore, und auch auf dem Schloss wurde die schwarz-rot-goldene Flagge gehisst. In einer Proklamation „An die deutsche Nation" kündigte er an, sich an die Spitze des Vaterlandes stellen zu wollen, worauf ihn die Menge als „Kaiser von Deutschland" feierte.

Am 22. März wurden die Toten des Bürgerkriegs, die man auf dem Gendarmenmarkt aufgebahrt hatte, in einem Trauerzug in den Friedrichshain vor den Toren der Stadt geleitet, der gerade erst als städtischer Volkspark angelegt worden war. Vor dem Schloss erwiesen ihnen König und Minister die letzte Ehre. Inklusive den später ihren Verletzungen Erlegenen, die nachbestattet wurden, kosteten die Berliner Barrikadenkämpfe zirka 300 Menschen das Leben. Die Kosten der Bestattung und die Sorge für die Verletzten und Hinterbliebenen übernahm die Stadt. Auch 15 gefallene Soldaten wurden auf Stadtkosten und unter Geleit der Städter auf dem Invalidenfriedhof bestattet. Der Hass während der Kämpfe war vergeben und vergessen – allerdings, wie sich zeigen sollte, nur auf Seiten der Demokraten.

Dank der Pressefreiheit entstanden rund 150 meist kurzlebige Zeitungen und zahlreiche satirische Schriften und Flugblätter. Die Vereinsfreiheit führte zur Gründung politischer „Klubs", den Vorläufern politischer Parteien, und auf dem „Deutschen Arbeiterkongress" wurde die erste nationale Arbeiterorganisation, die „Arbeiterverbrüderung", formiert.

Angesichts der anhaltenden Wirtschaftskrise und der hohen Arbeitslosigkeit legte die Stadt Berlin ein „Notstandsprogramm" auf, das 5500 Arbeiter vorübergehend in Lohn und Brot setzte. So wurden zum Beispiel der Landwehrkanal und der Spandauer Schifffahrtskanal angelegt und die Rehberge planiert. Trotz allem kam es immer wieder zu Demonstrationen von Arbeitslosen vor dem Rathaus. Sie blieben zwar friedlich, machten den Bürgern, die sich nach Ruhe sehnten, aber doch Angst. Die Mehrheit der 15 000 Bürgerwehrmänner setzte sich schließlich für die Rückkehr des Militärs ein, und so kehrten zwei Militärregimenter nach Berlin zurück – nur elf Tage nach dem blutigen Barrikadenkampf!

Am 1. Mai 1848 konnten 60 000 Berliner die Abgeordneten der preußischen und der deutschen Nationalversammlung wählen. Wahlberechtigt waren alle volljährigen Männer (über 24), die mindestens sechs Monate in Berlin ansässig waren und keine öffentliche Armenunterstützung erhielten. Gewählt wurden ausnahmslos die Kandidaten der Märzbewegung. Bei den Wahlen zur Berliner Stadtverordnetenversammlung wenig später, die nach dem alten Wahlrecht erfolgten, setzten sich dagegen erneut die Konservativen und die gemäßigt Liberalen durch.

Zwei Tage nachdem das erste gesamtdeutsche Parlament in der Frankfurter Paulskirche die Arbeit aufgenommen hatte, eröffnete der König am 20. Mai im Weißen Saal des Schlosses feierlich die Preußische Nationalversammlung. Die weiteren Sitzungen fanden in der Singakademie (heute Maxim-Gorki-Theater), ab September im größeren Schauspielhaus am Gendarmenmarkt statt. Während die Parlamentarier tagten, kam es draußen immer wieder zu Zusammenstößen zwischen Demonstranten und der Bürgerwehr. Am 14. Juni erstürmte die Menge das Zeughaus, das erst in der Nacht von Armee und Bürgerwehr zurückerobert werden konnte. Die Märzregierung trat zurück, Polizei und Bürgerwehren wurden

Demonstranten erstürmen das Zeughaus, 14. Juni 1848

verstärkt. In sein neues Kabinett berief der König vor allem Offiziere und Beamte.

In der Nationalversammlung begannen sich allmählich die radikalen Kräfte durchzusetzen, die unter anderem die Abschaffung des Adels forderten. Angeheizt wurde die Stimmung durch die Nachrichten aus dem revolutionären Wien, das nach acht Tagen blutigen Kampfes am 31. Oktober vom Militär zurückerobert wurde. Am selben Tag kam es vor dem Schauspielhaus erneut zu blutigen Zusammenstößen zwischen Demonstranten und Bürgerwehr, welche der König zum Anlass nahm, am 9. November die Nationalversammlung zu vertagen und nach Brandenburg/Havel zu verlegen, da er die Sicherheit in Berlin andernfalls nicht mehr gewährleisten könne. Einen Tag später rückten 13 000 Soldaten unter General von Wrangel nach Berlin ein. Sie umstellten das Schauspielhaus, ließen die protestierenden Abgeordneten der Nationalversammlung abziehen und versperrten dann die Eingänge, um künftige Versammlungen zu verhindern.

Die Regierung verhängte den Belagerungszustand über Berlin, und Wrangel, dem nun alle Behörden unterstellt waren, verfügte die Schließung der politischen Vereine und ein Versammlungsverbot. Zahlreiche Zeitungen und Schriften wurden verboten, die Bürgerwehr wurde aufgelöst. Widerstandslos ließen sich die Bürger entwaffnen – rund 20 000 Gewehre sammelte das Militär in einer groß angelegten Durchsuchungsaktion ein. Die Nationalversammlung, die, vom Militär verfolgt, täglich an einem anderen Ort tagte, rief die Bevölkerung auf, keine Steuern mehr zu zahlen, solange das Parlament nicht öffentlich tagen dürfe. Doch der Appell fand kaum Resonanz, die Berliner waren der Revolution müde. Hausdurchsuchungen und Verhaftungen, politische Prozesse, Ausweisungen und scharfe Pressezensur ließen die Bürger resignieren. Zahlreiche preußische Revolutionäre gingen ins Exil, so Ferdinand Freiligrath und Gottfried Kinkel, Wilhelm Weitling, Friedrich Engels und der Chefredakteur der „Neuen Rheinischen Zeitung" in Köln, Karl Marx.

Am 6. Dezember „oktroyierte" Friedrich Wilhelm IV. eine Verfassung, die Preußen zur konstitutionellen Monarchie machte. Sie sollte allerdings noch von beiden Kammern des Landtages bestätigt werden. Dass neben dem Herrenhaus auch das gewählte Abgeordnetenhaus in seinem Sinne abstimmte, leitete der König wenige Monate später in die Wege – über ihren erneuten Wahlerfolg im Januar 1849 sollten sich die Demokraten nicht lange freuen können.

Am 28. März **1849** beschloss der Bundestag in Frankfurt eine Verfassung für das Deutsche Reich, an dessen Spitze ein erblicher Kaiser stehen sollte. Die Wahl fiel auf den preußischen König. Der ließ die angereiste Deputation jedoch mit höflichen Worten abfahren. „Ohne das freie Einverständnis der gekrönten Häupter" könne er die Wahl nicht annehmen. Als das Abgeordnetenhaus die Reichsverfassung annahm und vom König endlich die Aufhebung des Belagerungszustands forderte, löste der König das Parlament kurzerhand auf. Es kam erneut zu blutigen Zusammenstößen zwischen Demonstranten und Militär, die vier Menschenleben forderten.

Für die anstehenden Neuwahlen führte der König am 30. Mai 1849 das Dreiklassenwahlrecht ein, das bis 1918 gültig blieb: In jedem Wahlbezirk wurden alle Männer über 24 Jahren in drei gleich gewichtige Klassen eingeteilt, und zwar so, dass jede Klasse das gleiche Steueraufkommen repräsentierte. Die einzelne Stimme eines reichen Fabrikbesitzers wog also unter Umständen mehr als die Stimmen all seiner Arbeiter zusammen. 1849 stimmten 4,7 Prozent der Wahlberechtigten in der ersten Klasse, 12,6 Prozent in der zweiten Klasse und 82,6 Prozent in der dritten Klasse. Wie noch heute in den USA wurden in der „Urwahl" „Wahlmänner" gewählt, die dann die Abgeordneten wählten.

Die Demokraten riefen daraufhin zum Wahlboykott auf, der auf viel Resonanz stieß. Aber auch ohne Boykott wäre das Ergebnis eindeutig ausgefallen: Im neuen Abgeordnetenhaus befand sich kein einziger Linker. „Die Revolution ist bezwungen", triumphierte der Staatsminister. Einen Tag später wurde der Belagerungszustand über Berlin aufgehoben. Am 31. Januar **1850** konnte die neue Preußische Verfassung nach Zustimmung und Revision der beiden Landtagskammern verabschiedet werden.

DIE JAHRE DER „REAKTION" NACH 1848/49

Die folgenden Jahre waren bestimmt von tiefen Einschränkungen der Vereins- und der Pressefreiheit. Bei jeder Versammlung eines politischen Vereins mussten Polizisten zugegen sein, die die Versammlung jederzeit auflösen konnten. Verdächtige Reisende konnten auf den Berliner Bahnhöfen von der Fremdenpolizei kontrolliert werden. Pressezensur, Verhaftungen, Ausweisungen, Beschlagnahmungen waren weiterhin an der Tagesordnung.

Als ein Unteroffizier am 22. Mai 1850 auf dem Potsdamer Bahnhof mit den Worten „Es lebe die Freiheit!" auf den König schoss, ihn aber nur leicht verletzte, notierte der Publizist Karl Varnhagen von Ense in sein Tagebuch: „Die Reaktion ist am meisten darüber ärgerlich, dass der Mann wirklich vom Militär ist und in der Garde gedient hat; es wäre doch so schön, wenn herauszubringen wäre, dass er demokratische Vereine besucht und demokratische Blätter gelesen habe!"

Die neue preußische Gemeindeordnung von **1850** zementierte die ungleichen Kräfteverhältnisse im Stadtparlament. Wahlberechtigt waren nur Männer mit mindestens 300 Talern Jahreseinkommen – das waren rund fünf Prozent der Bevölkerung. Auch hier wurde das Dreiklassenwahlrecht eingeführt. Zudem musste die Hälfte der Stadtverordneten, die auf sechs Jahre gewählt wurden, Hausbesitzer sein. Die Wahlen gewannen – wen wundert es – die Konservativen haushoch. Und sie nutzten das wieder gewonnene Recht, den Bürgermeister selbst zu wählen, zu einer Demonstration: Zum Stadtoberhaupt kürten sie den alten Oberbürgermeister Heinrich Wilhelm Krausnick, den die Märzrevolution aus dem Amt gejagt hatte.

Mächtigster Mann in allen städtischen Angelegenheiten blieb jedoch der vom König eingesetzte Polizeipräsident. Statur gewann vor allem der 1848 bis 1856 amtierende Carl Ludwig Friedrich von Hinckeldey, ein Erzreaktionär, der jedoch viele zukunftsweisende Projekte einleitete: Er modernisierte den Polizeiapparat, schuf eine Berufsfeuerwehr und ordnete die Wasserversorgung Berlins neu. 1853 entstand am Stralauer Tor Berlins erstes Wasserwerk, seit 1856 lieferte die englische „Berlin Waterworks Comp." ihren Kunden geklärtes Spreewasser. Hinckeldeys Ende übrigens war stilgemäß: Er starb in einem Duell.

Nach der gescheiterten Revolution geriet Berlin geistig und kulturell in eine Phase der Stagnation, die erst mit dem Monarchenwechsel Ende der 50er Jahre endete. **1857** übernahm Prinz Wilhelm die Amtsgeschäfte von seinem zunehmend umnachteten Bruder, nach seinem Tod **1861** folgte er ihm, 64-jährig, als König Wilhelm I. Der 1848 als Erzreaktionär aufgetretene „Kartätschenprinz" war seitdem mehr und mehr von den konservativen Beratern seines Bruders abgerückt. Wegen seiner Geradlinigkeit und Schlichtheit – er lebte noch als Kaiser bis zu seinem Tode in seinem Palais Unter den Linden gegenüber der Universität – war er beim Volk weithin beliebt. Die Hoffnungen des liberalen Bürgertums aber ruhten auf seinem Sohn und Thronfolger Friedrich, der mit der englischen Königinnentochter Victoria verheiratet war.

Welches Klima in Berlin bis dahin geherrscht hatte, zeigt die Weisung des Berliner Oberstaatsanwalts an die Polizei, sich bei ihren Maßnahmen künftig an geltende Gesetze zu halten. „Die Versicherung, dass die Gesetze verbindlich sein sollen auch für die Polizei, wird als der Beginn einer neuen Zeitrechnung angesehen", kommentierte Varnhagen.

Zahlreiche Alt-„48er" nutzten die 1860 ausgesprochene Amnestie und kehrten in den Journalismus zurück. Es kam zu einer regelrechten Gründungswelle, und 1870 hatten die Berliner die Wahl zwischen zehn politischen Tageszeitungen.

Im Berliner Bürgertum dominierte inzwischen der Liberalismus. Die 1861 unter Mitwirkung von Rudolf Virchow, Theodor Mommsen (beide vertraten Berlin zeitweilig im preußischen Abgeordentenhaus und im Reichstag) und Werner Siemens gegründete Deutsche Forschrittspartei stellte lange Jahre die Mehrheit der (Berliner) Abgeordneten in der Stadtverordnetenversammlung, im Preußischen Abgeordnetenhaus und im Reichstag. Auch der erste Oberbürgermeister, der **1869** ins frisch erbaute „Rote Rathaus" einzog, war ein Liberaler, Karl Seydel. Zur stärksten Organisation der Berliner Arbeiterbewegung entwickelte sich der 1859 reorganisierte, liberal ausgerichtete Handwerkerverein. Gemäß der vom Sozialpolitiker Hermann Schulze-Delitzsch entwickelten Leitidee der Selbsthilfe entstand in Berlin ein starkes Genossenschaftswesen mit Konsumvereinen, Produktivgenossenschaften und „Volksküchen".

Hart auf die Probe gestellt wurden die freiheitlichen Rechte aber noch einmal während des „Verfassungskonflikts", der **1861** zwischen der königlichen Regierung und dem preußischen Parlament um eine Heeresreform entbrannte. Der König verschärfte diesen noch dadurch, dass er **1862** den während der Revolution als konservativer Scharfmacher aufgetretenen Otto von Bismarck zum Ministerpräsidenten berief. Vier Jahre lang regierte Bismarck ohne parlamentarische Mehrheit und ohne verfassungsmäßigen Haushalt. Erst seine außenpolitischen Erfolge brachten den Konservativen und den Nationalliberalen **1866** die Mehrheit im Preußischen Abgeordnetenhaus und Bismarcks Politik im Nachhinein die parlamentarische Zustimmung. Seinen Berliner Wahlkreis bei der Reichstagswahl **1867** konnte Bismarck jedoch nicht gewinnen. Die Berliner mochten ihn nicht – und umgekehrt: Nach der Reichsgründung erwog Bismarck zeitweilig, die Regierungsbehörden nach Kassel zu verlegen.

In den 1850er Jahren setzte die Industrialisierung Berlins in großem Stil ein. Vor allem Menschen aus Brandenburg, West- und Ostpreußen, Schlesien und Pommern (in dieser Reihenfolge) zog es in die größte Industriestadt Mitteleuropas, deren Einwohnerzahl sich zwischen 1849 und 1871 von 412 000 auf 825 000 verdoppelte. Die Zuwanderer drängten in die Betriebe oder boten sich dem rasant wachsenden Mittelstand als Dienstpersonal an: Es entstand die Berufsgruppe und soziale Schicht der Dienstmädchen.

Berlin wuchs nun nach allen Seiten über die alte Akzisemauer hinaus, die 1866–69 abgetragen wurde. Moabit, Wedding, Gesundbrunnen und die nördlichen Teile von Schöneberg und Tempelhof wurden 1861 nach Berlin eingemeindet, weitere mit Berlin verwachsene Gebiete blieben jedoch außerhalb der Stadtgrenzen. Die angrenzenden Kreise wehrten sich dagegen, wohlhabende Gemeinden abzugeben, während der Berliner Magistrat keine sozial schwachen Wohnviertel eingemeinden wollte.

Für das weitere Wachstum Berlins sollten die Gemeindegrenzen allerdings keine Rolle spielen. Mit der Planung einer Stadterweiterung um eineinhalb Millionen Einwohner wurde 1857 der im Polizeipräsidium arbeitende James Hobrecht beauftragt. Bestehende Feldwege sollte Hobrecht aus Kostengründen einbeziehen, Privatgrundstücke unangetastet lassen. Wegen zeitraubender Einsprüche von Grundbesitzern konnte der Wunsch des Königs nach einem prächtigen Ringstraßensystem dann auch nur unvollständig umgesetzt werden. Im Süden legte man im Rückgriff auf ältere Pläne von Lenné einen Zug von Boulevards an, die nach Generälen des Befreiungskrieges benannt wurden: Tauentzien, Kleist, Bülow, Yorck, Gneisenau. Das geplante Zentrum des „Generalszuges", der „Wahlstattplatz" am Kreuzungspunkt mit der geplanten Nord-Süd-Achse in der Mitte der Yorckstraße, scheiterte jedoch an den Eisenbahngesellschaften, die ihr Gelände nicht räumen wollten. Die Yorckstraße weicht seitdem nach Süden aus, wo sie die Bahnanlagen unter zahlreichen Brücken unterquert.

Mit dem „Hobrechtplan" von **1862** erhielt Berlins Stadtplanung eine tragfähige Grundlage, die einen Wildwuchs ins Umland verhinderte, Berlin aber andererseits zur „größten Mietskasernenstadt der Welt" werden ließ. Für die innere Bebauung der 200 bis 400 Meter langen und 150 bis 200 Meter tiefen Straßenblöcke gab es keine Vorschriften. Und so wurden die tief in die Straßenblöcke reichenden Grundstücke eng mit oft mehreren Hinterhöfen bebaut. Die Höfe mussten allein das Wenden der Feuerspritze ermöglichen, und das bedeutete eine Hofgröße von 5,30 mal 5,30 Meter, seit 1887 von 60 Quadratmetern. Die Höhe der Häuser durfte die Breite der Straße nicht überschreiten, das waren in der Regel 22 Meter (fünf Vollgeschosse).

Die öffentliche Hand hielt sich aus dem Wohnungsbau komplett heraus, und so entstanden große Wohnviertel, deren Angebot völlig am Markt vorbeiging: Während die finanzkräftigen Bauherren auf große Wohnungen für reiche Mieter (in den westlichen Vororten Berlins) setzten, boten die typischen Mietskasernen, die von Rentiers, Kaufleuten und Handwerksmeistern aus dem Mittelstand finanziert wurden, vor allem Ein- und Zweizimmerwohnungen mit Toiletten auf halber Treppe für mehrere Parteien. Meist waren auch im Keller Wohnungen eingerichtet. Nach wie vor war es üblich, an so genannte Aftermieter oder Schlafleute unterzuvermieten, sodass in vielen Wohnungen unerträgliche Enge herrschte. Preiswerte Wohnungen mittlerer Größe, die dem Bedarf am ehesten entsprochen hätten, entstanden erst seit den 1880er Jahren durch die ersten Wohnungsbaugenossenschaften, teilweise in Verbindung mit einzelnen Fabriken, doch blieb ihr Anteil am Bauvolumen insgesamt gering.

Auf den Straßen Berlins wurden die Pferdeomnibusse in den 1860er Jahren durch Pferdeschienenbahnen abgelöst, die wesentlich schneller vorwärts kamen. Dagegen entwickelte sich die Dampfeisenbahn auf dem Kurfürstendamm zum Verkehrshindernis.

1871–1918
Berlin in der Kaiserzeit

BERLIN WIRD REICHSHAUPTSTADT

Seit den 1860er Jahren wurde Berlin zum Schauplatz der „großen" Politik. **1864** gewann Preußen (verbündet mit Österreich) den Krieg gegen Dänemark um Schleswig-Holstein, **1866** den „Bruderkrieg" gegen Österreich um die Vorherrschaft im Deutschen Bund. Berlin wurde zur Hauptstadt des „Norddeutschen Bundes", der alle deutschen Länder nördlich des Mains umfasste. Im Februar **1867** konstituierte sich der norddeutsche Reichstag im Palais Hardenberg am Dönhoffplatz, Preußens Ministerpräsident Bismarck wurde zugleich Bundeskanzler.

Die diplomatische Krise um die Kandidatur eines Hohenzollern auf den spanischen Thron 1870 nutzte Bismarck dann trickreich aus, um den französischen Kaiser Napoleon III. am 19. Juli **1870** zu einer Kriegserklärung an Preußen zu provozieren. Die süddeutschen Staaten solidarisierten sich, wie von Bismarck erhofft, mit Preußen, und so kam es zum Deutsch-Französischen Krieg, dessen entscheidende Schlacht die Deutschen am 1./2. September in Sedan gewannen. Der „Sedanstag" wurde zum wichtigsten Feiertag im Kaiserreich.

So entstand der von den Liberalen und Demokraten lange ersehnte Nationalstaat als Ergebnis eines Kriegs, befördert durch das kalte Kalkül eines konservativen Machtpolitikers. Noch vor Beendigung des Kriegs wurde Wilhelm I. im Spiegelsaal von Schloss Versailles am 18. Januar **1871** zum Deutschen Kaiser ausgerufen – fernab von Deutschland im exklusiven Kreis der Militärs; gewählte Volksvertreter hatte man nicht geladen.

Am 21. März 1871 eröffnete der Kaiser im Weißen Saal des Schlosses den ersten Deutschen Reichstag, der nun in allgemeinen, gleichen, direkten und geheimen Wahlen bestimmt worden war (beschränkt allerdings auf Männer ab 24 Jahren). Das Amt des Reichskanzlers übertrug der Kaiser Bismarck.

Zum politischen Zentrum der neuen „Reichshauptstadt" entwickelte sich die Friedrichstadt, besonders die Wilhelmstraße, in deren barocken Adelspalais sich die neuen Reichsministerien und -behörden einrichteten: die Reichskanzlei, das Auswärtige Amt und das Innenminsterium, in dem auch der Bundesrat tagte. Dieser war das wichtigste Gremium des Reichs, denn der Souverän war hier nicht das deutsche Volk, sondern die Gesamtheit der Fürsten und der drei freien Hansestädte, die sich zum Reich zusammengeschlossen hatten.

Der Reichstag bezog ein Provisorium auf dem Gelände der alten Königlichen Porzellan-Manufaktur an der Leipziger Straße, ehe er 1894 in den heutigen Reichstag übersiedeln konnte. Am Ort des alten Reichstags entstanden die Bauten für die beiden Kammern des preußischen Landtags: das Herrenhaus (heute Bundesrat) und das Abgeordnetenhaus (heute Berliner Abgeordnetenhaus).

Die wichtigsten Botschaften lagen rings um den Pariser Platz und im Alsenviertel im Spreebogen. Auf dem Königsplatz wurde 1873 die Siegessäule aufgestellt, 1901 das „Nationaldenkmal" für Bismarck enthüllt, auf der Ostseite des Platzes entstand 1884–94 der neue Reichstag. Quer durch den Tiergarten zog sich von dort die 1898–1901 ausgestattete Siegesallee, ein „Geschenk" des Kaisers an „seine Berliner": 32 Standbilder(gruppen) zeigten die brandenburgisch-preußischen Landesherren von Albrecht dem Bären bis zu Wilhelm I.

DAS ÄUSSERE BILD BERLINS

Das architektonische Bild Berlins wandelte sich erneut und radikal: Die „Berliner Schule" in der Nachfolge Schinkels, deren bedeutendster Vertreter August Stüler 1865 starb, wurde vom Historismus abgelöst. Die Bauten wurden ausladender, die Fassaden aufwändiger, die Stilformen älteren Baustilen wie Romanik, Gotik, Renaissance und Barock abgeschaut und kreativ weiter entwickelt. Mit der Doppelturmspitze der Nikolaikirche erhielt Alt-Berlin ein neues Wahrzeichen. Noch im Klassizismus wurzeln die Zions- und die Thomaskirche, die Neue Synagoge, mit der die jüdische Gemeinde endlich ein großes Gotteshaus erhielt, und der Martin-Gropius-Bau, die ersten S-Bahnhöfe, die 15 Markthallen, die 1886–93 entstanden, sowie die Schulbauten aus rotem oder gelbem Backstein, die nun, als Zeichen einer gewandelten Schulpolitik, in großer Zahl entstanden. Paradebauten des Historismus, der um die Jahrhundertwende im „Wilhelminischen Barock" gipfelte, sind etwa die Kaiser-Wilhelm-Gedächtnis-Kirche (im Stil der Spätromantik), der Berliner Dom und die Staatsbibliothek Unter den Linden.

Fast idealtypisch zeigt sich die Stilentwicklung auf der Museumsinsel, deren Anlage Friedrich Wilhelm IV. ab 1840 veranlasste: Von Schinkels Altem Museum spannt sich der Bogen über Stülers klassizistisch zurückhaltendes Neues Museum und seinen auftrumpfenden Tempel der Alten Nationalgalerie bis zur pompösen Neoarchitektur des (heutigen) Bodemuseums (von des Kaisers Leibarchitekten Ernst von Ihne) und dem neoklassizistischen Pergamonmuseum, das erst 1930 fertig gestellt wurde.

Berlins Einwohnerzahl wuchs weiter rasant: **1877** wurde die Millionengrenze erreicht, 1905 die zweite Million. So herrschte im Großraum Berlin trotz des enormen Bauvolumens permanente Wohnungsnot. Sie erreichte in den Jahren vor dem Ersten Weltkrieg ihren Höhepunkt und konnte erst durch die großen sozialen Wohnungsbauprogramme der 20er Jahre behoben werden. Bis etwa 1890 wurden alle Berliner Wohnhäuser an die Trinkwasserversorgung und die moderne Abwasserbeseitigung angeschlossen. Aber noch 1903 hatten erst 21 Prozent der Vorderhaus- und sechs Prozent der Hinterhauswohnungen Gasanschlüsse.

Nach dem Plan von James Hobrecht – und unter entschiedener Fürsprache des Arztes Rudolf Virchow – wurde ab **1872** ein dezentrales Kanalisationssystem aufgebaut, das die Abwässer über Druckrohre und Pumpanlagen auf Rieselfelder am Stadtrand leitete, wo sie verdunsteten oder versickerten. Mit Inbetriebnahme des Systems gingen Infektionskrankheiten wie der Typhus schlagartig zurück. Parallel zum Ausbau der Stadt entstanden die ersten Volksparks: der Humboldthain (1869–72), der Treptower Park (1878), der Viktoriapark in Kreuzberg (1888).

Nach wie vor gab es erhebliche soziale Unterschiede zwischen

Der Belle-Alliance-Platz (heute Mehringplatz) 1890 (Franz Skarbina)

Die Museumsinsel von Süden um 1860 (Xaver Sandmann)

einzelnen Stadtvierteln. So lag die Säuglingssterblichkeit 1890 in der Friedrichstadt bei 15 Prozent, im Wedding bei 35 Prozent (1909: 12 bzw. 20 Prozent). Doch insgesamt ermöglichte das in den 1880er Jahren eingeführte Sozialversicherungssystem nun auch den Armen eine bessere Krankenversorgung. Das schlug sich im Ausbau des Krankenhauswesens nieder: 1870–74 entstand als erster städtischer Krankenhausneubau das Krankenhaus Friedrichshain, dessen Pavillonbauweise wegweisend wurde, etwa für die Krankenhäuser Moabit (ab 1872), „Am Urban" in Kreuzberg (1887–89) und Wedding (heute Klinikum Rudolf Virchow, 1906). In Dalldorf (Wittenau) entstand 1879 eine „Irrenanstalt", 1902 wurden die Lungenheilstätten bei Beelitz eröffnet. 1909 verfügte die Stadt Berlin über 26 öffentliche und 54 private Krankenhäuser oder „Heilanstalten", hinzu kamen in den Vororten weitere 78 Einrichtungen.

Bei jährlich bis zu 50 000 Todesfällen wurde der Platz auf den Friedhöfen knapp. Die Friedhofsfläche Groß-Berlins umfasste 1920 acht Quadratkilometer, verteilt auf zahllose kleinere und größere Anlagen. Erst 1911 erlaubte das Parlament nach jahrzehntelangem heftigem Widerstand der Kirchen die Feuerbestattung. Im selben Jahr nahm im Wedding das erste Berliner Krematorium seinen Betrieb auf, 1913 folgte die Anlage in Treptow, 1922 die in Wilmersdorf.

Seit den 1880er Jahren waren die Wachstumsmöglichkeiten der eigentlichen Stadt Berlin fast erschöpft, das Bevölkerungswachstum konzentrierte sich nun auf die umliegenden Städte und Gemeinden, die mit der Kernstadt rasch zusammenwuchsen.

Vom Wachstum Groß-Berlins profitierten vor allem „Terraingesellschaften" und die alten Grundbesitzer, die zu großen Vermögen kamen. Sprichwörtlich wurden die Schöneberger „Millionenbauern", deren Villen zum Teil noch heute an der alten Dorfaue (Hauptstraße) zu bewundern sind. Auch in den Berliner Randgemeinden bildeten sich separate Viertel der Wohlhabenden und der Arbeiter heraus, wobei der Wohnungsstandard (sanitäre Anlagen, Elektrizität, Zentralheizung usw.) in den äußeren Städten, da sie später wuchsen als die Kernstadt Berlin, generell höher war.

Einwohnerzahlen in den Jahren 1871, 1900, 1910
Sieben Großstädte umgaben Berlin im Jahr 1914:
Charlottenburg 20 000, 192 000, 309 000
Rixdorf (1912 umbenannt in Neukölln) 11 400, 102 000, 252 000
Schöneberg 4500, 107 000, 208 000
Lichtenberg 9600, 58 000, 164 000
Wilmersdorf 2100, 38 000, 123 000
Steglitz (das nie Stadtrechte erhielt) 3300, 51 000, 117 000
Spandau 20 000, 72 000, 92 000 (Spandau war bis 1903 in seinem Wachstum gehindert, da ein breiter Gürtel rings um die Festungsstadt nicht bebaut werden durfte.)

Großbürgerliche Wohngegenden entstanden vor allem im „Neuen Westen", in Schöneberg (Bayerisches Viertel), Wilmersdorf und Charlottenburg, wo sich längs des Kurfürstendamms und um den Auguste-Viktoria-Platz (heute Breitscheidplatz) seit den 1890er Jahren ein zweites Stadtzentrum ausbildete. Die Stadt Berlin verlor so an die Vorstädte wichtige Steuerzahler.

Viele Wohlhabende zog es noch weiter hinaus ins Grüne. Angebunden an die Vorortbahnen entstanden im Westen und Südwesten Villen- und Landhaussiedlungen: Alsen (Wannsee, 1864), Groß Lichterfelde (1865), Westend (1866), Friedenau (1871) und Grunewald (1889). Schließlich wandelte sich der ganze Südwesten des heutigen Stadtgebiets zu einem aufgelockerten Wohngebiet für die Ober- und gehobene Mittelschicht. Auch im Norden schlug man Kolonien wie Waidmannslust, Konradshöhe, Tegelort und ab 1905 Frohnau in die märkischen Wälder, im Südosten entstand ab 1893 die Gartenstadt Karlshorst. Einen Sonderfall stellt die Gartenstadt Staaken dar, die zwischen 1914 und 1917 für Arbeiter der Spandauer Rüstungsindustrie gebaut wurde.

Die Berliner Innenstadt wandelte sich in der zweiten Hälfte des 19. Jahrhunderts zur „City" – einem Ort der Repräsentation und der Kultur, des Einkaufens und der Büroarbeit. Zu Symbolen der

Berliner Wirtschaftskraft wurden die großen Kaufhäuser wie Hermann Tietz am Alexanderplatz und in der Leipziger Straße, Wertheim am Leipziger Platz oder das KaDeWe (Jandorf) am Wittenbergplatz, um nur die wichtigsten Filialen der großen Ketten zu nennen. Spezialgeschäfte wie Sarotti (Schokolade), Salamander und Leiser (Schuhe), Leineweber oder Peek & Cloppenburg (Bekleidung) wurden überregional bekannt.

„Für den Ausländer, der in den beiden letzten Jahrzehnten vor dem Kriege regelmäßig nach Berlin kam, war jeder neue Besuch eine Überraschung. Von Jahr zu Jahr musste man seine Vorstellung von der Stadt revidieren, so irrsinnig rasch war das Tempo, womit sie sich nach innen wie außen entwickelte."
Der dänische Schriftsteller Martin Andersen Nexö

WIRTSCHAFT UND INFRASTRUKTUR

Seit Ende der 50er Jahre des 19. Jahrhunderts herrschte in Deutschland eine stabile Hochkonjunktur, die sich in der kurzen „Gründerzeit" ab **1871** extrem aufheizte. Die von den Franzosen überraschend schnell gezahlten Kriegsentschädigungen von vier Milliarden Mark (so hieß nun die neue Währung) sorgten für hektische Firmengründungen auf Aktienbasis und eine Spekulationsblase, die im Börsenkrach von **1873** zerplatzte. Es folgten fast 20 Jahre eines nur ganz allmählichen Wirtschaftswachstums mit zeitweiligen Rezessionen, bis in den 1890er Jahren die Konjunktur wieder stark anzog.

Berlins Industrielandschaft wurde dominiert von der Textil- und Bekleidungsindustrie, der Metallverarbeitung, dem Maschinenbau, der Elektroindustrie und der chemischen Industrie. Vor allem drei Großkonzerne konnten sich aus der Masse der kleinen und mittleren Unternehmen abheben: der Maschinenbauer Borsig, die Elektrofirma Siemens, 1847 als Telegraphenanstalt Siemens & Halske gegründet, und die AEG (Allgemeine Elektrizitätsgesellschaft), die Emil Rathenau 1882 als Deutsche Edison-Gesellschaft gegründet hatte.

Mit dem Aufstieg dieser und weiterer Firmen ging der Ausbau Berlins als Finanzplatz einher. Neben die alten Bankhäuser wie Bleichröder und Mendelssohn traten neue, in der Gründerzeit emporgeschossene Banken wie die Deutsche Bank und die Dresdner Bank. Berlin wurde eines der führenden Finanzzentren der Welt, eine Position, die die Stadt jedoch nach dem Ersten Weltkrieg wieder verlor.

Ihre Leistungsfähigkeit demonstrierte die Berliner Wirtschaft auf zwei großen Gewerbeausstellungen: **1879** in Moabit und **1896** im Treptower Park. Zu einer Weltausstellung, wie es sie in Europa bereits in London, Paris, Wien und Brüssel gegeben hatte, kam es in Berlin trotz wiederholter Initiativen nicht.

Die Berliner Fabrikanlagen wanderten weiter an die Peripherie, nach Spandau, Siemensstadt, Tegel, Schöneweide, Adlershof, in die Industrieareale längs des Teltowkanals und in viele kleinere Gewerbegebiete am Stadtrand. Damit setzte auch der Pendlerverkehr ein. Als die Artilleriewerkstätten nach Spandau verlegt wurden, einigten sich das Ministerium und die Eisenbahngesellschaft auf Extrazüge, die morgens und abends zu Billigtarifen die Arbeiter beförderten.

Noch in den 1850er Jahren kamen drei Viertel aller Waren auf dem Wasserweg nach Berlin, nach dem Ausbau des Bahnnetzes bis in die 1880er Jahre hielten sich Wasser- und Bahntransport etwa die Waage. Neben die kleineren Häfen wie den Schöneberger und den Urbanhafen am Landwehrkanal oder den Nordhafen in Wedding trat als zentraler Umschlagplatz der 1907–13 angelegte Osthafen, dessen Gegenstück, der Westhafen, erst nach dem Ersten Weltkrieg gebaut werden konnte. Um den Frachtschiffen die Durchfahrt durch die Berliner Innenstadt zu ersparen, entstand 1900–06 zwischen Oberspree (Grünau) und Havel (Griebnitzsee/Wannsee) der 37 Kilometer lange Teltowkanal, an dessen Ufern sich viele Industriebetriebe ansiedelten.

Eine Pionierrolle spielte Berlin im Bereich der Stromversorgung. **1884** wurden die Städtischen Elektrizitäts-Werke gegründet, **1885** ging das erste Kraftwerk in der Markgrafenstraße am Gendarmenmarkt ans Netz, und **1879** wurden die Friedrichstraße und die Linden als erste deutsche Straßen elektrisch beleuchtet. Im selben Jahr präsentierte Werner Siemens die erste elektrische Lokomotive der Welt, zwei Jahre später führte er in Lichterfelde die weltweit erste elektrische Straßenbahn vor.

Schon 1880 hatte Siemens der Stadt den Bau einer elektrischen Hochbahn in der Friedrichstraße vorgeschlagen. Doch es dauerte bis **1902**, ehe die erste Berliner Hoch- und U-Bahn von der Warschauer Brücke zum Zoologischen Garten die Fahrt aufnahm. Bis zum Kriegsausbruch 1914 wuchs das Netz auf sechs Linien von insgesamt 38 Kilometern Länge. Die Stadt überließ die Planungen weitgehend der „Hochbahngesellschaft", die mit einigen Terraingesellschaften verbandelt war. Diese wünschten sich für ihre Bauvorhaben natürlich eine gute Verkehrsanbindung. So erklärt sich, dass die ersten Berliner U-Bahn-Linien weitgehend am eigentlichen Bedarf vorbei gebaut wurden: Mehrere Linien dienten der Erschließung der noblen Vororte. (Die Strecke nach Grunewald unter dem Kurfürstendamm kam wegen des Ersten Weltkriegs nicht über die Uhlandstraße hinaus.) Erst auf Betreiben der Stadt entstanden ab 1912 die beiden Nord-Süd-Bahnen zwischen Wedding und Halleschem Tor (U 6) bzw. Gesundbrunnen und Neukölln (U 8).

1892 wurde das erste private Automobil in Berlin zugelassen, 1899 nahm die erste „Kraftdroschke" (Taxi) den Betrieb auf, und 1913–21 entstand die erste Autobahn der Welt, die AVUS (Automobil-, Verkehrs- und Übungsstraße) durch den Grunewald.

Auch auf dem Gebiet der Luftfahrt war Berlin führend: **1891** flog Otto Lilienthal in Lichterfelde als erster Mensch mit einem selbst konstruierten Gerät, das schwerer war als Luft, und bei Johannisthal entstand **1909** der erste Motorflugplatz Deutschlands. Im selben Jahr landete Ferdinand Graf Zeppelin erstmals mit seinem Luftschiff in Berlin – auf dem Tempelhofer Feld, auf dem 30 Jahre später der größte Flughafen Europas entstand.

DAS POLITISCHE BERLIN

Berlin rückte als Hauptstadt eines Bundesstaates von über 40 Millionen Einwohnern nun in den Blickpunkt der politischen Welt, zumal das Deutsche Reich in den 1880er Jahren als Kolonialmacht seinen „Platz an der Sonne" einnahm. Die Stadt wurde Tagungsort weltpolitischer Kongresse und Verhandlungsort internationaler Bündnisse. Im Reichstag wurden die großen Redeschlachten um Bismarcks Kulturkampf gegen die katholische Kirche, gegen die Sozialdemokraten und für die Sozialgesetze geschlagen.

Vor allem das Dreikaiserjahr **1888** bildete eine bedeutende Zäsur: Friedrich III. überlebte seinen mit 91 Jahren gestorbenen Vater, Wilhelm I., nur um 99 Tage, ehe er, schwer krank, mit 56 Jahren starb. Der erst 29-jährige Wilhelm II. schlug bald andere Töne an, entließ **1890** Bismarck und erkämpfte dem Deutschen Reich, mit selbstbewussten Reden und hochgerüsteter Armee, eine Vormachtstellung in Europa und der Welt, die den Ersten Weltkrieg jedoch nicht überstehen sollte.

Während die Reichs- und die preußische Politik fest in den Händen der Konservativen lag, war und blieb Berlin oppositionell gestimmt. Die Stadtverordnetenversammlung wurde von den Linksliberalen dominiert, deren Partei immer mal wieder ihren Namen änderte (Deutsche Fortschrittspartei, Deutsch-Freisinnige Partei, Freisinnige Vereinigung/Volkspartei, Fortschrittliche Volkspartei). Die meisten Stimmen in Berlin erhielten zwar seit den 1870er Jahren die Sozialisten/Sozialdemokraten (seit 1875 Sozialistische Arbeiterpartei, seit 1890 Sozialdemokratische Partei Deutschlands – SPD), eine Mehrheit unter den Abgeordneten blieb ihnen jedoch aufgrund des Dreiklassenwahlrechts auf Stadt- und Landesebene versagt.

Im Reichstag hielt man den Einfluss der Sozialdemokraten durch einen Verfahrenstrick klein: Die im Jahre 1867 eingeteilten Wahlkreise blieben trotz des enormen Bevölkerungswachstums bis 1918 unverändert. 1912 umfasste der kleinste Berliner Wahlbezirk 13 000, der größte 220 000 Wähler. Und natürlich war der kleinste auch der einzige der sechs Berliner Bezirke, der nicht einen Sozialdemokraten in den Reichstag entsandte.

Kaiser Wilhelm II. 1891

Der Hauptmann von Köpenick

Das Klima der Zeit veranschaulicht die berühmt gewordene Geschichte vom „Hauptmann von Köpenick". Am 16. Oktober 1906 nahm der Schuster Wilhelm Voigt, in eine alte Hauptmannsuniform gekleidet, zehn Gardisten auf einer Straße im Wedding unter sein Kommando und fuhr mit ihnen per S-Bahn nach Köpenick ins Rathaus, wo er den Bürgermeister verhaften ließ, die Stadtkasse beschlagnahmte und sich mit 4000 Mark aus dem Staub machte, während die Soldaten auf seinen Befehl hin den armen Bürgermeister in die Neue Wache Unter den Linden abtransportierten. Voigt wurde bald gefasst, konnte seinen Ruhm aber später versilbern.

Nach dem **1878** von Bismarck durch den Reichstag gebrachten „Gesetz gegen die gemeingefährlichen Bestrebungen der Sozialdemokratie" durften die Sozialdemokraten zwar nicht mehr als Partei in der Öffentlichkeit erscheinen – aufgrund des Persönlichkeitswahlrechts durften sie aber nach wie vor kandidieren, sodass sie weiterhin in den Parlamenten vertreten waren. Auch Bismarcks Sozialgesetzgebung der 1880er Jahre, die vielen Menschen erstmals Kranken- und Unvallversicherung, Invaliditäts- und Altersversicherung brachte, konnte die Anziehungskraft der Sozialdemokraten nicht schmälern. **1890** als Partei wieder zugelassen, stellte die SPD seit 1893 fünf der sechs Berliner Reichstagsabgeordneten, 1912 erhielt sie 75 Prozent aller Berliner Wählerstimmen.

Glücklicherweise nur eine Episode blieb das Wirken des kaiserlichen Hofpredigers Adolf Stöcker, der 1878 als Gründer der „Christlich-Sozialen Arbeiterpartei" in die Politik ging und seinem kirchlich-konservativen Programm immer schärfere antisemitische Töne beimischte. Das brachte ihm in den 1880er Jahren beträchtlichen Erfolg in der Berliner Wählerschaft (1884 über 30 Prozent), wenn ihm auch ein Reichstagsmandat in Berlin verwehrt blieb. Weite Kreise zog zwischen **1879** und **1881** der „Berliner Antisemitismusstreit", in dem sich zwei renommierte Historiker, der konservative

Heinrich von Treitschke („Die Juden sind unser Unglück") und der liberale Theodor Mommsen, gegenüberstanden. Die Religionsstatistik wies 1910 90 000 Berliner jüdischen Glaubens aus – 4,3 Prozent der Bevölkerung.

KUNST UND WISSENSCHAFT

Berlin entwickelte sich zum führenden Forschungsstandort im Deutschen Reich. Neben die Universität traten weitere bedeutende Einrichtungen wie die Physikalisch-Technische Reichsanstalt, 1887 auf einem von Werner von Siemens gestifteten Gelände in Charlottenburg gegründet, und die Institute der Kaiser-Wilhelm-Gesellschaft (seit 1948 Max-Planck-Gesellschaft), die seit 1911 auf dem Gelände der aufgelassenen Domäne Dahlem entstanden. Dort sollten auch einige Institute der aus allen Nähten platzenden Universität (1914: 10 000 Studenten) angesiedelt werden, doch dazu kam es wegen des Ersten Weltkriegs nicht mehr.

Eine völlige Neuerung im deutschen Bildungssystem bedeutete die Ausstattung der Technischen Hochschule an der Charlottenburger Chaussee (heute Straße des 17. Juni) mit einer inneren Selbstverwaltung und dem Promotionsrecht, wodurch sie den Universitäten gleich gestellt wurde.

Auf dem Gebiet der Künste eroberte sich die Kaiserstadt erst allmählich ihre führende Position. Die aus heutiger Sicht wichtigen Künstler und Strömungen behaupteten sich mit wenigen Ausnahmen gegen den herrschenden Zeitgeschmack und die Förderung des Kunst liebenden Kaisers Wilhelm II. Der Nachruhm geförderter Künstler wie des Dramatikers Ernst von Wildenbruch, des Malers Anton von Werner oder des Bildhauers Reinhold Begas verblasste schnell.

Die herausragende Gestalt der überwiegend volkstümlich orientierten Berliner Literaturszene war Theodor Fontane, als Theaterkritiker und Romancier der wichtigste Chronist der Berliner Gesellschaft. Arno Holz und Richard Dehmel, Georg Heym und Else Lasker-Schüler, Christian Morgenstern und der drei Jahre in Berlin

Der Wirtschaftsstandort Berlin

Die Bedeutung des Wissenschaftsstandorts Berlin dokumentiert die lange Liste der Nobelpreisträger. Zum Zeitpunkt der Preisverleihung waren in Berlin tätig: die Chemiker Jacobus van't Hoff (1901), Emil Fischer (1902), Eduard Buchner (1907), Fritz Haber (1918), Walter Nernst (1920), Peter Debye (1936), Adolf Butenandt (1939) und Otto Hahn (1944), die Mediziner Robert Koch (1905) und Otto Warburg (1931), die Physiker Max Planck (1918), Albert Einstein (1921), Erwin Schrödinger (1933) und – als bislang letzter Berliner Preisträger der damals schon lange pensionierte – Ernst Ruska (1986).

Der Historiker und Universitätsprofessor Theodor Mommsen erhielt 1902 den ersten Nobelpreis für Literatur. Andere wie Emil von Behring, Paul Ehrlich oder Gustav Ludwig erhielten den Nobelpreis später für Forschungen, die sie in Berlin unternommen hatten. Max von Laue und Werner Heisenberg kamen dagegen bereits als Nobelpreisträger nach Berlin.

wohnende Rainer Maria Rilke gaben der deutschen Lyrik von Berlin aus wichtige Impulse.

Die Stadt wurde zum Zentrum des sozialkritischen, naturalistischen Theaters. Nicht wenige Uraufführungen und deutsche Erstaufführungen von Stücken von Gerhart Hauptmann, der zumindest Teile des Jahres in Berlin oder Erkner verbrachte, Henrik Ibsen oder August Strindberg entwickelten sich zu handfesten Skandalen. Zum führenden Theatermann stieg Max Reinhardt auf, der lange Jahre das Deutsche Theater leitete. 1914 erhielt die ohnehin breit gefächerte Theaterlandschaft durch den Neubau der Volksbühne, die vor allem Arbeitern die Theaterkunst nahe bringen wollte, eine weitere wichtige Facette.

Zur Königlichen Oper Unter den Linden, die musikalisch zu den führenden Bühnen gehörte, traten weitere Musiktheater: unter anderem 1896 das Theater des Westens als Operettentheater, 1898 die Krolloper gegenüber dem Reichstag, die ihre Blüte jedoch erst in den 1920er Jahren unter Otto Klemperer erlebte; 1905 die Komische Oper an der Weidendammer Brücke und 1911 das Deutsche Opernhaus der Stadt Charlottenburg (der Vorläufer der Deutschen Oper an der Bismarckstraße). Enorm erfolgreich waren die Berliner Operetten, deren Geschichte mit der Uraufführung von Paul Linckes „Frau Luna" 1899 im Apollo-Theater einsetzt, und die großen Musikrevuen.

Weltruf erspielten sich das 1882 gegründete Berliner Philharmonische Orchester unter seinen ersten Chefdirigenten Hans von Bülow und Arthur Nikisch, und die Staatskapelle, das Orchester der Hofoper, das von 1898 bis 1918 von Richard Strauss geleitet wurde.

An der **1869** gegründeten Hochschule für Musik und anderen Ausbildungsstätten unterrichteten u. a. Max Bruch, Engelbert Humperdinck, Ferrucio Busoni und Arnold Schönberg, Joseph Joachim, Fritz Kreisler und Arthur Schnabel.

Die Berliner Museumslandschaft entwickelte sich dank bürgerlicher Stiftungen, kluger Erwerbspolitik und unermüdlicher Expeditionsreisen zu einer der interessantesten der Welt. Europäisches und Außereuropäisches, Malerei und Skulptur, Möbel und Münzen fanden auf der Museumsinsel einen Platz, darunter als Highlights der Pergamonaltar und die Büste der Nofretete. Neu erbaut wurden das Kunstgewerbemuseum (heute Martin-Gropius-Bau, 1877–81) und das Völkerkundemuseum gleich nebenan (eröffnet 1886, kriegszerstört).

Seit 1895 erschien in Berlin die wichtigste Zeitschrift des Jugendstils, „Pan", doch die neue Kunstrichtung hatte in der Architektur einen schweren Stand gegen Historismus und Neoklassizismus. Noch vor 1914 erfolgte die Weichenstellung zum „Neuen Bauen", dessen wichtigstes „Laboratorium" Berlin in den 20er Jahren werden sollte, etwa durch Peter Behrens' Werkshallen für die AEG (Huttenstraße, Voltastraße) oder die Landhäuser von Hermann Muthesius. Auch an der Revolution in der Malerei hatte Berlin einen gewichtigen Anteil. 1898 formierten über 50 Künstler unter Führung von Walter Leistikow und Max Liebermann die „Secession", um modernere Wege einzuschlagen. Eigene Kunstausstellungen machten jüngere Maler wie Lovis Corinth und Max Slevogt populär. Ein grundsätzliches Aufbrechen der Sehgewohnheiten wagten die Expressionisten der Künstlergruppe „Die Brücke", die 1911 geschlossen von Dresden nach Berlin übersiedelte. Zum wichtigsten Organ der Avantgarde entwickelte sich ab 1910 Herwarth Waldens Zeitschrift „Sturm". Und auch in der Geschichte des Films gebührt Berlin ein Ehrenplatz: Am 1. November 1895 präsentierten die Gebrüder Max und Emil Skladanowsky im Wintergarten-Varieté die ersten „laufenden Bilder" der Welt.

GROSS-BERLIN UND ZWECKVERBAND

Groß-Berlin war in der zweiten Hälfte des 19. Jahrhunderts über alle Gemeindegrenzen hinweg gewachsen. Die verschiedenen Behörden der Gemeinden und Städte, Kreise und Regierungsbezirke wachten jedoch weiterhin eifersüchtig über ihre Kompetenzen. Das Selbstbewusstsein, aber auch die Finanzkraft der Städte und Gemeinden vor allem im Westen Groß-Berlins dokumentieren noch heute die zahlreichen Rathausbauten, die ab **1890** entstanden. In die Stadtplanung konnten aber auch zahlreiche zentrale Behörden hineinreden: der Polizeipräsident, dessen Amtsbezirk weit über die Stadtgrenzen hinausreichte, die Fachbehörden der preußischen Regierung und der Provinzialverwaltung, die Militärverwaltung und nicht zuletzt der König, der im Endeffekt alle städtebaulichen Beschlüsse bis hin zur Wahl der Straßennamen zu genehmigen hatte. Als Ergebnis des Kompetenzwirrwarrs bestanden 1920 in Groß-Berlin zum Beispiel 17 selbständige Wasserwerke, 28 Gaswerke und fast 60 eigenständige Kanalisationsbetriebe nebeneinander.

Nach langen Streitigkeiten kam es **1912** zur Bildung des „Zweckverbands Groß-Berlin", der Berlin mit den kreisfreien Städten Charlottenburg, Wilmersdorf, Neukölln, Lichtenberg, Spandau und den beiden Landkreisen Teltow und Niederbarnim (beide Kreisverwaltungen saßen übrigens in Berlin) zu einem losen Verband zusammenschloss. Wegen des Krieges und seiner ineffektiven Struktur konnte der Zweckverband nur wenig bewirken. Ein großes Verdienst ist jedoch der Erhalt der großen Waldgebiete auf dem heutigen Stadtgebiet, die in zähen Verhandlungen mit dem preußischen Fiskus vor weiterer Zersiedelung geschützt werden konnten.

DER ERSTE WELTKRIEG

In der Rückschau mussten die Rivalität um Kolonien und weltpolitischen Einfluss, der Rüstungswettlauf, die scharfen nationalistischen Töne und die starre Bündnispolitik der europäischen Großmächte fast zwangsläufig zu einem großen Knall führen. Manche Zeitgenossen sehnten einen Krieg als „reinigendes Gewitter" geradezu herbei, ohne zu ahnen, was sie heraufbeschworen. Als der österreichische Thronfolger am 28. Juni **1914** in Sarajewo von nationalistischen Serben ermordet wurde, kam es zu einer Kettenreaktion: Österreich erklärte Serbien am 28. Juli den Krieg, das mit Serbien verbündete Russland und das mit Russland verbündete Frankreich machten gegen das mit Österreich verbündete Deutsche Reich mobil, das Deutsche Reich erklärte Frankreich am 3. August den Krieg und begann den Feldzug aus strategischen Gründen (Reichskanzler Bethmann Hollweg: „Notwehr") durch das neutrale Belgien, woraufhin Großbritannien Deutschland den Krieg erklärte.

Schon am 31. Juli wurde über Berlin der Belagerungszustand verhängt, am 4. August verlas der Kaiser im Weißen Saal des Schlosses vor den Abgeordneten des Reichstags eine Rede, die ihm der Reichskanzler geschrieben hatte: „Ich kenne keine Parteien mehr, sondern nur Deutsche. Zum Zeichen dessen, dass Sie fest entschlossen sind, ohne Parteiunterschiede, ohne Stammesunterschiede, ohne Konfessionsunterschiede durchzuhalten mit mir durch dick und dünn, durch Not und Tod, fordere ich die Vorstände der Parteien auf, vorzutreten und mir das in die Hand zu geloben."

Nicht nur die Menschen auf den Straßen, auch die politischen Parteien waren sich einig wie nie zuvor; politische und soziale Gegensätze waren für den Moment vergessen. Mit Hurra zogen zahllose Freiwillige in den Krieg, dessen schnelles Ende beschlossene Sache schien.

Doch daraus wurde nichts. Nach dem raschen Vormarsch der

Bismarck auf dem Berliner Kongress 1881 (Anton von Werner)

Kaiser Wilhelm II. mit seinen sechs Söhnen 1914

deutschen Truppen rannten sich die Fronten in den Schlachten an der Marne, bei Verdun und Ypern im Herbst 1914 fest – der Krieg im Westen wurde für Jahre zum Stellungskrieg, in dem keiner der beiden Seiten eine entscheidende Bewegung gelang. Und auch im Osten, bei den Kämpfen in Ostpreußen und Galizien, in Zentralpolen und in den Karpaten, brachte der Krieg kein schnelles Ergebnis.

Das machte sich bald auch in Berlin bemerkbar. Kam bereits nach wenigen Wochen das kulturelle Leben zum Erliegen, als Museen, Theater und Konzerthäuser geschlossen wurden, so verschlechterte sich mit zunehmender Kriegsdauer die Versorgungslage. Rohstoffe konnten nicht mehr importiert, Waren nicht mehr exportiert werden. Die Industrie stellte sich auf die Fertigung kriegswichtiger Produkte um, und da viele Männer im Krieg waren, arbeiteten dort nun auch zahlreiche Frauen. Die Kriegswirtschaft wurde in vielen Bereichen zentral gelenkt, was die Stellung Berlins als wichtigste deutsche Industriestadt im Endeffekt noch stärkte.

Alles hing jetzt vom Ertrag der deutschen Ernten ab, und die Missernte **1916** führte dann auch zum berüchtigten „Kohlrübenwinter". Zudem fanden viele Bauern Mittel und Wege, ihre Produkte nicht in die Stadt liefern zu müssen. Seit Februar 1915 gab es Brot nur noch gegen Brotkarten, später wurden weitere Lebensmittel wie Zucker, Butter, Eier, Fleisch, Kartoffeln, Seife und Kohlen rationiert. Honig und Marmelade wurden durch Kunstprodukte ersetzt, Kaffee durch Kaffeeersatz, und Kuchen gab es nur noch selten. Seit 1916 organisierte die Stadt Berlin auf den Straßen Volksspeisungen.

Es wurde immer deutlicher, dass die führenden Kräfte in Staat und Regierung den Schulterschluss der Linken nicht honorieren würden – der „Geist von 1914" war schon bald nur noch wehmütige Erinnerung. Die Forderungen nach politischer Gleichberechtigung wurden weiterhin abgeschmettert, und dass der SPD-Reichstagsabgeordnete Karl Liebknecht, der schon 1914 als einer der wenigen den „Burgfrieden" nicht mitgetragen hatte, im Mai **1916** verhaftet und ins Zuchthaus gesperrt wurde, heizte die Stimmung zusätzlich an. Im April **1917** löste sich die Unabhängige Sozialdemokratische Partei Deutschlands (USPD) aus der SPD, als „revolutionärer" Kern formierte sich der „Spartakusbund" unter Führung von Karl Liebknecht und Rosa Luxemburg. Durch die ausbleibenden Kriegserfolge, die Hinhalteparolen von Regierung und Militärführung und durch die schlechte Versorgungslage radikalisierte sich die Stimmung im Volk. Im April 1917 kam es zu ersten großen Streiks, weitere folgten. Im Juli 1917, drei Monate nach dem Kriegseintritt der USA, der einen deutschen Sieg vollends zur Illusion werden ließen, forderten SPD, Liberale und Zentrum in einer gemeinsamen „Friedensresolution" die militärische Führung um Hindenburg und Ludendorff zu einem Verständigungsfrieden auf. Doch die Militärs ließen weiter kämpfen.

Erst im Herbst **1918** setzte die Führung wieder auf eine Beteiligung aller Kräfte. Am 3. Oktober wurde Prinz Max von Baden zum Reichskanzler einer Regierung ernannt, die ein breites politisches Spektrum vertrat und erstmals die SPD einband. Die neue Regierung bot dem amerikanischen Präsidenten Wilson einen Waffenstillstand an. Als jedoch klar wurde, dass die Amerikaner eine widerspruchslose Annahme ihrer Bedingungen erwarteten, die die Abdankung Kaiser Wilhelms einschlossen, forderte die Oberste Heeresleitung erneut die Weiterführung des Krieges. Doch dazu kam es nicht mehr. Um nicht mehr zu sinnlosen Schlachten auslaufen zu müssen, begannen Matrosen der deutschen Kriegsflotte am 28. Oktober eine Meuerei, die Anfang November von Kiel aus auf ganz Deutschland übergriff. In vielen Städten wurden „Arbeiter- und Soldatenräte" gebildet, am 7. November floh der Bayerische König aus München, einen Tag später wurde der „Freistaat" (das deutsche Wort für „Republik") Bayern ausgerufen.

Am 9. November verkündete der Reichskanzler: „Der Kaiser und König hat sich entschlossen, dem Throne zu entsagen" und übergab sein eigenes Amt dem SPD-Vorsitzenden Friedrich Ebert. Dem sich sträubenden Wilhelm II. blieb nichts anderes übrig, als sich vom Hauptquartier im belgischen Spa direkt ins Exil in die Niederlande zu begeben, wo er erst drei Wochen später seine Abdankungsurkunde unterschrieb. Er betrat nie wieder deutschen Boden.

Während bewaffnete Arbeiter und Soldaten mit roten Armbinden in großen Demonstrationszügen durch Berlin zogen, Offiziere entwaffneten und Räte bildeten, während vor dem Reichstag Tausende Menschen standen, um zu erfahren, wie es weitergehe, saß drinnen im Speisesaal die SPD-Führung beim bescheidenen Mittagessen, als die Nachricht eintraf, Karl Liebknecht wolle von einem Balkon des Schlosses aus eine Rede halten. Philipp Scheidemann eilte auf einen Balkon des Reichstags und sprach aus dem Stegreif die historischen Worte: „Das Alte ist nicht mehr (...) Die Hohenzollern haben abgedankt (...) Es lebe die deutsche Republik!" Wenig später rief Liebknecht vom Balkon über dem Portal IV des Schlosses die „Freie Sozialistische Republik Deutschland" aus.

1918–33
Berlin in der Weimarer Republik

DER START IN DIE REPUBLIK

Die 20er Jahre brachten Berlin einerseits politische Unsicherheit bis hin zum Chaos, wirtschaftliche Not und eine Radikalisierung der Gesellschaft, bis Mord und Totschlag fast alltäglich waren. Kulturell und auf wissenschaftlich-technischem Gebiet galt Berlin in dieser kurzen Zeit andererseits als die vielleicht interessanteste Stadt der Welt.

Die Startbedingungen waren denkbar schlecht. Der Zusammenbruch der staatlichen Ordnung verhinderte eine geregelte Demobilisierung. Das Heer löste sich auf, die Waffen jedoch blieben in den Händen von Soldaten oder gelangten in die von politischen Aktivisten. Berlin war voller Menschen, die nicht wussten, wie es weitergehen sollte. Zudem blieben viele Soldaten auf dem Weg in ihre Heimat in Berlin.

Dennoch hatten die Führungen der beiden linken Parteien, SPD und USPD, die Lage auf der Straße weitgehend im Griff. Entscheidend war, dass das Militär ruhig in den Kasernen blieb – nur wenige Offiziere schossen am 9. November von den Dächern auf die Demonstranten. Auch die Polizei war weder willens noch in der Lage, die alte Staatsordnung gewaltsam zu verteidigen. Sie blieb auch in den kommenden Wochen größtenteils unsichtbar, sodass im Villenvorort Dahlem Bürger sogar eine „freiwillige Polizei" bildeten, die zum Schutz vor Einbrüchen nachts Wache ging. Die Bürokratie erkannte den neuen Reichskanzler Ebert an und arbeitete reibungslos weiter.

Noch am 9. November bildeten die beiden sozialdemokratischen Parteien und die Gewerkschaften einen Berliner „Volksausschuss" zum Schutz der städtischen Betriebe, der wiederum vier „Volksbeauftragte", erfahrene SPD-Stadtverordnete, ernannte. Die Stadtverwaltung unter Oberbürgermeister Adolf Wermuth erklärte, unter den neuen Gegebenheiten weiterarbeiten zu wollen, und die Volksbeauftragten befanden damit ihre Aufgabe für erledigt. So unspektakulär verlief die Revolution auf Berlins kommunaler Ebene. Dass es auch anders ging, zeigt das Beispiel Neukölln, wo die Spartakisten das Heft in die Hand bekamen und eine kurzlebige „Republik Neukölln" ausriefen.

Auf Reichsebene bildeten SPD und USPD am 10. November unter ihren Parteivorsitzenden Ebert und Haase den sechsköpfigen „Rat der Volksbeauftragten". Als Kontrollinstanz fungierte ein „Vollzugsrat der Arbeiter- und Soldatenräte", der auf einer großen Versammlung im Zirkus Busch (der kriegszerstörte Bau stand zwischen dem S-Bahnhof Hackescher Markt und der Spree) gebildet wurde. Für den 19. Januar **1919** wurden Wahlen zu einer „verfassunggebenden Nationalversammlung" angesetzt.

Im Laufe des Dezembers nahmen die Unruhen auf den Straßen zu, am 6. Dezember kam es zu einer Schießerei zwischen demonstrierenden Spartakisten und Soldaten, die 16 Tote forderte. Eine große Konfrontation entstand am 24. Dezember. Die Revolutionshelden der Volksmarinedivision, die von der Regierung Lohn und Verpflegung erhielten, hatten sich im Schloss einquartiert und wollten von dort auch nicht weichen. Als die Regierung, um sie zum Umzug zu zwingen, ihre Zahlungen zurückhielt, stürmten die Matrosen kurzerhand die Reichskanzlei, nahmen den Stadtkommandanten Otto Wels als Geisel ins Schloss mit und drohten mit seiner Ermordung. Die Regierung entschloss sich, Wels notfalls mit militärischer Gewalt zu befreien. Am Morgen des 24. Dezember begannen Gardesoldaten im Auftrag der Regierung mit dem Beschuss des Schlosses; in einer Verhandlungspause ließen sie sich jedoch von Spartakisten umstimmen und zogen wieder ab. Die Matrosen blieben mitsamt der Geisel im Schloss – die Regierung musste sich einigen Hundert aufständischen Matrosen beugen. Das Ergebnis kam einem Freifahrtschein für bewaffnete Aufrührer gleich.

Ende Dezember zerbrach die Koalition der beiden sozialdemokratischen Parteien. Der Spartakusbund ging auf in der Kommunistischen Partei Deutschlands (KPD), die sich auf dem Gründungsparteitag vom 30. Dezember 1918 bis zum 1. Januar 1919 im Preußischen Abgeordnetenhaus formierte.

Am 4. Januar 1919 beschloss die Regierung, den Polizeipräsi-

Spartakisten beim Straßenkampf im Zeitungsviertel, 11. Januar 1919

Blick über den Potsdamer Platz in die Leipziger Straße hinein, 1914

denten Eichhorn zu entlassen, der Waffen an linksradikale Arbeiter ausgegeben hatte, statt für die öffentliche Ruhe zu sorgen. Eichhorn jedoch dachte nicht an Rücktritt. Vielmehr verschanzte er sich im Polizeipräsidium, das von bewaffneten Arbeitern gesichert wurde, und scharte seine Anhänger um sich. Am Abend erschien folgender Aufruf: „Die Regierung Ebert-Scheidemann hat sich unmöglich gemacht. Sie ist von dem unterzeichneten Revolutionsausschuss der Vertretung der revolutionären sozialistischen Arbeiter und Soldaten (USPD und KPD) für abgesetzt erklärt. Der unterzeichnete Revolutionsausschuss hat die Regierungsgeschäfte vorläufig übernommen." Da hatten Demonstranten bereits die wichtigen Zeitungsverlage und Druckereien besetzt.

Massendemonstrationen von beiden Seiten und Schießereien bestimmten in den folgenden Tagen das Straßenbild, wobei die Regierungsgebäude in der Wilhelmstraße von sozialdemokratischen Demonstranten geschützt wurden und nicht vom Militär oder der Polizei. Aber längst nicht die ganze Stadt befand sich in Aufruhr. So fuhren zum Beispiel die Straßenbahnen weiter, und wo geschossen wurde, blieben sie stehen, um die nächste Feuerpause abzuwarten.

Die Regierung bevollmächtigte als Reaktion auf den Aufruhr ihr SPD-Mitglied Gustav Noske zum Gegenschlag. Mit Freiwilligenverbänden ehemaliger Soldaten, „Freikorps" genannt, begann er am 11. Januar die „Säuberung" der Stadt. Der „Spartakisten-Aufstand" wurde rasch und blutig niedergeschlagen. Den Kämpfen fiel auch die Gebäudeecke des Verlagshauses Rudolf Mosse (Jerusalemer Straße/Schützenstraße) zum Opfer, die 1921–23 durch Erich Mendelsohn im expressionistischen Stil wieder aufgebaut wurde. Am 15. Januar wurden schließlich die beiden vermeintlichen Anführer des Aufstands in Wilmersdorf gefasst und im Hotel Eden an der Budapester Straße, dem Hauptquartier der Garde-Kavallerie-Schützen-Division, verhört. Karl Liebknecht wurde anschließend am Neuen See im Tiergarten erschossen, Rosa Luxemburg, die mit dem Aufstand nichts zu tun hatte, wurde misshandelt, erschossen und in den Landwehrkanal geworfen, wo man ihre Leiche erst Monate später fand. Mit der Ermordung Liebknechts und Rosa Luxemburgs beginnt – in der aufgeheizten, verrohten Stimmung unmittelbar nach dem Ersten Weltkrieg – die Geschichte des politischen Mordes in Deutschland.

Wenige Tage später fanden die Wahlen zur Nationalversammlung statt, an denen erstmals auch Frauen teilnehmen (und gewählt werden) durften. Wegen der unruhigen Lage in Berlin trat die Nationalversammlung im Februar im Theater von Weimar zusammen. Die demokratischen Parteien SPD, DDP (Deutsche Demokratische Partei) und Zentrum, die über eine Zweidrittelmehrheit verfügten, wählten Friedrich Ebert zum Reichspräsidenten und bildeteten unter dem Reichskanzler Philipp Scheidemann (SPD) die Regierung. Am 11. August wurde die Reichsverfassung von Ebert unterzeichnet und damit in Kraft gesetzt. Das Deutsche Reich war nun eine parlamentarisch-demokratische Republik, die dem vom Volk gewählten Reichspräsidenten eine starke Stellung einräumte.

Auch in den Wahlen zur Preußischen Landesversammlung wurde die SPD die stärkste Partei – sie blieb es bis 1933. Im Februar fanden dann schließlich auch die Wahlen der Berliner Stadtverordnetenversammlung statt, bei der die radikalere USPD die „staatstragende" SPD überflügelte.

Im März flammten noch einmal schwere Kämpfe auf, als der Groß-Berliner Arbeiterrat den Generalstreik beschloss. Gas und Strom wurden abgeschaltet, die Geschäfte schlossen, es kam zu Plünderungen und Demonstrationen. Die preußische Regierung verhängte den Belagerungszustand und übertrug dem erprobten Noske, mittlerweile Reichswehrminister, erneut die militärische Gewalt. Noske verhängte das Standrecht und gab Befehl, jeden zu erschießen, der mit der Waffe in der Hand angetroffen wurde. Gerüchte von Bluttaten auf beiden Seiten führten zu einer Spirale der Gewalt, die in acht Tagen über 500 Menschen das Leben kostete. Vor allem die Regierungstruppen gingen mit enormer Brutalität vor und genossen die Rache für 1918. Die Kommunisten sollten den Sozialdemokraten ihren „Verrat an den Arbeitern" bis zum Ende der Republik nicht verzeihen.

Der weiterhin geltende Belagerungszustand brachte für den Rest des Jahres **1919** angespannte Ruhe. Im „Untergrund" entwickelte sich ein grelles, hektisches, illegales Nachtleben – Tanzvergnügen waren offiziell verboten. In den Nachtklubs traten Nackttänzerinnen auf, in geheimen Spielklubs wurde gezockt, und viele, die es sich leisten konnten, versuchten durch Rauschgifte, „Koks“ und Morphium, dem Alltag zu entfliehen oder die durch den Krieg verlorenen Vergnügungen hektisch nachzuholen. Der Irrsinn der Zeit spiegelt sich im Berliner Dadaismus, der 1918 bis 1920 seine Hochphase erlebte. Walter Mehring überschrieb seinen „Dada-Prolog“ mit den Worten: „Berlin, Dein Tänzer ist der Tod“.

„Wenn das Berlin der Kaiserzeit die aggressive Dynamik des jungen deutschen Nationalismus säbelrasselnd zur Schau gestellt hatte, so spiegelte das Berlin der ersten Nachkriegsjahre mit demselben Eklat die apokalyptische Gemütsverfassung der besiegten Nation. ‚Schaut mich nur an‘, schmetterte die deutsche Kapitale, prasserisch noch in der Verzweiflung. ‚Ich bin Babel, die Sünderin, das Ungeheuer unter den Städten. Sodom und Gomorra zusammen waren nicht halb so verderbt, nicht halb so elend wie ich! Nur hereinspaziert, meine Herrschaften, bei mir geht es hoch her, oder vielmehr, es geht alles drunter und drüber. Das Berliner Nachtleben, Junge-Junge, so was hat die Welt noch nicht gesehen! Früher mal hatten wir eine prima Armee; jetzt haben wir prima Perversitäten! Laster noch und noch! Kolossale Auswahl!‘“
Der Schriftsteller Klaus Mann

Zwei Mal noch kam es zu blutigen Zusammenstößen: Als der Reichstag im Januar **1920** über das Betriebsrätegesetz debattierte, versammelten die Kommunisten eine riesige Menschenmenge vor dem Reichstag, angeblich um das Gebäude zu stürmen. Die Polizei schoss aus den Fenstern des Parlaments – es gab 42 Tote.

In der Nacht vom 12. zum 13. März 1920 marschierten aus dem Baltikum zurückgekehrte Freikorps unter dem Kommando des entlassenen Generals von Lüttwitz nach Berlin ein, besetzten die Regierungsgebäude und erklärten den General-Landschaftsdirektor Wolfgang Kapp zum neuen Reichskanzler. Die Reichswehr und die Sicherheitspolizei unterstützten mehrheitlich die Putschisten, und so floh die Regierung über Dresden, wo ihre Lage ebenfalls unsicher war, nach Stuttgart. Doch die Gewerkschaften organisierten über Nacht den Generalstreik in Berlin, und nach dem Wochenende erschienen die Regierungsbeamten zwar in ihren Büros, sabotierten aber Kapps Befehle. Am 18. März brach der Kapp-Putsch zusammen, die Rückzugsgefechte zwischen den Putschisten und bewaffneten Arbeitern forderten aber noch Hunderte von Toten.

GROSS-BERLIN

Die Bildung von Groß-Berlin war eine kommunalpolitische Entscheidung, die endlich die zersplitterten Kompetenzen im Berliner Ballungsraum ordnete. Die sozialen und politischen Gegensätze zwischen Berlin und seinen reichen Vorstädten, der Streit zwischen Konservativen und Linken, nicht zu vergessen die Eifersüchteleien zwischen den verschiedenen politischen Ebenen hätten im Kaiserreich vermutlich noch lange eine Fusion blockiert. Nach Krieg und Revolution jedoch war die preußische Bürokratie weitgehend ausgeschaltet; der Berliner Magistrat wollte die Fusion, ebenso die Sozialdemokraten, die das Gesetz nun in der Verfassunggebenden Preußischen Landesversammlung mit ihrer Mehrheit – bei Enthaltung des Zentrums und den Gegenstimmen fast aller rechten Abgeordneten – verabschiedeten.

Zum 1. Oktober **1920** entstand die neue Großgemeinde, in die neben Berlin sieben weitere Städte, 59 Landgemeinden und 27 Gutsbezirke (darunter viele Forstbezirke, aber auch das Berliner Stadtschloss) aufgingen. 3,8 Millionen Einwohner auf einer Fläche von 883 Quadratkilometern gehörten nun zur Stadt. Berlin wurde zur flächenmäßig größten und bevölkerungsmäßig drittgrößten Stadt der Welt nach London und New York.

Die Verfassung war ein mit knapper Mehrheit verabschiedeter Kompromiss. Die Verwaltung leitete weiterhin der Magistrat, dem besoldete Fachstadträte, ein Bürgermeister und der Oberbürgermeister als primus inter pares (ohne Weisungsbefugnis) angehörten. Berlin wurde in 20 Verwaltungsbezirke mit jeweils eigener demokratisch gewählter Bezirksversammlung und einer Bezirksregierung (das Bezirksamt aus Bezirksstadträten und -bürgermeister) eingeteilt. Manche Aufgaben wurden zentralisiert, andere „bürgernah" verteilt. Eigene Kompetenzen erhielten die Bezirke vor allem im Schulwesen.

Kurioserweise entsprach der erste langjährige Oberbürgermeister des neuen Groß-Berlin so gar nicht dem Schreckensbild der konservativen Groß-Berlin-Gegner. Nach dem Rücktritt des Amtsinhabers Adolf Wermuth fand sich die SPD-Fraktion in der Stadtverordnetenversammlung vor die Wahl gestellt zwischen einem Kandidaten von USPD/KPD und einem Mann der Mitte. Sie entschied sich im Januar **1921** für den Demokraten Gustav Böß, der Berlin bis 1929 regieren sollte.

WIRTSCHAFTSNOT UND KULTURELLE BLÜTE

Was nach dem Krieg als schleichende Teuerung eingesetzt hatte, entwickelte sich bald zur galoppierenden Inflation. Durch die Inflationskonjunktur sank die Arbeitslosenzahl **1922** zwar beträchtlich, doch die Preissteigerungen fraßen die kargen Löhne wieder auf. Breite Bevölkerungsschichten lebten in Armut; Unterernährung war Untersuchungen an Schulkindern zufolge keine Ausnahme. Die Besetzung des Ruhrgebiets durch Franzosen und Belgier und der passive Widerstand der Reichsregierung als Antwort darauf setzten eine Hyperinflation in Gang, die auch permanente Lohn- und Gehaltserhöhungen nicht mehr ausgleichen konnten. Breite Bevölkerungsschichten verarmten – nur wer Sachwerte wie Immobilien besaß, war vor der alles vernichtenden Geldentwertung gefeit.

Im Juli **1923** kam es zu schweren Versorgungsengpässen; die Berliner fuhren aufs Land, um sich mit Essbarem zu versehen, in den Markthallen bildeten sich Schlangen „wie im Krieg". Geschäfte begannen aus Angst vor Plünderungen früh zu schließen, Arbeiter streikten, die Reichsregierung Cuno trat zurück. Am 21. September kamen die ersten Milliardennoten in Umlauf, Überdrucke der

Tausendmarkscheine vom Jahr zuvor. Die Wirtschaft stockte, die Arbeitslosigkeit verdreifachte sich in zwei Monaten, die Kriminalität stieg, eine „Wucherpolizei" begann die Preise, die jeden Morgen neu festgesetzt wurden, zu kontrollieren. Der Polizeibericht notierte: „Berlin verroht". Die Schattenwirtschaft blühte – und damit auch die „Lasterhöhlen". Anfang September erging ein Verbot für „Nackttänze, andere Nacktdarstellungen, Damen-, Box- und Ringkämpfe, sofern bei ihnen nicht ein künstlerisches, sportliches oder artistisches Interesse überwiegt".

Als am 14. Oktober die Brotmarken abgeschafft wurden und die Brotpreise in astronomische Höhen schnellten, wurden die ersten Bäckereien geplündert. Bald standen viele von ihnen unter Polizeischutz. Die AEG begann einen Teil des Lohns in Brot auszuzahlen, das im Werk selbst gebacken wurde. Schließlich bekam die Regierung das Problem dadurch in den Griff, dass sie die Mehlvorräte beschlagnahmte. Im November 1923, als in München Hitler und Ludendorff erfolglos putschten, erreichte die Inflation ihren Höhepunkt. Am 15. November kostete ein Pfund Brot 80 Milliarden Mark, ein Dollar 4,2 Billionen Mark. Die Einführung der Rentenmark (gleich eine Billion Papiermark) am 15. November bedeutete das Ende der Inflation, nach wenigen Wochen hatte sich die Lage wieder stabilisiert. Um die neue Währung nicht zu gefährden, mussten die öffentlichen Haushalte jedoch eisern sparen. Die Stadt Berlin entließ fast ein Viertel ihrer Angestellten, Arbeiter und Beamten. Trotz des Wirtschaftswachstums der kommenden Jahre hielt sich als Spätfolge der Inflation eine konstant hohe Arbeitslosigkeit.

Die harten Friedensbedingungen aus dem Vertrag von Versailles, zu denen große Gebietsverluste, die Aufgabe aller Kolonien, umfassende Reparationszahlungen und weitgehende Zugeständnisse im Zoll- und Handelsverkehr zählten, führten die junge Republik nicht nur in die wirtschaftliche Krise. Sie boten auch der antirepublikanischen Rechten ein gefundenes Fressen: Denn nicht die führenden Kräfte der Kaiserzeit oder die Militärs hatten den Krieg verloren gegeben und den „Diktatfrieden" akzeptiert, sondern die demokratischen Parteien, vorneweg die SPD. Schon bald glaubten viele Deutsche der „Dolchstoßlegende": „Hätten wir nur weiter gekämpft, wir hätten den Krieg noch gewonnen, aber die Linken ließen uns ja nicht!" Die Sozialdemokraten galten bald wieder als „Vaterlandsverräter", der Zentrumspolitiker Matthias Erzberger, der die aussichtslosen Friedensverhandlungen geführt hatte, wurde als „Erfüllungsgehilfe der Siegermächte" **1921** von zwei ehemaligen Offizieren ermordet. Am 24. Juni **1922** erschossen zwei rechtsradikale und antisemitische Offiziere den Außenminister und vormaligen AEG-Chef Walther Rathenau nahe seinem Haus in der Grunewalder Koenigsallee/Ecke Erdener Straße.

Schon bei der Reichstagswahl im Juni **1920** verloren die „Weimarer Parteien" SPD, Zentrum und DDP die Mehrheit. Angesichts der politischen Instabilität der „Weimarer Republik" mit ihren häufigen Regierungswechseln muss man staunen, wie es der deutschen Politik überhaupt gelang, die zahlreichen schweren außen-, innen- und wirtschaftspolitischen Probleme über so viele Jahre hinweg zu meistern. Die Folge der permanenten Krise war jedoch das Erstarken der politischen Extreme; die Mitte verlor an Wählern.

Auf die überstandene Inflation folgten Jahre des Aufschwungs. Endlich war wieder Baukapital verfügbar, und nun vollzog sich der Durchbruch des „Neuen Bauens": mit Erich Mendelsohns Columbushaus am Potsdamer Platz und Peter Behrens' Bürohäusern am Alexanderplatz, Hans Poelzigs Rundfunkhaus, dem ersten seines Bautyps in der Welt, und Hugo Hertleins Siemens-Bauten. Vor allem aber schufen Großsiedlungen dringend benötigten Wohnraum. Unter Federführung des Stadtbaurats Martin Wagner und nach Planungen von Architekten wie Bruno Taut, Hans Scharoun, Walter Gropius, Otto Rudolf Salvisberg und Hugo Häring entstanden ab 1925 die Britzer Hufeisensiedlung, Onkel Toms Hütte in Zehlendorf, die Ringsiedlung Siemensstadt, die Weiße Stadt in Reinickendorf und zahlreiche kleinere Wohnanlagen wie Deutschlands erste Plattenbausiedlung, die Herbert-Splanemann-Siedlung in Friedrichsfelde (1926/27). Dennoch zählte man 1933 noch über 40 000 Wohnungen in Baracken und Laubenkolonien.

1928 erreichte Verkehrsstadtrat Ernst Reuter den Zusammenschluss aller Berliner Straßenbahn-, Bus- und U-Bahn-Gesellschaften zu einem System mit einheitlicher Planung und einheitlichem Tarifsystem. Die Berliner Verkehrs-Aktiengesellschaft (BVG) rühmte sich als größtes kommunales Unternehmen der Welt. Das U-

Bahn-Netz wuchs bis 1930 um mehr als das Doppelte auf 76 Kilometer. Für spürbare Verbesserung der „Berliner Luft" sorgte die Umstellung der innerstädtischen Bahnlinien auf elektrischen Antrieb ab 1924.

Auf dem Tempelhofer Feld eröffnete **1923** der neue Zentralflugplatz, drei Jahre später entstand in Berlin die Deutsche Lufthansa als Fusion von Aero-Lloyd und den Junkers-Werken. Seit **1929** verband der Eisenbahn-Triebwagen namens „Fliegender Holländer" Berlin und Hamburg in zwei Stunden und 20 Minuten.

1923 ging in Berlin der deutsche Rundfunk auf Sendung. Zwei Jahre später fand die erste Funkausstellung statt, **1926** wurde der Funkturm eingeweiht, und **1929** begannen hier die ersten Fernsehversuchssendungen der Welt. Die deutsche Hauptstadt entwickelte sich auch zum Zentrum der Filmindustrie: Die in Berlin ansässige Universum Film-AG (Ufa) bildete mit ihren Ateliers in Potsdam-Neubabelsberg und in der Tempelhofer Oberlandstraße das größte Filmunternehmen außerhalb Hollywoods.

Berlin wurde in den 20er Jahren zum unumstrittenen kulturellen Mittelpunkt Deutschlands, zum Anziehungspunkt für Schriftsteller und Journalisten, Musiker und bildende Künstler, Theaterleute und Filmemacher. Das Berliner Kunstleben war laut, experimentell und provozierend. Und vor allem politisch. Im Zentrum der breiten Aufmerksamkeit stand – und das ist selten – die junge Avantgarde.

Das „literarische Berlin" traf sich nun in den Caféhäusern des „Neuen Westens", große Schriftsteller wie Heinrich Mann und Robert Musil, Kästner und Ringelnatz, aber auch politische Journalisten wie Siegfried Jacobsohn, Kurt Tucholsky und Carl von Ossietzky, die nacheinander die berühmte „Weltbühne" leiteten. Ein eigenes Kulturnetz knüpften die russischen Emigranten, für die „Charlottengrad" zum wichtigsten Zufluchtsort nach der Revolution von 1917 wurde.

George Grosz und Otto Dix, Max Beckmann und Karl Hofer, Heinrich Zille und Käthe Kollwitz dokumentierten die Zeit in ihren Bildern. Schreker und Schönberg, Hindemith und Weill, Furtwängler und Bruno Walter, Erich Kleiber und Otto Klemperer machten Berlin zum Zentrum der musikalischen Avantgarde, und für die Theaterszene stehen Namen wie Jessner und Fehling, Hilpert und Piscator, Reinhardt und Brecht. In Berlin residierten die großen Buchverlage wie Rowohlt, S. Fischer und Ullstein; und 1930 hatten die Berliner die Auswahl zwischen 149 verschiedenen Tageszeitungen. Selbst im Fußball setzte Berlin kurzzeitig Maßstäbe: 1930 und 1931 wurde Hertha BSC Deutscher Meister.

DIE LETZTEN JAHRE DER REPUBLIK

Der Aufschwung war von kurzer Dauer. **1929** begann die große Krise, die durch den Crash an der Wall Street am 25. Oktober („Schwarzer Freitag") nur verstärkt wurde. Das Reich, die Länder und die Kommunen hatten innerhalb weniger Jahre so viele Schulden angehäuft, dass man sich teilweise nur noch durch Sofortkredite zu helfen wusste und alle Ausgaben radikal kürzte. Was die Krise noch verstärkte: Berlin, das mittlerweile 4,3 Millionen Einwohner zählte, war so überschuldet, dass man sich nur mit dem Verkauf der BEWAG über die Runden zu helfen wusste. Die Arbeitslosenzahlen stiegen steil in die Höhe – im Februar 1932 war rund ein Drittel aller Berliner Erwerbsfähigen arbeitslos, die Unruhen auf den Straßen nahmen zu.

Viel Glaubwürdigkeit verspielten die Berliner Behörden im so genannten Sklarek-Skandal, der Oberbürgermeister Böß 1929 zum Rücktritt zwang und der antisemitischen Propaganda Nahrung lieferte. Die drei jüdischen Brüder Sklarek, die der Stadt sämtliche Dienstkleidung geliefert hatten, hatten die Bezirksämter und die Stadt Berlin um die stattliche Summe von zwei Millionen Mark betrogen.

1929 zogen erstmals die Nationalsozialisten ins Stadtparlament ein, allerdings nur mit 5,8 Prozent der Stimmen, während die Kommunisten auf 24,6 Prozent kamen. Stärkste Kraft blieb mit 28,4 Prozent die SPD. Fraktionsvorsitzender der KPD war Wilhelm Pieck, sein Nazi-Gegenpart wurde Joseph Goebbels, der seit 1926 die NSDAP im „Gau" Berlin führte und die Parteikampftruppe SA in Saal- und Straßenschlachten gegen die Kommunisten hetzte. Interessanterweise fanden die oft blutigen Auseinandersetzungen der beiden radikalen Kräfte in den „roten" Arbeitervierteln statt, ihre

Wahlerfolge erzielte die NSDAP aber ganz überwiegend in den bürgerlichen Bezirken.

Zum Märtyrer der NS-Bewegung stilisierte Goebbels den Pfarrerssohn und SA-Sturmführer Horst Wessel. Als Wessel mit seiner Verlobten in Friedrichshain zusammenzog und sich weigerte, deshalb die doppelte Miete zu zahlen, rief seine Vermieterin ihr bekannte Kommunisten, die Wessel einschüchtern sollten. Der herbeigerufene Zuhälter und Rotfrontkämpfer Ali Höhler schoss Wessel in den Mund, worauf nach qualvollem Leiden im Februar 1930 starb. Das von Wessel geschriebene Lied „Die Fahne hoch" wurde zur NS-Hymne, er selbst zur Lichtgestalt verklärt.

Bei den Reichstagswahlen im September **1930** errangen die Nationalsozialisten 107 statt bislang 12 Sitze. Und während Reichskanzler Heinrich Brüning nur noch mittels Notverordnungen, gestützt durch den Reichspräsidenten, regierte, wurden Pöbeleien, Störungen und Schlachten von Nazis und Kommunisten gegen ihre Gegner und die Polizei alltäglich. Am 9. August **1931** kam es sogar zu einem Mordanschlag von Kommunisten auf zwei Polizisten auf dem Bülowplatz (heute Rosa-Luxemburg-Platz), für den der spätere Chef der DDR-Staatssicherheit Erich Mielke 1993 zu sechs Jahren Haft verurteilt wurde. Vor den Landtagswahlen im Frühjahr **1932** entwickelte die SA solch einen Terror, dass die preußische Regierung bei der Reichsregierung die Auflösung von SA und SS und ein generelles Demonstrationsverbot durchsetzte. Franz von Papen, seit Juni neuer Reichskanzler, gewann die Unterstützung Hitlers dadurch, dass er Nazi-Kampftruppen wieder zuließ. Ihren neuerlichen Terror nahm er dann zum Anlass, über Berlin und Brandenburg den Ausnahmezustand zu verhängen, die preußische Regierung unter dem SPD-Ministerpräsidenten Otto Braun staatsstreichartig ab- und sich selbst als Reichskommissar für Preußen einzusetzen. Bei der Reichstagswahl im Juli 1932 erhielten NSDAP und KPD zusammen eine Mehrheit. Die Nazis kamen auf 37,4 (in Berlin 28,6) Prozent, die Kommunisten auf 14,6 (in Berlin 27,3) Prozent. Die Demokraten waren zur Minderheit geworden, im Reich wie in Berlin.

1933–45
Berlin unter den Nationalsozialisten

MACHTÜBERNAHME UND GLEICHSCHALTUNG

Am 30. Januar **1933** ernannte Reichspräsident von Hindenburg Adolf Hitler, den Führer der NSDAP, zum Reichskanzler. Am selben Abend zogen SA-Kolonnen mit brennenden Fackeln durchs Brandenburger Tor zur Reichskanzlei. „Es ist fast wie ein Traum. Die Wilhemstraße gehört uns. Der Führer arbeitet bereits in der Reichskanzlei. Wir stehen oben am Fenster, und Hunderttausende und Hunderttausende von Menschen ziehen im lodernden Schein der Fackeln am greisen Reichspräsidenten und jungen Kanzler vorbei und rufen ihnen ihre Dankbarkeit und ihren Jubel zu." So der Organisator, NS-Chefpropagandist Joseph Goebbels, in seinem Tagebuch. Für dieses eindrucksvolle Symbol der „Machtergreifung" war eigens die Bannmeile um das Regierungsviertel aufgehoben und jegliche Gegendemonstration verboten worden.

Konsequent und rücksichtslos verfolgten die Nazis in den kommenden Wochen und Monaten die Ausschaltung der politischen Gegner, die „Gleichschaltung" des Staatsapparats und die Umwandlung der Weimarer Republik in eine brutale Diktatur.

Welche Entwicklung der 30. Januar 1933 auslösen sollte, ahnten allerdings nur wenige Zeitgenossen. Die Reichsregierungen kamen und gingen seit Jahren, ohne dass sich viel änderte. Bei den Reichstagswahlen im November hatten die Nazis gegenüber der Wahl im Juli Stimmanteile verloren, ihr Zenit schien überschritten. Nur drei Nationalsozialisten gehörten dem Kabinett Hitler an, als starker Mann galt der Pressemagnat und Parteiführer der Deutschnationalen, Alfred Hugenberg, auf dem Posten des Wirtschaftsministers. Und die kommissarische Regierungsgewalt über Preußen lag beim Koalitionspartner Franz von Papen. Doch was viele übersahen: Die beiden NS-Minister saßen an den Schalthebeln der inneren Sicherheit. Wilhelm Frick war Reichsinnenminister, Hermann

Göring kontrollierte als preußischer Innenminister den gesamten Polizeiapparat in Preußen. Die entscheidenden Machtpositionen besetzte er sofort mit NS-Parteigenossen, und am 17. Februar 1933 erließ er folgenden Runderlass: „Polizeibeamte, die (...) von der Schusswaffe Gebrauch machen, werden ohne Rücksicht auf die Folgen (...) von mir gedeckt; wer hingegen in falscher Rücksichtnahme versagt, hat dienststrafrechtliche Folgen zu gewärtigen." Der Brutalität wurden Tür und Tor geöffnet.

Die Gewalt gegen Andersdenkende ging in den folgenden Wochen und Monaten vor allem von den NS-Hilfstruppen der SA und der SS aus, deren Trupps und „Stürme" nun auf ihre Gegner im persönlichen Umkreis losgingen: Kommunisten und Sozialdemokraten, Gewerkschaftler und linke Intellektuelle wurden überfallen und zusammengeschlagen oder in SA-Lokale und Kasernen gebracht, die zu Folterstätten umfunktioniert worden waren. Einer der schlimmsten Gewaltexzesse spielte sich im Juni 1933 bei der „Köpenicker Blutwoche" ab, während der mindestens 22, vermutlich aber wesentlich mehr Kommunisten und Sozialdemokraten misshandelt und getötet wurden. Die Leichen fand man später, in Säcke genäht und mit Steinen beschwert, in der Dahme. Es gab zwar zahlreiche Strafverfahren gegen SA-Männer, aber verurteilt wurden nur sehr wenige.

Am Abend des 27. Februar stand der Reichstag in Flammen. Aufgeklärt wurden die Hintergründe nie, aber man kann von einem Auftragswerk der NS-Führung ausgehen. Hitler und Göring, der auch Reichstagspräsident war, schoben den Brand sofort den Kommunisten in die Schuhe, in deren Zentrale man zuvor angeblich Umsturzpläne entdeckt hatte. Noch in der Nacht wurden rund 5000 KPD-Fuktionäre im ganzen Reich verhaftet (in Berlin etwa 1500) und in Konzentrationslager gebracht – die Aktion war von langer Hand geplant. Einen Tag später setzte die „Verordnung zum Schutz von Volk und Staat" wichtige Grundrechte außer Kraft. Wohin die Reise gehen sollte, erklärte Göring, immerhin preußischer Innenminister, in einer Rede ganz öffentlich: „Hier habe ich keine Gerechtigkeit zu üben, sondern hier habe ich nur zu vernichten und auszurotten, weiter nichts."

Die Reichstagswahl vom 5. März 1933 brachte der Regierungskoalition eine Mehrheit von 51,9 Prozent. Die Nationalsozialisten allein erhielten allerdings nur 43,9 Prozent im Reich, in Berlin gar nur 34,6 Prozent der Stimmen. Die demokratischen Parteien konnten die Zahl ihrer Wählerstimmen behaupten, obwohl KPD und SPD gar keinen, die bürgerlichen Parteien nur einen eingeschränkten Wahlkampf hatten betreiben können.

Drei Tage nach dem psychologisch so wichtigen „Tag von Potsdam", als sich in einer Feierstunde in der Garnisonkirche mit dem Segen der evangelischen Kirche „Preußen" und der „Nationalsozialismus", personifiziert durch Hindenburg und Hitler, verbanden, schaltete sich der Reichstag durch das „Ermächtigungsgesetz" selbst aus. Gegen die Stimmen der Sozialdemokraten und in Abwesenheit der verhafteten oder untergetauchten kommunistischen Abgeorndeten beschloss der Reichstag am 24. März in seinem provisorischen Sitzungssaal, der Kroll-Oper schräg gegenüber dem ausgebrannten Reichstag, das „Gesetz zur Behebung der Not von Volk und Reich". Die Reichsregierung konnte fortan Gesetze erlassen, ohne das Parlament einzuschalten. Zunächst wurden die Länder mit der Reichsregierung „gleichgeschaltet", indem u. a. die Landesparlamente gemäß der Sitzverteilung im Reichstag neu bestimmt wurden; dann schloss das „Gesetz zur Wiederherstellung des Berufsbeamtentums" alle „Nichtarier" und NS-Gegner aus dem Staatsapparat aus, am 2. Mai wurden die Gewerkschaften verboten und die „Deutsche Arbeitsfront" (DAF) gebildet. Im Juni und Juli wurden die bestehenden Parteien zur Selbstauflösung gedrängt oder – im Falle der SPD – verboten. Die NSDAP wurde per Gesetz zur einzigen Partei in Deutschland. Ihre Einheitsliste erhielt dann auch bei den Reichstagswahlen vom 12. November 1933 92 Prozent aller Stimmen. Im Juni **1934** ließ Hitler als Gegenschlag zum angeblich bevorstehenden „Röhm-Putsch" der SA zahlreiche parteiinterne Widersacher ermorden, und als er nach dem Tode Hindenburgs am 2. August 1934 auch die Nachfolge als Staatsoberhaupt und Oberbefehlshaber der Wehrmacht antrat, war die Umwandlung Deutschlands in einen totalitären Staat abgeschlossen.

Im Berliner Stadtparlament verfehlte die NSDAP bei der Wahl am 12. März 1933 mit 38,3 Prozent der Stimmen klar die Mehrheit. Doch das störte nicht weiter: Die Mandate von KPD und SPD

Hitlers Wagenkolonne auf dem Pariser Platz, 15. September 1933

Parade vor der Reichskanzlei in der Wilhelmstraße, 10. Januar 1936

wurden einfach gestrichen. Dem Berliner Oberbürgermeister Heinrich Sahm, den seine enge Beziehung zum Reichspräsidenten Hindenburg schützte, setzten die Nazis einen Staatskommissar vor die Nase, Julius Lippert, der sofort in der Berliner Beamtenschaft „aufzuräumen" begann: Alle Stadträte und die meisten Bezirksbürgermeister und -stadträte wurden abgesetzt und durch linientreue Männer ersetzt. Auch das Schulwesen wurde auf Parteilinie gebracht, die jüdischen Lehrer wurden entlassen. Nach Sahms Rücktritt 1935 wurde Lippert Oberbürgermeister und 1937 auch Stadtpräsident, **1940** löste ihn Goebbels im Amt des Stadtpräsidenten ab.

DIE VERFOLGUNG VON JUDEN UND ANDERSDENKENDEN

Die planmäßige Entrechtung, Verfolgung und schließlich Ermordung der deutschen Juden begann mit dem „Boykott" jüdischer Geschäfte im Reich am 1. April **1933**. Auch an den Praxen jüdischer Ärzte und den Kanzleien jüdischer Rechtsanwälte hingen Schilder mit der Aufschrift „Achtung Juden, Besuch verboten". Es folgten Berufsverbote und die „Arisierung" jüdischer Firmen, Banken und Geschäfte, indem man die Besitzer zum Verkauf weit unter Wert zwang. Endgültig Bürger zweiter Klasse wurden die Juden mit den „Nürnberger Gesetzen" vom September **1935**, die unter anderem die Ehe zwischen Juden und Nichtjuden verbot und von jedem Bewerber auf eine öffentliche Stelle einen „Ariernachweis" verlangte. Nach und nach wurden den Juden immer mehr Rechte verweigert. Bis **1939** emigrierte ein Drittel aller Juden aus Deutschland – und das waren längst nicht so viele, wie die NS-Propaganda suggerierte. 1933 waren 500 000 Deutsche jüdischen Glaubens, ganze 0,77 Prozent der Gesamtbevölkerung. Knapp ein Drittel von ihnen, 160 000, lebte in Berlin, wo die Juden 3,8 Prozent der Bevölkerung ausmachten. Rund 50 000 von ihnen gehörten zu den so genannten „Ostjuden", die in den Jahren seit dem Ersten Weltkrieg aus Osteuropa eingewandert waren und meist in ärmlichen Verhältnissen im „Scheunenviertel" um Grenadier- und Dragonerstraße (heute Almstadt- und Max-Beer-Straße), Hirtenstraße und Schendelgasse lebten.

Die Ausgrenzung der Juden aus dem Wirtschaftsleben kulminierte in der „Reichskristallnacht" vom 9. auf den 10. November **1938**, als in Berlin, wie in ganz Deutschland, jüdische Ladengeschäfte und Institutionen zerstört wurden. Neun der zwölf Berliner Synagogen wurden in Brand gesteckt, 1200 jüdische Berliner wurden ins Konzentrationslager Oranienburg (-Sachsenhausen) verschleppt. Kurz darauf wurde das gesamte Eigentum der deutschen Juden beschlagnahmt. Auch die Berliner Sinti und Roma wurden **1936** aus der Stadt vertrieben, die meisten von ihnen kamen für die nächsten Jahre ins so genannte „Zigeunerlager" Marzahn.

Am 10. Mai 1933 verbrannten nationalsozialistische Studenten auf dem Opernplatz (heute Bebelplatz) vor der Universität Bücher „undeutschen Geistes", die aus öffentlichen Bibliotheken zusammengesammelt worden waren: Werke von Kästner, Tucholsky, der Gebrüder Mann, Brecht und vielen anderen. Hauptredner der Aktion war Joseph Goebbels, der seit März 1933 als „Reichsminister für Volksaufklärung und Propaganda" amtierte. Er kontrollierte sehr effektiv – durch Drohungen, selten durch Verbote – Presse und Rundfunk und leitete die neu geschaffene „Reichskulturkammer", in der alle „Kunst- und Geistesschaffenden" zusammengefasst wurden. Auch die Akademie der Künste war nun „gleichgeschaltet", zahlreiche Mitglieder wurden ausgeschlossen oder traten selbst aus, so Heinrich und Thomas Mann, Leonhard Frank, Käthe Kollwitz, Jakob Wassermann, Franz Werfel, Oskar Kokoschka, Erich Mendelsohn, Max Pechstein, Bruno Taut, Ernst Barlach, Otto Dix, Ernst Ludwig Kirchner, Karl Schmidt-Rottluff und Arnold Schönberg. Es kam zu einem beispiellosen Exodus von Künstlern, Schriftstellern, Theaterleuten und Wissenschaftlern, teils aus politischen Gründen, überwiegend aber, weil sie als Juden um ihr Leben fürchten mussten: Max Reinhardt, Leopold Jessner, Fritz Kortner, Elisabeth Bergner, Curt Bois, Richard Tauber, Otto Klemperer, Bruno Walter, Alfred Kerr, Fritz Lang und Albert Einstein. Viele emigrierten zunächst ins europäische Ausland, später weiter nach Amerika, Großbritannien, Lateinamerika, China oder in die Sowjetunion.

Nur wenige erstrangige Künstler, die dem System gegenüber kritisch eingestellt waren, blieben in Berlin, darunter der Dirigent Wilhelm Furtwängler sowie die Theaterschauspieler und -intendanten Gustaf Gründgens und Heinrich George. Die Plätze der Emigrierten nahmen meist so genannte Mitläufer ein, die um der Karriere willen bereitwillig Parteigenossen wurden.

Die planmäßige Ausschaltung der politischen Gegner übernahm die „Geheime Staatspolizei" (Gestapo), die seit **1934** vom SS-Chef Heinrich Himmler und seinem Stellvertreter und Chef des Sicherheitsdienstes (SD) Reinhard Heydrich planmäßig ausgebaut wurde. Das „Gestapo"-Amt, seit 1939 „Reichssicherheitshauptamt", in der Prinz-Albrecht-Straße (heute Niederkirchnerstraße, Stiftung „Topographie des Terrors") wurde zur Zentrale des NS-Polizeistaats.

Doch Berlin war auch das wichtigste Zentrum des deutschen Widerstands. Die ersten Gruppen, die gegen die NS-Herrschaft arbeiteten, kamen aus den Reihen der Kommunisten, der Sozialdemokraten und der Gewerkschaften. Und obwohl viele Widerständler bald entdeckt oder zum Stillhalten gezwungen wurden, bildeten junge Regimegegner immer wieder neue Gruppen wie die „Rote Kapelle" um Arvid Harnack und Harro Schulze-Boysen, die die Gestapo im August 1942 zerschlug, oder die jüdisch-kommunistische Gruppe um Herbert Baum. Gegen den parteitreuen Kurs der evangelischen „Deutschen Christen" wandte sich die „Bekennende Kirche", deren eines Zentrum die Dahlemer Gemeinde bildete. Ihr führender Kopf, Pastor Martin Niemöller, wurde 1937 verhaftet und erst 1945 aus dem KZ Dachau befreit. Der evangelische Pastor Dietrich Bonhoeffer und der katholische Dompropst Bernhard Lichtenberg bezahlten ihren Widerstand mit dem Leben.

Erst spät begann auch in nationalkonservativen und in Militärkreisen, die Hitler durch einen „heiligen" Eid an sich gebunden hatte, der Widerstand. Ein Beispiel für die Zusammenarbeit über alle weltanschaulichen und politischen Differenzen hinweg ist der „Kreisauer Kreis", dessen Angehörige sich 1940–44 auf dem Gut der Moltkes, Kreisau in Schlesien, oder bei Peter Graf Yorck von Wartenburg in der Hortensienstraße in Lichterfelde trafen, um Grundsätze für ein „Deutschland nach Hitler" zu erarbeiten. Zu ihnen gehörten Juristen wie Helmuth James Graf Moltke ebenso wie die SPD-Politiker Julius Leber und Carlo Mierendorff.

Seit Anfang **1943** arbeiteten Widerständler in der Wehrmacht auf die Ausschaltung Hitlers hin. Nach vielen vergeblichen Anläufen kam es schließlich am 20. Juli **1944** im ostpreußischen Führer-Hauptquartier zum missglückten Bombenattentat des Obersten Claus Schenk Graf von Stauffenberg auf Hitler. Hitler nahm furchtbare Rache: Rund 200 Menschen wurden im Zusammenhang mit dem Attentat vom 20. Juli hingerichtet. Stauffenberg und einige Mitverschwörer wurden im Hof des Bendlerblocks, wo sich in den Räumen des Allgemeinen Heeresamtes und des Befehlshabers des Ersatzheeres die Zentrale des Umsturzversuchs befand, erschossen. In den historischen Räumen an der jetzigen Stauffenbergstraße befindet sich heute die Gedenkstätte Deutscher Widerstand. Die „Verhandlungen" gegen weitere Verschwörer führte der Volksgerichtshof unter seinem Vorsitzenden Roland Freisler im Kammergericht am Kleistpark, die meisten Urteile wurden in der Hinrichtungsstätte Plötzensee vollstreckt.

Beim Kampf gegen die Arbeitslosigkeit erwiesen sich die Nazis als sehr erfolgreich. Was ihre Propaganda allerdings verschwieg, war die Erholung der Weltwirtschaft, die sich schon vor 1933 abgezeichnet hatte und deren Effekt ihnen nun wie eine reife Frucht in den Schoss fiel. Zudem standen die Arbeitsbeschaffungsprogramme im Bauwesen und in der Wiederaufrüstung finanziell auf tönernen Füßen, deren Zusammenbrechen nur der Zweite Weltkrieg verhinderte. Für Berlin bedeutete die NS-Wirtschaftspolitik das Ende vieler Kleinbetriebe in der Innenstadt, während die großen Werke in den Außenbezirken expandierten oder Teile ihrer Fertigung an andere Standorte in Deutschland verlagerten. Bis zu 10 000 Berliner fanden zeitweise Arbeit beim Bau des Berliner Autobahnrings, in den Autobahnen aus sechs Richtungen einmünden.

Zu einem enormen propagandistischen Erfolg im In- und Ausland wurden die Olympischen Spiele **1936**, die bereits 1930 nach Berlin vergeben worden waren – nach 1933 blieb das Internationale Olympische Komitee (IOC) gegen heftige Proteste in aller Welt bei seiner Entscheidung. Während der zwei olympischen Wochen herrschte in Berlin eine friedliche, internationale Stimmung, die via

Rundfunk und Fernsehen in alle Welt verbreitet wurde. Erstmals berichtete das Fernsehen in größerem Umfang, in 28 öffentlichen Fernsehstuben konnten die Berliner die ersten Live-Übertragungen der Welt verfolgen. 17 Goldmedaillen gingen an Berliner Sportler – die gesamte amerikanische Mannschaft brachte es nur auf 35.

Kaum waren die ausländischen Besucher abgereist, ging der Staatsterror unvermindert weiter. 1937 fand das erste Internationale Stadionfest (ISTAF) statt, 1938 richtete Berlin die erste Handball-Weltmeisterschaft aus.

Zu den Olympischen Spielen entstanden das Olympiastadion, die Anlagen des Reichssportfeldes und die heutige Waldbühne, zum 50. Geburtstag des „Führers" 1939 folgte die repräsentative Anlage der großen Ost-West-Achse vom Brandenburger Tor bis zum Olympiastadion, die Siegessäule wurde vom angestammten Platz vor dem Reichstag auf den Großen Stern umgesetzt.

Über die ganze Stadt verteilt entstanden große Bürobauten im neoklassizistischen Stil, so am Fehrbelliner Platz und am Kleistpark (im heutigen BVG-Gebäude wurden die Reichsautobahnen geplant), außerdem an der Wilhelmstraße das Luftfahrtministerium (heute Bundesfinanzministerium), die Deutschlandhalle auf dem Messegelände und der Zentralflughafen Tempelhof, noch heute der größte Gebäudekomplex Europas (1935–39). Gemeinsam mit seinem „Generalbauinspektor" Albert Speer, von dem auch die (kriegszerstörte) Neue Reichskanzlei stammte, entwarf Hitler Pläne für eine repräsentative „Welthauptstadt Germania", der große Teile Berlins zum Opfer gefallen wären. Eine von riesenhaften Büro- und Kulturbauten gesäumte, 150 Meter breite Nord-Süd-Achse sollte im Spreebogen an der „Großen Halle" enden, die als größtes Bauwerk der Welt den benachbarten Reichstag zum Spielzeug degradiert hätte. 180 000 Menschen sollten unter der 320 Meter hoch aufragenden Kuppel Platz finden – die Ingenieure hatten schon ausgetüftelt, wie man die Wolkenbildung im oberen Teil der Kuppel verhindern könnte! Die Abrissarbeiten im Spreebogen (Alsenviertel) und im Viertel um die Matthäuskirche begannen 1938, ab 1942 setzten die alliierten Bomben die Zerstörungen fort.

Eine Hinterlassenschaft der Speer'schen Hauptstadtplanung ist das Botschaftsviertel am Südrand des Tiergartens, und auch der Stadtring der Autobahn geht auf Pläne Speers zurück. Das einzige realisierte städtische Verkehrsprojekt ist der Nord-Süd-Tunnel der S-Bahn zwischen Anhalter Bahnhof und Stettiner Bahnhof, der 1939 fertig gestellt wurde.

Dagegen verharrte der Wohnungsbau, verglichen mit den 20er Jahren, auf niedrigem Niveau, sodass die Wohnungsnot in Berlin groß blieb.

BERLIN IM ZWEITEN WELTKRIEG

Als Hitler am 1. September **1939** vor den Reichstagsabgeordneten in der Kroll-Oper den Kriegsbeginn als Vergeltungsaktion gegen Polen bekanntgab („Seit 5.45 Uhr wird zurückgeschossen ..."), fühlten die allermeisten Berliner vor den Radios oder öffentlichen Lautsprechern wenig Begeisterung. Zu frisch war vielen die Erinnerung an den Ersten Weltkrieg.

Das Leben in der Stadt änderte sich schlagartig. Bereits am ersten Abend wurde Verdunkelung angeordnet, und sie blieb allnächtlicher Normalzustand, obwohl schnell klar war, dass Berlin zunächst nicht zum Ziel von Bombenangriffen werden würde. Lebensmittel und andere Verbrauchsgüter wurden rationiert und nur noch gegen Bezugskarten abgegeben. Obwohl es nur gelegentlich zu Versorgungsengpässen kam, lief im Frühjahr **1940** eine Kampagne an, brachliegende Landreserven in der Stadt zu bestellen. Parkanlagen wurden umgepflügt, selbst auf dem Gendarmenmarkt wurden während des Kriegs Kartoffeln angebaut. Autos durften nur noch zu dienstlichen oder gewerblichen Zwecken benutzt werden; zahlreiche Autobuslinien wurden, um Benzin zu sparen, eingestellt. Und auf Alkohol und Zigaretten wurde ein 20-prozentiger Zuschlag erhoben. In den Fabriken herrschte Arbeitermangel, deshalb wurden die Frauen, entgegen den NS-Idealen, von Heim und Herd weg in die Produktion geholt. Die Hitlerjugend brachte Tausende Schüler zum Landdienst, 1940 wurde für Schulabgänger ein Jahr „Landarbeitslehre" eingeführt. Ständig wurden Spenden gesammelt, in Geld und in Metallen. Der „Führer" ging mit gutem Beispiel voran und ließ die Bronzetore der Neuen Reichskanzlei durch Holztore ersetzen.

Um den Arbeitskräftemangel zu beheben, wurden Arbeiter aus dem besetzten Ausland angeworben, später dann zwangsverpflichtet. Vor allem „Ostarbeiter" aus Polen und Russland wurden in Barackenlagern untergebracht.

Seit dem 30. April **1939** mussten die jüdischen Berliner ihre Wohnungen verlassen und wurden in so genannten „Judenwohnungen" oder „Judenhäusern" ghettoisiert. Ihr Leben wurde immer stärker reglementiert: Sie mussten ihre Radiogeräte abliefern, durften keine privaten Telefone mehr besitzen, mussten seit Ende 1941 den „Judenstern" tragen und wurden durch zahlreiche Erlasse weiter ausgegrenzt. Am 31. Juli **1941** beauftragte Göring Heydrich, den Leiter des Reichssicherheitshauptamtes, mit der „Endlösung der Judenfrage", und seit dem 18. Oktober 1941 wurden Juden aus Berlin „evakuiert". Sie wurden aus ihren Wohnungen in Sammellager gebracht, wo sich Mitglieder der jüdischen Gemeinde um sie kümmerten, und dann von den Güterbahnhöfen Grunewald und Putlitzstraße aus in die Arbeits- und Vernichtungslager im Osten oder ins „Altersghetto" Theresienstadt transportiert. Erst drei Monate später, am 20. Januar **1942**, kamen auf Einladung Heydrichs 14 leitende Vertreter verschiedener Ministerien und Behörden zu einer „Besprechung mit anschließendem Frühstück" in der Villa Am Großen Wannsee 56–58 (heute Haus der Wannseekonferenz) zusammen, um über die organisatorische Durchführung der Deportation und Ermordung der Juden Europas zu beraten.

Die in kriegswichtigen Betrieben beschäftigten Juden wurden ab 1943 ebenfalls abtransportiert und durch polnische Zwangsarbeiter ersetzt. Der einzige erfolgreiche größere Protest gegen die Deportation erfolgte im März **1943** vor dem Sammellager in der Rosenstraße, wo viele Hundert Frauen schließlich die Freilassung von etwa 1500 jüdischen Ehepartnern, Verlobten und Kindern erreichten.

Bis kurz vor Kriegsende gingen monatliche Transporte vor allem nach Auschwitz – mit immer weniger Passagieren. Lebten im Herbst 1941 noch 73 000 Juden in Berlin, so waren es im März

1945 nicht einmal mehr 6000. Die meisten von diesen waren durch ihre „arischen" Ehepartner geschützt. Die Zahl der jüdischen Berliner, die in Verstecken überleben konnten, schätzt man auf 1400.

Nachdem die deutsche Luftwaffe im August 1940 die Londoner Innenstadt mehrmals bombardiert hatte, forderte die öffentliche Meinung in Großbritannien Vergeltungsangriffe. Und so kam es in der Nacht zum 26. August **1940** zum ersten Luftangriff auf Berlin. Die Bomben der 81 Flugzeuge trafen vor allem Reinickendorf, Pankow und Lichtenberg. Berlin lag an der Grenze der Reichweite britischer Bomber, und doch gab es bis zum 30. September 1940 schon 515 Bombentote in Berlin. Die Jahre **1941** und **1942** verliefen vergleichsweise ruhig, im ganzen Jahr 1942 gab es in Berlin nur neunmal Fliegeralarm. Allerdings versank der Potsdamer Platz schon im September 1941 in Schutt und Asche. Nach einigen schweren Angriffen im März 1943, bei denen etwa 700 Berliner ihr Leben verloren, begann im Herbst **1943** die „Schlacht um Berlin". Nachdem die englischen und amerikanischen Bomber Hamburg in ein Ruinenfeld mit mehr als 30 000 Toten verwandelt hatten, wandten sie sich Berlin zu. Zwischen dem 18. November 1943 und Ende März 1944 wurden über 8000 Menschen getötet, 250 000 wurden obdachlos. Zahlreiche Wohnviertel und bedeutende Gebäude waren zerstört. Aber nicht einmal die Hälfte der als kriegswichtig eingestuften Industrieziele wurde schwer getroffen – die Rüstungsindustrie lief weiter auf Hochtouren.

Zwei Monate nach der Invasion in der Normandie (im Juni 1944) begannen die zahllosen Nachtangriffe der britischen Schnellbomber vom Typ „Moskito", die wenig Schaden anrichteten, aber die Nerven der Bevölkerung strapazierten. Am 6. Oktober **1944** flogen die Amerikaner ihren ersten Großangriff mit 1250 viermotorigen Fernbombern. Der nur knapp 30 Minuten dauernde Angriff richtete große Schäden vor allem in Spandau an; seit Februar **1945** wurde Berlin nahezu pausenlos von Süden und Westen her angegriffen. Das Heulen der Sirenen und die Detonation der Bomben erfüllten nun auch die Tage, die Versorgung mit Wasser, Strom und Gas brach zusammen. Große Teile von Mitte und Kreuzberg fielen in Schutt und Asche: die Altstadt, das Schloss, der Anhalter Bahnhof; im März traf es die Gebiete um den Schlesischen und den Stettiner Bahnhof.

Insgesamt fanden etwa 50 000 Menschen in Berlin durch den Luftkrieg den Tod, 28,6 Quadratkilometer wurden in ein Ruinenfeld verwandelt. Die Stadt verlor 39 Prozent ihres Wohnungsbestands, der Bezirk Mitte sogar 70 Prozent. 612 000 Wohnungen wurden völlig zerstört. Dagegen waren rund 65 Prozent aller Industrieanlagen in Berlin bei Kriegsende in betriebsfähigem Zustand.

Nach der Zerstörung Hamburgs im August 1943 leitete Goebbels als Gauleiter von Berlin eine Evakuierung obdachlos gewordener Berliner in die Wege, die nicht bei kriegswichtigen Arbeiten eingesetzt waren. Bis Anfang 1945 wurden etwa eine Million Städter, vor allem Frauen und Kinder, in die „Aufnahmegaue" Brandenburg, Ostpreußen und den Warthegau evakuiert. Bereits seit 1940 lief die so genannte Kinderlandverschickung, bei der Kinder und Jugendliche klassenweise aus den Großstädten aufs Land „verschickt" wurden; seit 1943 konnten Mütter ihre Kinder begleiten.

Nachdem Goebbels am 18. Februar **1943** im Sportpalast den „totalen Krieg" ausgerufen hatte, wurden alle Männer zwischen 16 und 65 Jahren eingezogen, die 15-jährigen Schüler wurden als Flakhelfer eingesetzt. Alle nicht kriegswichtigen Betriebe und Gaststätten wurden geschlossen. Im Laufe des Jahres **1944** wurde der Unterricht in den Schulen bis auf die „Flakhelferklassen" ganz eingestellt, seit dem 1. September 1944 blieben sämtliche Theater und Konzerthäuser geschlossen.

Als die sowjetische Front die Oder erreichte, erklärte die NS-Führung Berlin am 1. Februar **1945** zum „Verteidigungsbereich", der zur „Festung" ausgebaut werden sollte. Berlin innerhalb des S-Bahn-Rings wurde zur inneren von drei Verteidigungszonen erklärt, das Regierungsviertel als „Zitadelle" befestigt. Brücken wurden zur Sprengung vorbereitet, Zufahrtsstraßen verbarrikadiert, Schanzen aufgebaut. Das in Berlin verbliebene Militär wurde von den von Osten zurückströmenden Wehrmachtseinheiten, vor allem aber vom „Volkssturm" unterstützt, zu dem Kinder und alte Leute rekrutiert wurden. Mit Durchhalteparolen und falschen Informationen über Gefechtslage, Wunderwaffen und herannahende Armeen schickte man Tausende schlecht Ausgerüstete in sinnlose Kämpfe gegen die sowjetische Armee. Wer sich absetzen wollte, wurde von fanatischen SS-Leuten noch in den allerletzten Kriegstagen als Deserteur am Straßenbaum oder Laternenpfahl aufgehängt.

Die Aufforderung zur Kapitulation am 23. April, als die Sowjets bereits in den Berliner Außenbezirken standen, lehnte die NS-Führung ab. Der „Werwolfsender" meldete: „Deutsche Truppen marschieren aus dem Westen in die Schlacht um Berlin ... Damit bekundet das Reich seine Entschlossenheit, Berlin um jeden Preis zu verteidigen, um zu verhindern, dass es vom asiatischen Sturm überflutet wird. Es kann kein Zweifel darüber bestehen, dass die kommenden Tage, ja Stunden die entscheidende Wende in diesem Kampf bringen werden."

Doch der Entsatz kam nicht, die Sowjets eroberten in verlustreichen Straßenkämpfen Stück für Stück die Stadt. Als am 30. April nur noch ein kleines Gebiet um die Reichskanzlei in deutscher Hand war, begingen Hitler und Goebbels im Bunker der Reichskanzlei Selbstmord. Am 2. Mai 1945 endlich unterzeichnete der Stadtkommandant, General Helmuth Weidling, in einer Wohnung am Schulenburgring in Tempelhof gegenüber dem sowjetischen General Tschuikow die Kapitulation der deutschen Truppen in Berlin. Die Rote Armee nahm 134 000 deutsche Soldaten gefangen.

In der Nacht vom 8. auf den 9. Mai 1945 unterzeichneten die Militärs Keitel, von Friedeburg und Stumpff, wie schon am Tag zuvor in Reims, im sowjetischen Hauptquartier in Berlin-Karlshorst die bedingungslose Gesamtkapitulation der deutschen Wehrmacht.

1945–90
Die geteilte Stadt

DIE ERSTEN NACHKRIEGSJAHRE

„Es war ein infernalisches Bild. Brände, Trümmer, umherirrende hungrige Menschen in zerfetzten Kleidern. Ratlose deutsche Soldaten, die nicht mehr zu begreifen schienen, was vor sich ging. Singende, jubelnde und oft auch betrunkene Rotarmisten. Gruppen von Frauen, die unter Aufsicht von Rotarmisten Aufräumungsarbeiten leisteten. Lange Reihen von Menschen, die geduldig vor Pumpen standen, um einen Eimer Wasser zu erhalten. Alle sahen schrecklich müde, hungrig, abgespannt und zerfetzt aus. Viele Menschen trugen weiße Armbinden als Zeichen der Kapitulation oder rote als Begrüßung für die rote Armee." So erinnert sich der Publizist Wolfgang Leonhard an den 2. Mai 1945, als er mit der „Gruppe Ulbricht" aus der Moskauer Emigration nach Berlin zurückkehrte.

Etwa 2,8 Millionen Menschen lebten im Mai **1945** in Berlin, anderthalb Millionen weniger als bei Kriegsbeginn. Doch Monat für Monat strömten nun Hunderttausende Flüchtlinge und Vertriebene aus den Gebieten östlich von Oder und Neiße in die Stadt. Berlin war ein Ruinenfeld, auf großen Plätzen wie dem Alexanderplatz und an der Gedächtniskirche wurden Kartoffeln und Gemüse angebaut, der Tiergarten war Ackerland, Bäume wurden als Heizmaterial abgeholzt. Die Wasser-, Strom- und Gasversorgung war in weiten Teilen der Stadt zusammengebrochen, die Abwässer flossen in Seen und Flüsse, Bombenkrater verwandelten sich in Mülldeponien, Krankheiten grassierten, Seuchen drohten. Der Schwarzmarkt blühte, die Jugendkriminalität uferte aus, die Städter fuhren zu „Hamsterfahrten" aufs Land, um Nahrungsmittel zu organisieren. In der Stadt wurden Lebensmittel nur gegen Karten ausgegeben, die Versorgungslage war schwierig, ebenso die Wohnsituation. Internationale Hilfsprogramme und -verbände wie Care oder das Rote Kreuz sandten Kleidung und Lebensmittel in großen Mengen in die Stadt und sicherten damit vielen Berlinern das Überleben. Viele Männer waren gefallen oder in Gefangenschaft, und so waren es vor allem die „Trümmerfrauen", die den Ruinenschutt beseitigten und die Straßen freiräumten. Presse und Rundfunk, Telefon und Post kamen erst im Laufe des Sommers wieder in Gang. Ganze 115 zivile Autos waren im Juni 1945 in Berlin zugelassen.

Die Versorgungslage blieb noch für einige Jahre katastrophal – im strengen Winter 1946/47 starben über 1100 Berliner an Entkräftung oder erfroren in ihren Ruinenbehausungen.

Seit Ende April 1945 hielt die Rote Armee die Kontrolle über Berlin, und nachdem es im ersten Siegestaumel zu schweren Ausschreitungen sowjetischer Soldaten gegenüber der deutschen Zivilbevölkerung, zu Vergewaltigungen und Plünderungen gekommen war, begannen sich die Sowjets unter dem Stadtkommandanten Generaloberst Nikolai Bersarin als Ordnungsmacht zu etablieren. Erst Anfang Juli rückten amerikanische und britische Truppen in die Stadt, um vertragsgemäß ihre Sektoren in Besitz zu nehmen; im August folgten die Franzosen.

Lange vor Kriegsende schon, im September und November 1944, hatten sich Amerikaner, Sowjets und Briten in London auf die Übernahme der obersten Gewalt in Deutschland geeinigt. Deutschland sollte innerhalb der Grenzen von 1937 in Besatzungszonen aufgeteilt werden; das „besondere Berliner Gebiet" sollte gemeinsam besetzt und verwaltet werden. Frankreich trat dem Abkommen als vierte Siegermacht am 1. Mai und am 26. Juli 1945 bei. Die „Potsdamer Konferenz", zu der vom 17. Juli bis zum 2. August 1945 Stalin, US-Präsident Truman und de britische Premier Churchill, der während der Konferenz nach seiner Wahlniederlage von Clement Attlee abgelöst wurde, im Potsdamer Schloss Cecilienhof zusammenkamen, blieb für den Status Berlins ohne Bedeutung.

Die Besatzungsmächte sollte ihre Besatzungszonen weitgehend selbständig verwalten, die „Deutschland als Ganzes betreffenden Angelegenheiten" sollten im Alliierten Kontrollrat geregelt werden, der seinen Sitz in Berlin, im Kammergericht am Kleistpark, nahm. Der Kontrollrat musste einstimmig entscheiden, und jedes Mitglied besaß ein Vetorecht. In Berlin übte die „Alliierte Kommandantur", der die vier Stadtkommandanten der Besatzungsmächte angehörten, die oberste Gewalt aus; die Stadt blieb also als Ganzes erhalten. Bei der ersten Sitzung am 11. Juli 1945 fasste die Kommandantur, die als Sitz das heutige Präsidialamt der Freien Universität in der Kaiserswerther Straße in Dahlem bezog, den Beschluss, alle bislang von den Sowjets erlassenen Anordnungen einstweilen in Kraft zu lassen und weitere Verfügungen nur einstimmig zu fassen. Die Sowjets konnten somit durch ihr Veto verhindern, dass auch nur eine ihrer Maßnahmen zurückgenommen wurde. Dazu gehörten die Etablierung des sowjetischen Hauptquartiers in Berlin-Karlshorst (wo es bis 1963 verblieb) und erster Zentralverwaltungen für die Sowjetisch besetzte Zone (SBZ) in Berlin. So entwickelte sich der Ostteil der Stadt entgegen den alliierten Bestimmungen zum Verwaltungszentrum der SBZ und später zur Hauptstadt der DDR.

Der amerikanische Sektor umfasste die Bezirke Zehlendorf, Steglitz, Schöneberg, Kreuzberg, Tempelhof und Neukölln, der britische Tiergarten, Charlottenburg, Wilmersdorf und Spandau, die Franzosen übernahmen den Wedding und Reinickendorf. Die Bezirke Mitte, Prenzlauer Berg und Friedrichshain, Pankow, Weißensee, Lichtenberg, Köpenick und Treptow verblieben den Sowjets. Die Westsektoren umfassten 480 Quadratkilometer mit 1,8 Millionen Einwohnern, der sowjetische Sektor 403 Quadratkilometer mit 1,1 Millionen Einwohnern.

Die zwei Monate ihrer alleinigen Besatzung wussten die Sowjets zu nutzen. „Es muss demokratisch aussehen, aber wir müssen alles in der Hand haben“, war die Devise der für den Neuaufbau zuständigen „Gruppe Ulbricht“. Am 17. Mai setzte Stadtkommandant Bersarin einen Magistrat mit dem parteilosen Architekten Arthur Werner als Oberbürgermeister ein. Von den 18 Magistratsmitgliedern gehörten (nach den Parteigründungen im Juni) sechs der KPD, drei der SPD und zwei der CDU an, sieben blieben parteilos. Wichtigster Mann war der Kommunist und spätere DDR-Innenminister Karl Maron als stellvertretender Oberbürgermeister, als Volksbildungsstadtrat amtierte der spätere DDR-Außenminister Otto Winzer (KPD), das Medizinalwesen leitete der Chirurg Ferdinand Sauerbruch (CDU), das Stadtplanungs- und Bauwesen Hans

Scharoun (parteilos). Der Magistrat unterlag den Weisungen zunächst des sowjetischen Stadtkommandanten, seit Juli der Alliierten Kommandantur.

Alle Beamtenverhältnisse wurden aufgelöst, NSDAP-Mitglieder aus der Verwaltung und der Justiz entlassen – die letzten Entnazifizierungsverfahren liefen bis Mitte 1949. Der aus Moskau zurückgekehrte Paul Markgraf baute als Polizeipräsident die Berliner Polizei neu auf.

Am 11. Juni wurde die KPD als erste Partei wieder gegründet, am 15. Juni folgte die SPD, am 26. Juni die Christlich-Demokratische Union Deutschlands (CDU), am 5. Juli die Liberal-Demokratische Partei Deutschlands (LDP).

Zunächst drängte die SPD auf die Einheit der Arbeiterklasse. Die KPD, der die sowjetischen Militärbehörden von Anbeginn die Führungsrolle zugewiesen hatte, setzte auf ihre eigene Kraft. Als ihre Mitgliederzahlen in Berlin und in der SBZ aber weit hinter den Erwartungen zurückblieben und die Sozialdemokraten wesentlich mehr Zulauf erhielten, begannen auch die Kommunisten und die sowjetische Militärregierung, auf die Vereinigung der beiden Arbeiterparteien hinzuarbeiten. Und während die Sozialdemokraten noch forderten, die künftigen Parteigremien gemäß der Stärke der zu fusionierenden Parteien zu bestimmen, ließ die KPD die Orts- und Kreisverbände in der SBZ mithilfe der Sowjets kurzerhand zwangsvereinigen. Daraufhin ergab eine Urabstimmung der Berliner SPD-Mitglieder am 31. März **1946**, die nur in den zwölf Bezirken der Westsektoren durchgeführt werden durfte (die Wahllokalen in den acht östlichen Bezirken wurden von sowjetischen Militärstreifen geschlossen, die Wahlurnen beschlagnahmt), eine Mehrheit von 19 529 (=82,2 Prozent) zu 2937 Stimmen gegen die Fusion. Dennoch ließ sich die Gruppe um Otto Grotewohl, einen der drei SPD-Vorsitzenden, am 21. und 22. April 1946 im Admiralspalast (heute Metropoltheater) an der Friedrichstraße mit der KPD zur Sozialistischen Einheitspartei Deutschlands (SED) zu vereinigen. Grotewohl und Wilhelm Pieck wurden zu „gleichberechtigten" Parteivorsitzenden gewählt. Nach der Zulassung durch die Alliierte Kommandantur am 31. Mai 1946 konkurrierten SED und SPD in ganz Berlin um die Gunst der Wähler.

Andere sich bildende Organisationen wie der Freie Deutsche Gewerkschaftsbund (FDGB), der Frauenbund, die Freie Deutsche Jugend (FDJ) oder der Kulturbund gelangten rasch unter kommunistische Kontrolle.

Das Kulturleben kam erstaunlich rasch wieder in Gang. Bereits am 27. Mai 1945 konnte das Renaissancetheater mit dem „Raub der Sabinerinnen" wieder eröffnen, am 26. Juni folgte das Deutsche Theater mit Schillers „Parasit", am 15. August das Hebbeltheater mit der „Dreigroschenoper". Zur Keimzelle der späteren Städtischen Bühnen West-Berlins wurde das Schlossparktheater unter der Leitung von Boleslaw Barlog in Steglitz; das Philharmonische Orchester unter dem interimistischen Chefdirigenten Sergiu Celibidache spielte im Steglitzer Titania-Palast, die Staatsoper bezog den Admiralspalast. In Charlottenburg sprossen politische Kabaretts und Jazzclubs aus den Ruinen, und bereits im August 1945 wurden im ehemaligen Großen Schauspielhaus vor 3000 Zuschauern Varieté-Abende gegeben – seit 1947 firmierte der Bau als Friedrichstadtpalast.

Zahlreiche Kunstwerke aus den Berliner Museen wurden bei Kriegsende und später in den Ausweichquartieren gestohlen oder verbrannten, andere Werke wurden in die Sowjetunion abtransportiert. Nach und nach entstanden Privatgalerien, die aktuelle oder in der NS-Zeit verfemte Kunst zeigten. Die alteingesessenen Buchverlage wanderten zumeist nach Frankfurt, Hamburg oder München ab, während im Ostteil Berlins neue Verlage gegründet wurden. Mit Lizenzen der Militärregierungen entstanden neue Zeitungen, darunter im sowjetischen Sektor die „Berliner Zeitung", im amerikanischen Sektor der „Tagesspiegel". Aus dem unzerstörten Rundfunkhaus an der Masurenallee sendete der sowjetgesteuerte „Berliner Rundfunk", als dessen Gegenstück 1946 der „Rundfunk im Amerikanischen Sektor" (RIAS) entstand – zunächst in Lichterfelde, seit 1948 in Schöneberg. 1953 kam der „Sender Freies Berlin" (SFB) hinzu. Den Wiederaufbau der Filmindustrie betrieben die Sowjets mit der Deutschen Film AG (Defa) in Johannisthal und Potsdam-Babelsberg, während sich die westliche Filmproduktion nach München verlagerte, wo es intakte Studios gab. In West-Berlin konnte sich einzig die 1946 in Spandau gegründete Central Cinema Companie (CCC) von Arthur Brauner dauerhaft etablieren.

Als Alternative zur Universität Unter den Linden wurde **1948** mit amerikanischer Unterstützung die Freie Universität gegründet, auf dem Campus der ehemaligen Kaiser-Wilhelm-Gesellschaft in Dahlem. Die Technische Hochschule in Charlottenburg erhielt eine Humanistische Fakultät und wurde zur Technischen Universität erhoben.

Nirgendwo anders wurden so viele Industrieanlagen demontiert wie in den (späteren) Berliner Westsektoren. Schätzungsweise 70 bis 85 Prozent aller noch vorhandenen Kapazitäten demontierten die Sowjets, den Rest ließen die Briten und Franzosen abtransportieren. Erst Ende **1949** wurde die Demontage in West-Berlin mit dem Petersberger Abkommen beendet. Im Ostteil der Stadt wurde etwa ein Drittel der Kapazitäten demontiert, anschließend wurden die leistungsfähigsten Betriebe verstaatlicht. Zahlreiche Firmen mussten ihre Produkte ausschließlich in die Sowjetunion liefern. Die verbliebenen Privatbetriebe waren von Aufträgen und Rohstofflieferungen innerhalb der staatlichen Planwirtschaft abhängig.

Rasch unterbanden die Sowjets auch die Versorgung der Westsektoren mit Lebensmitteln und Kohle aus dem Umland. Die Besatzungsmächte mussten ihre Sektoren nun aus ihren jeweiligen westdeutschen Besatzungszonen versorgen; der Westteil Berlins wurde von seinem Hinterland getrennt.

BERLIN WIRD NACH UND NACH GETEILT

Am 20. Oktober **1946** fanden die ersten freien Wahlen seit 1933 statt, bei denen alle Berliner ab 21 Jahren wahlberechtigt waren. Grundlage war eine von den Alliierten erlassene vorläufige Verfassung für Berlin. Bei einer Wahlbeteiligung von 92,3 Prozent wurde die SPD mit 48,7 Prozent stärkste Kraft, vor der CDU mit 22,2, der SED mit 19,8 und der LDP mit 9,3 Prozent. Zum Oberbürgermeister wählte die Stadtverordnetenversammlung den SPD-Politiker Otto Ostrowski. Im neuen Allparteien-Magistrat pochte die

SED darauf, ihre Schlüsselpositionen zu behalten, und verwies auf das Vetorecht der Sowjets. Als es zu keiner Einigung über das Arbeitsprogramm kam, trat Ostrowski nach vier Monaten zurück. Gegen den mit großer Mehrheit gewählten Nachfolger, den als Antikommunisten ausgewiesenen Verkehrsstadtrat Ernst Reuter (SPD), legten die Sowjets jedoch ihr Veto ein. Die Geschäfte des Oberbürgermeisters führte daraufhin von Mai **1947** bis Dezember 1948 Louise Schroeder (SPD) und zeitweilig auch Bürgermeister Ferdinand Friedensburg (CDU).

Nachdem die Sitzungen der Stadtverordnetenversammlung im Neuen Stadthaus in der Parochialstraße (im sowjetischen Sektor) schon mehrmals von Demonstranten belagert worden waren, kam es am 26. August **1948** zum Eklat. Auf Lastwagen aus den Betrieben herbeitransportierte Demonstranten drangen ins Neue Stadthaus ein und sprengten die Sitzung. Am 6. September fanden die Parlamentarier bei ihrer Ankunft zur nächsten Sitzung das Gebäude besetzt vor, und als Appelle an den sowjetischen Stadtkommandanten General Kotikow nichts fruchteten, verlegte Stadtverordnetenvorsteher Otto Suhr (SPD) die Sitzung kurzerhand in den britischen Sektor: ins Studentenhaus der Technischen Universität. Die SED-Fraktion blieb dieser und allen weiteren Sitzungen fern.

Bereits im Juli hatte Bürgermeister Friedensburg den Polizeipräsidenten Markgraf (SED) suspendiert, weil er sich fortgesetzt geweigert hatte, Anordnungen des Magistrats entgegenzunehmen. Der neue durch den Magistrat eingesetzte und von den westlichen Alliierten anerkannte Polizeipräsident Stumm erhielt keinen Zutritt zum Polizeipräsidium, in dem Markgraf weiter amtierte. So kam es zur Bildung eines eigenen Polizeipräsidiums für die Westsektoren – die erste Berliner Behörde war geteilt. Auch weitere im Bezirk Mitte gelegene Verwaltungsgebäude wurden blockiert, sodass mehrere Magistratsdienststellen ihren Sitz in den Westteil verlegten.

Zur endgültigen Spaltung der Stadtverwaltung kam es am 30. November 1948, als die SED-Fraktion zur „Außerordentlichen Stadtverordnetenversammlung" in den Admiralspalast lud. Die rund 1600 anwesenden Vertreter von SED, FDGB, FDJ und anderen Massenorganisationen erklärten den Magistrat für abgesetzt und wählten – einstimmig – einen „provisorischen demokratischen

Magistrat" mit Friedrich Ebert (SED), dem Sohn des ersten Reichspräsidenten, als Oberbürgermeister. Der Protest der westlichen Militärgouverneure beim sowjetischen Stadtkommandanten fruchtete nichts.

Der Ost-Magistrat vertrat weiterhin „Groß-Berlin". Ein Stadtparlament gab es nicht mehr; die 1950 beschlossene „Hauptsatzung für die Verwaltung von Groß-Berlin" stellte den provisorischen demokratischen Magistrat auf eine formelle Grundlage. Die Bezirksverwaltungen wurden zu ausführenden Organen der zentralen Stadtregierung abgewertet. 1954 wurde dann wieder eine im Blockwahlsystem zu wählende „Volksvertretung Groß-Berlin" (seit 1957 „Stadtverordnetenversammlung") eingeführt. Eine „Arbeitsordnung" schrieb dem Oberbürgermeister vor, „die Beschlüsse der Partei der Arbeiterklasse sowie die Gesetze, Erlasse, Verordnungen und Beschlüsse der zentralen staatlichen Organe gründlich durchzuarbeiten und der gesamten Tätigkeit des Magistrats zugrunde zu legen". Das hieß de facto: Der Oberbürgermeister unterstand dem Ersten Sekretär der SED-Bezirksleitung.

Nur noch in den Westsektoren konnte am 5. Dezember 1948 das Stadtparlament neu gewählt werden. Obwohl die SPD 64,5 Prozent der Stimmen erhielt, bildete Oberbürgermeister Ernst Reuter einen Allparteienmagistrat, der nunmehr im Rathaus Schöneberg zusammentrat. Zum 1. Oktober **1950** trat dann für West-Berlin eine vom Parlament verabschiedete Verfassung in Kraft, die Berlin als Stadt und Land zugleich definierte. In Anlehnung an die zweite Kammer des preußischen Landtags bzw. die Hansestädte wurden die Bezeichnungen „Abgeordnetenhaus" und „Senat" eingeführt. Der Regierende Bürgermeister leitet den Senat, hat aber keine Richtlinienkompetenz in seiner Regierung. Die Senatoren müssen sich nur dem Abgeordnetenhaus gegenüber verantworten.

Durch das Scheitern des Kriegsbündnisses, die immer stärker hervortretenden Gegensätze zwischen den Westmächten und der Sowjetunion und durch den heraufziehenden Kalten Krieg zwischen Ost und West lief die Entwicklung schon früh auf eine Teilung Deutschlands hinaus. Zum 1. Januar **1947** schlossen Amerikaner und Briten ihre Besatzungszonen zur Bi-Zone zusammen, im

März **1948** erfolgte der Zusammenschluss mit der Französischen Zone. Die Sowjetunion beendete ihre Mitarbeit im Kontrollrat für ganz Deutschland (März 1948) und in der Berliner Kommandantur (Juni 1948). Als die Verhandlungen der Vier Alliierten über eine gesamtdeutsche Währungsreform an der ablehnenden Haltung der Sowjetunion gescheiter waren (ebenfalls im März 1948), stellten die Westmächte am 20. Juni 1948 in den drei westlichen Zonen die Reichsmark auf die Deutsche Mark (DM) um. Wenige Tage später führten die Sowjets in der Ostzone und Berlin ihrerseits eine Währungsreform durch. Als neue Währung dienten alte Reichsmarkscheine mit Aufklebern, die so genannte Coupon-, Tapeten- oder Klebemark. Die Sowjets bestanden auf der Einführung der Ost-Mark in ganz Berlin und wiesen am 22. Juni die amtierende Oberbürgermeisterin Louise Schroeder entsprechend an. Da dies die Westsektoren Berlins an den Osten angekoppelt hätte, entschieden die Westmächte, die DM auch in den Westsektoren auszugeben. Neben den mit einem „B" abgestempelten Scheinen bestimmten sie aber die Ost-Mark als alleiniges Zahlungsmittel für Bereiche wie Mieten, Steuern, Strom und Gas, Postgebühren und Verkehrstarife, um ein Abfließen der neuen D-Mark in die sowjetische Zone zu verhindern, vor allem aber um bald zu einer einheitlichen Währung für Gesamt-Berlin unter Vier-Mächte-Kontrolle zurückkehren zu können.

Die Folge war ein Chaos: Wegen der inflationär ausgegebenen Couponmark waren die Sowjets bald zu einer neuen Reform gezwungen und gaben nun eine „Deutsche Mark der Deutschen Notenbank" aus. Gleichzeitig sperrten sie alle privaten Konten der in den Westsektoren ansässigen Berliner, Firmen und Organisationen, sofern diese nicht ihren gesamten Zahlungsverkehr auf Ost-Mark umstellten. Löhne und Gehälter wurden teils in Ost-, teils in West-Mark ausgezahlt. So zahlte die Firma Siemens ihre Gehälter und Löhne zu 70 Prozent in West-Mark aus, bis sie von den alliierten Behören angewiesen wurden, den Anteil auf 50 Prozent zu begrenzen. West-Berliner Rentner erhielten ihre Renten, da die Berliner Versicherungsanstalt im sowjetischen Sektor saß, allein in Ost-Mark ausgezahlt.

Erst am 20. März **1949** erklärten die Westalliierten die D-Mark zum alleinigen Zahlungsmittel in den Westsektoren. Bis 1953 waren alle in West-Berlin umlaufenden DM-Noten mit dem „B" gestempelt. Im sowjetischen Sektor war die Annahme von D-Mark verboten und ihr Besitz unter Strafe gestellt. Den Berufspendlern über die Grenze tauschte eine West-Berliner „Lohnausgleichskasse" die Währungen; das Defizit dieser Institution, die bis 1961 bestand, wurde durch eine Sondersteuer gedeckt.

Parallel zur Auseinandersetzung um die Währungsreform starteten die Sowjets einen großen Anlauf, ganz Berlin in ihre Hand zu bekommen. Bereits ab Ende **1947** behinderten sie den Verkehr zwischen Westdeutschland und den Berliner Westsektoren immer stärker, im April **1948** rammte eine sowjetische Militärmaschine ein britisches Passagierflugzeug und brachte es bei Gatow zum Absturz. Nachdem die Sowjets am 20. März den Alliierten Kontrollrat und am 16. Juni auch die Alliierte Kommandantur verlassen hatten, nahmen sie die Währungsreform zum Anlass, ab dem 24. Juni 1948 sämtliche Land- und Wasserverbindungen zwischen den westlichen Besatzungszonen und West-Berlin zu blockieren. So blieben nur die drei 1945 vereinbarten Luftkorridore nach Frankfurt (Main), Hannover und Hamburg offen, die noch bis 1990 von der Alliierten Luftsicherheitszentrale (im Kammergericht) überwacht wurden und für deutsche Fluggesellschaften gesperrt blieben.

Vor allem der Hartnäckigkeit des amerikanischen Militärgouverneurs für Deutschland, Lucius D. Clay, ist es zu verdanken, dass die westlichen Alliierten innerhalb weniger Tage eine Luftbrücke organisierten, um die eingeschlossene Stadt zu versorgen. Mit den in der Inselstadt lagernden Vorräten allein wäre der Westteil Berlins kaum zwei Monate lebensfähig gewesen.

Am 26. Juni lief das größte Lufttransport-Unternehmen der Geschichte an. Im August wurden bereits über 4000 Tonnen Güter täglich nach Berlin gebracht; im Frühjahr 1949 waren es über 8000 Tonnen. Fast im Minutentakt landeten die „Rosinenbomber" auf den Flughäfen Tempelhof, Gatow und Tegel – der innerhalb von drei Monaten auf einem alten Raketenversuchsgelände gebaut wurde –; auf der Havel landeten Wasserflugzeuge. Insgesamt brachten die Westmächte mit 213 000 Flügen 1,7 Millionen Tonnen Versorgungsgüter nach Berlin, davon zwei Drittel Kohlen. Zur Energieversorgung – sämtliche Stromleitungen waren ebenfalls gekappt – wurde ein ganzes Kraftwerk, das heute den Namen Ernst Reuters trägt, Stück für Stück eingeflogen.

Am 9. September 1948 sprach Oberbürgermeister Ernst Reuter vor dem Reichstag vor 300 000 Zuhörern: „Ihr Völker der Welt (...), schaut auf diese Stadt und erkennt, dass ihr diese Stadt und dieses Volk nicht preisgeben dürft und nicht preisgeben könnt!" Und die Welt sah mit Erstaunen, wie sich die Berliner behaupteten gegen Hunger und Kälte. Erst am 11. Mai **1949** hoben die Sowjets die Blockade auf.

Vor dem Hintergrund der Blockade-Erfahrungen wurde in West-Berlin ein umfangreiches Bevorratungsprogramm mit Kohle und Treibstoff, Medikamenten, Nahrungsmitteln und sogar Rohstoffen und Halbfertigprodukten für die Industrieproduktion betrieben. Die „Senatsreserve" wurde erst 1990 aufgelöst – 90 000 Tonnen Lebensmittel und Medikamente gingen als Spende an die Sowjetunion.

Mit der Blockade hatten die Sowjets alle ihre Ziele verfehlt. Ja, mehr noch: Das Engagement während der Luftbrücke hatte die westlichen Siegermächte in den Augen vieler Berliner und Deutscher zu „Schutzmächten" werden lassen; die Westbindung der am 23. Mai 1949 gegründeten Bundesrepublik sollte danach nie mehr in Frage stehen. Für die Berliner Wirtschaft erwies sich die Blockade jedoch als enorm schädlich: In der Wirtschaftsleistung war Westdeutschland West-Berlin in diesen elf Monaten weit enteilt. Die Arbeitslosigkeit in der Stadt war hoch, und so wurden rund 50 000 Arbeitslose zunächst in Notstandsarbeiten zur Enttrümmerung und zur Wiederanlage von Parks und Grünanlagen eingesetzt. Obwohl West-Berlin seines wirtschaftlichen Hinterlands beraubt war, kam die Wirtschaft ab **1951** dank beträchtlicher Finanzhilfen der Bundesrepublik und Mitteln aus dem amerikanischen Marshallplan allmählich auf Touren. 1957 sank die Arbeitslosenzahl erstmals unter 100 000, 1960 war die Vollbeschäftigung erreicht. Zum Zeitpunkt des Mauerbaus 1961 arbeiteten außerdem rund 50 000 Ost-Berliner in West-Berlin. Angesichts der politischen Lage und wiederholter Störungen der DDR etwa auf den Transportwegen, bei der Wasser- oder Energieversorgung galten Investitionen in West-Berlin vielen Unternehmern aber weiterhin als zu riskant. Auf sich gestellt war West-Berlin wirtschaftlich nicht lebensfähig, die Produktivität war **1961** nur halb so hoch wie die der Bundesrepublik.

In der DDR und in Ost-Berlin ging es wirtschaftlich viel langsamer aufwärts. Wie auf politischem gebiet, wo die „Nationale Front" alle Parteien und gesellschaftlichen Organisationen unter die Führung der SED stellte, wurde auch die Wirtschaft durch Verstaatlichungen und das umfassende Plansystem immer weiter vereinheitlicht.

Seit **1952** forcierte die DDR-Führung den „beschleunigten Aufbau des Sozialismus" durch immer höhere Arbeitsnormen, denen Verschlechterungen im Warenangebot und bei den Sozialleistungen gegenüberstanden. Es kam wiederholt zu Streiks und Protestaktionen, die schließlich im Juni **1953** eskalierten. Nach einer erneuten Erhöhung der Arbeitsnorm, die für viele zu realen Einkommenseinbußen führte, kam es am 15. Juni auf mehreren Baustellen zu ersten Arbeitsniederlegungen. Einen Tag später zogen Tausende Bauarbeiter zum Haus der Ministerien (dem heutigen Bundesfinanzministerium), in dem auch die zentrale Plankommission ihren Sitz hatte. Als Ministerpräsident Otto Grotewohl und Parteichef Walter Ulbricht nicht vor den Demonstranten erschienen, forderte die Menge den Rücktritt der Regierung und freie Wahlen.

Am folgenden Tag, dem 17. Juni 1953, kam es im ganzen Land zu Protesten, Demonstrationen und Werksbesetzungen. Am Mittag verhängte der sowjetische Stadtkommandant den Ausnahmezustand über Ost-Berlin, Panzer fuhren auf, schließlich standen den Hunderttausenden von Demonstranten, die sich zum Teil mit Werkzeugen bewaffnet hatten, etwa 20 000 sowjetische Soldaten und 15 000 Volkspolizisten gegenüber. Demonstranten warfen mit Steinen, es kam zu Schießereien, Panzer feuerten in die Menge, ein Arbeiter wurde überrollt. Am späten Nachmittag brach der Aufstand zusammen.

Die Zahl der Opfer kann nur geschätzt werden: Vermutlich wurden über 70 Demonstranten getötet. In den vier folgenden Wochen

Die Gründung der SED am 21. April 1946: Pieck (links) und Grotewohl

Sowjetische Panzer rollen über den Leipziger Platz, 17. Juni 1953

kamen rund 13 000 Menschen in Haft; zahlreiche Demonstranten wurden in Schauprozessen zu langen Freiheitsstrafen, einige sogar zum Tode verurteilt.

Für die Bevölkerung der DDR änderte sich nach dem 17. Juni, der in der Bundesrepublik 1954–90 als nationaler Feiertag begangen wurde, nichts. Walter Ulbricht und die personell „gesäuberte" Parteiführung hielten unbeirrt an ihrem Kurs fest und ließen Regimekritiker wie etwa 1956 Wolfgang Harich und Walter Janka für viele Jahre ins Zuchthaus sperren, während immer mehr Menschen ihr Land verließen. Und da die Grenze zur Bundesrepublik immer schwieriger zu überwinden war, kamen die allermeisten von ihnen nach West-Berlin. Zwar waren die Straßen zwischen West-Berlin und dem Umland seit 1952 gesperrt, doch innerhalb Berlins verkehrten die U- und S-Bahnen weiterhin frei. An den etwa 80 offenen Straßen, die die innerstädtische Grenze querten, kontrollierten die Ostpolizisten nur bei einem Verdacht, etwa wenn ein Grenzgänger von Ost nach West einen Koffer mit sich führte – mögliches Indiz für eine „Republikflucht", die unter Strafe stand. Tausende Bürger wechselten täglich hin und her, nahe der Sektorengrenze fanden sich unzählige Verkaufsbuden, in denen es Waren zu kaufen gab, an denen es im Osten mangelte. 53 000 Berufspendler von Ost nach West und 12 000 von West nach Ost waren zum Zeitpunkt des Mauerbaus in der Lohnausgleichskasse registriert. Hinzu kamen Tausende Schwarzarbeiter. Zahlreiche Studenten wechselten täglich über die Grenze, abends ging man zum Kino- oder Theaterbesuch in die andere Stadthälfte. 1961 zählte die West-Berliner Theaterorganisation „Freie Volksbühne" 25 000 Ost-Berliner Mitglieder.

West-Berlin befand sich in einer merkwürdigen Situation. Während Ost-Berlin unter Missachtung des Vier-Mächte-Statuts de facto Hauptstadt der am 7. Oktober 1949 gegründeten Deutschen Demokratischen Republik war – fast ganz integriert in diesen Staat –, bestimmte das Grundgesetz zwar Gesamt-Berlin als Land der Bundesrepublik, doch war der betreffende Artikel von den Alliierten suspendiert, um die Sicherheit der Westsektoren und die Zugangsfreiheit von und nach West-Berlin völkerrechtlich eindeutig gewährleisten zu können. West-Berliner Bürger besaßen nur einen „Vorläufigen Personalausweis" und durften ihre Bundestagsabgeordneten nicht direkt wählen. Die Berliner Abgeordneten besaßen im Parlament kein volles Stimmrecht; Bundesgesetze mussten formell vom Abgeordnetenhaus übernommen werden. Trotz der Hauptstadtfunktion Ost-Berlins beharrten die Sowjets bis 1976 darauf, dass der Ost-Berlnier Magistrat den Gesetzen der Volkskammer separat zustimmte. Erst 1981 gestattete die Sowjetunion den Ost-Berlinern die unmittelbare Teilnahme an den Volkskammerwahlen. Und noch bis in die 70er Jahre gab es stichprobenartige Personen- und Fahrzeugkontrollen an der Grenze zwischen Ost-Berlin und der DDR.

Die Vier Alliierten behielten Bewegungsfreiheit in ganz Berlin, konnten also jederzeit Militärpatrouillen in alle vier Sektoren schicken. Die Sowjets ihrerseits arbeiteten in der Luftsicherheitszentrale am Kleistpark und an der Bewachung des Kriegsverbrechergefängnisses in der Spandauer Wilhelmstraße mit, das nach dem Tod des letzten Häftlings, des Hitler-Stellvertreters Rudolf Heß, am 17. August 1987 rasch abgerissen wurde.

Bis auf das Verteidigungsministerium in Strausberg waren alle Ministerien der DDR in Ost-Berlin angesiedelt. Die Bundesregierung war lediglich mit Außenstellen der wichtigen Ministerien in West-Berlin präsent – im „Bundeshaus" an der Joachimsthaler Straße, das ein „Bundesbevollmächtigter" leitete. Zahlreiche Bundesbehörden wurden in Berlin angesiedelt, etwa das Bundesverwaltungsgericht, das Bundeskartellamt, das Bundesgesundheitsamt, das Umweltbundesamt oder die Bundesversicherungsanstalt für Angestellte. Immer wieder tagten Bundestagsausschüsse und -fraktionen im seit 1963 wieder hergestellten Reichstag, 1954 bis 1969 wählte die Bundesversammlung in Berlin den Bundespräsidenten, als dessen zweiter Amtssitz seit 1959 das Schloss Bellevue diente. Ost-Berliner mussten seit 1962 in der 1956 gegründeten Nationalen Volksarmee (NVA) dienen, während West-Berliner nicht wehrdienstpflichtig waren.

DER MAUERBAU

1958 forderte der sowjetische Partei- und Regierungschef Nikita Chruschtschow die Westmächte erneut auf, ihre Truppen aus Berlin abzuziehen und Berlin in eine „Freie Stadt" umzuwandeln, was diese jedoch zurückwiesen. Ihre mehrfachen Drohungen, die Zufahrtswege nach West-Berlin wieder vollständig zu blockieren, machten die Sowjets jedoch nicht wahr. Im Mai **1961** gab US-Präsident John F. Kennedy der West-Berliner Bevölkerung eine Sicherheitsgarantie, indem er drei Grundsätze („essentials") der westlichen Berlin-Politik benannte: das Recht auf Anwesenheit in West-Berlin, das Recht auf Zugang durch Ostdeutschland und die Gewährleistung der Selbstbestimmung der West-Berliner sowie der freien Wahl ihrer Lebensform. Ausdrücklich bezog sich Kennedy auf West-Berlin, wodurch er den Sowjets indirekt freie Hand für ihren Sektor gab.

Zwei Monate später griffen die Sowjets und die DDR-Führung zu einem radikalen Mittel, um die DDR vor dem Ausbluten an Arbeitskräften zu bewahren. Rund drei Millionen Menschen waren seit 1949 aus der DDR und Ost-Berlin in den Westen gewechselt, die Hälfte von ihnen war jünger als 25 Jahre. Allein 1960 kamen 200 000 Menschen nach West-Berlin, wo das Notaufnahmelager Marienfelde (heute Gedenkstätte) als erste Anlaufstelle diente.

Am frühen Morgen des 13. August 1961, einem Sonntag, riegelten Volkspolizisten und Soldaten alle Straßen und Bahnlinien zwischen den beiden Stadthälften ab. Rings um West-Berlin entstand eine Absperrung aus Pfählen und Stacheldraht. Wohnungen an der Grenze wurden geräumt, Fenster und Haustüren zugemauert (Bernauer Straße). S- und U-Bahnhöfe wurden geschlossen, Ost-Berliner Berufspendler wurden angewiesen, sich bei ihrer früheren Arbeitsstelle in Ost-Berlin oder einer staatlichen Stelle zu melden. Die drei Westmächte protestierten erst vier Tage später, als die Grenzer den Stacheldraht bereits gegen die ersten Betonelemente austauschten, in Moskau gegen den Bruch des Viermächte-Abkommens – vergeblich. Bundeskanzler Konrad Adenauer ließ sich mit seinem Berlin-Besuch sogar neun Tage Zeit – die West-Alliierten hatten ihm von einem Besuch „abgeraten". Am 22. August gab das DDR-Innenministerium bekannt, dass das Betreten des Ostsektors

Der Bau der Mauer an der Lindenstraße, 18. August 1961

nur noch mit Passierscheinen erlaubt sei. Sie sollten von östlichen Verwaltungsstellen in den Westsektoren ausgegeben werden. Die Alliierte Kommandantur jedoch untersagte aus Statusgründen die Einrichtung solcher Büros. So kam es zur kompletten Sperrung der Grenze.

Die Berliner Mauer

Die „Berliner Mauer" führte auf einer Länge von 155 Kilometern um ganz West-Berlin herum, davon 43 Kilometer zwischen Ost- und West-Berlin. Viermal wurde die Mauer neu gebaut; seit 1975 bestand sie aus einer 3,60 Meter hohen Mauer aus Betonelementen, einem breiten „Todesstreifen" mit Sperrelementen, Lichttrassen, Kontrolltürmen und Signalzaun sowie einer „Hinterlandmauer" nach Ost-Berlin. Die äußere Mauer stand meist etwa zwei Meter vor der Sektorengrenze auf Ost-Berliner Gebiet, sodass die Grenzer in besonderen Fällen, etwa wenn jemand die Mauer zu beschädigten versuchte, auf die Westseite klettern konnten, ohne Ost-Berliner Gebiet zu verlassen.

Längs des „antifaschistischen Schutzwalls", so die offizielle Bezeichnung aus DDR-Sicht, hatten die Grenzsoldaten Befehl, auf Flüchtlinge scharf zu schießen. Dennoch gelang knapp 40 000 Menschen zwischen 1961 und 1989 die Flucht aus der DDR in den Westen, den allermeisten von ihnen allerdings bis 1962. Zahlreiche West-Berliner wurden zu Fluchthelfern von Freunden, Verwandten oder auch – gegen Bezahlung – von Fremden. Über 200 Menschen haben bei Fluchtversuchen ihr Leben verloren.

Immer wieder gab es Aktionen westlicher Demonstranten wie die des kanadischen „Mauerläufers" John Runnings, der seit 1986 Dutzende Male die Mauer erklomm und mit einem Vorschlaghammer traktierte, bis ihn die DDR-Grenzer herunterzerrten, festnahmen und wieder in den Westen entließen. Die Westseite der Mauer war mit Graffitis und Bemalungen übersät.

DER WIEDERAUFBAU BERLINS

Rund ein Drittel aller Berliner Wohnungen war durch den Krieg zerstört worden. Viele Berliner wohnten in den ersten Nachkriegsjahren in den Lauben der zahlreichen Kleingartenkolonien, andere, darunter viele Flüchtlinge von jenseits der Oder-Neiße-Grenze, bezogen die Barackenlager, die für die Zwangsarbeiter im Krieg entstanden waren.

1946 präsentierte Stadtrat Hans Scharoun mit seinem Planungskollektiv einen Vorschlag zur radikalen Neugestaltung Berlins als eine durchgrünte, von Schnellstraßen durchzogene Bandstadt mit lockerer Bebauung. Das historische Berlin wäre bis auf wenige Reste verschwunden, die Berliner Grundbesitzer weitgehend enteignet worden. Wesentlich mehr an der gewachsenen Stadtstruktur orientierte sich der **1948** unter Scharouns Nachfolger Karl Bonatz noch von der Gesamt-Berliner Verwaltung entwickelte „Bonatz-Plan", der in vielen Punkten tatsächlich zur Grundlage der weiteren Stadtentwicklung zumindest West-Berlins wurde.

Im Juli **1950** beschloss die Regierung der DDR die am sowjetischen Vorbild orientierten „16 Grundsätze des Städtebaus", die auf die historisch gewachsene Stadtstruktur setzten und damit eine Gegenposition zur 1933 in der „Charta von Athen" postulierten, in Funktionsbereiche getrennten Stadt formulierten. Für Ost-Berlin wurde die Idee einer „zentralen Achse" entwickelt, eines 90 Meter breiten Straßenzuges von der Stalinallee über den Alexanderplatz und die Linden bis zum Brandenburger Tor. Mittelpunkt des neuen Stadtzentrums sollte ein Hochhaus im stalinistischen Stil werden, dort, wo man 1950/51 das kriegsbeschädigte Hohenzollernschloss sprengte und abtrug. Ab **1952** entstand die kriegszerstörte Große Frankfurter Straße/Frankfurter Allee auf zwei Kilometern Länge als neoklassizistische Stalinallee (seit 1961 Karl-Marx-Allee/Frankfurter Allee) neu.

In West-Berlin setzte man dagegen konsequent auf „unhistorische Simplizität (...) aus dem Geist der Opfer", wie es namhafte Architekten 1947 formulierten. Das West-Berliner Baugeschehen dominierten die Ideen des Bauhaus, denen nach der NS-Zeit eine unbestrittene moralische Integrität zugewachsen war. Mit dem

Hansaviertel am Nordrand des Tiergartens entstand zur Internationalen Bauausstellung „Interbau" **1957** eine moderne Wohnstadt mit Zeilenbauten und Punkthochhäusern, geplant von den weltweit führenden Architekten der modernen Richtung. Neben diesen und anderen anspruchsvollen öffentlichen Bauten entstanden aber auch unzählige gesichtslose Wohnhäuser – seit 1952 rund 20 000 Wohnungen pro Jahr, die in das Gefüge so vieler Berliner Wohnviertel hässliche Narben schlugen. Viele kriegsbeschädigte Altbauten riss man ab, obwohl sie in ihrer Substanz gut erhalten waren. Nur heftige, ausdauernde Bürgerproteste retteten beispielsweise die Turmruine der Gedächtniskirche vor dem Abriss. Das Stadterneuerungsprogramm von **1963** setzte dann den Startschuss zur „Kahlschlagsanierung", bei der „erneuerungsbedürftige" Straßenblöcke komplett abgerissen und durch Neubauten ersetzt wurden – beispielhaft sei das mit 17 000 Wohnungen größte Sanierungsgebiet Deutschlands an der Brunnenstraße (Gesundbrunnen) genannt.

Ende der 50er Jahre erfolgte auch in der DDR ein radikaler Wandel des Bauprogramms hin zum typisierten und industrialisierten – d. h. billigeren und schnelleren – Bauen. Das Bild des modernen Ost-Berlin sollten nun Großplattenbauten prägen. Das alte Stadtzentrum wurde zu einer „sozialistischen" Metropole mit großzügigen Platzanlagen, riesigen Wohnblöcken und breiten Straßenschneisen umgestaltet. Zum Wahrzeichen entwickelte sich der 1965–69 errichtete Fernsehturm, mit 365 Metern das zweithöchste Bauwerk Europas nach dem Moskauer Fernsehturm. Der Alexanderplatz erhielt als zentraler Verkehrsknoten und Einkaufszentrum ein völlig neues Gesicht, während Unter den Linden und am Gendarmenmarkt die barocken Repräsentativbauten saniert oder originalgetreu wieder aufgebaut wurden. Zum Symbol eines unverkrampfteren Umgangs mit der deutschen Geschichte wurde 1980 die Wiederaufstellung des Reiterstandbilds Friedrichs des Großen Unter den Linden.

Um den ehemaligen Schlossplatz entstanden bis **1976** der Palast der Republik, in dem neben der Volkskammer auch ein großer Mehrzwecksaal, Gastronomie, eine Bowlingbahn u. ä. untergebracht waren (die Volkskammer tagte bis 1976 in der

Luisenstraße), das Staatsratsgebäude und das Außenministerium (1995 abgerissen). Die SED-Zentrale war seit 1959 im ehemaligen Reichsbankgebäude am Werderschen Markt untergebracht (heute Auswärtiges Amt; zuvor im ehemaligen Kaufhaus Jonas, Torstraße/Ecke Prenzlauer Allee). Die führenden DDR-Politiker wohnten in einem abgeschlossenen Wohnbezirk, zunächst in Pankow am Majakowski-Ring (nahe dem Schloss Niederschönhausen, Sitz des Staatspräsidenten Wilhelm Pieck bis zu seinem Tod 1960), seit 1961 nordöstlich Berlins in einer Waldsiedlung bei Wandlitz.

Der Aufbau Ost-Berlins erfolgte seit den 70er Jahren „mit der Kraft der ganzen Republik", wie es offiziell hieß. Dass Baukolonnen aus dem ganzen Land in die Hauptstadt abkommandiert wurden, ging zu Lasten der übrigen DDR und machte die Hauptstadt im Land nicht beliebter. Vor den Toren der Stadt wuchsen in Marzahn (1975–87), Hohenschönhausen (1979–89) und Hellersdorf (1981–90) ausgedehnte Wohnstädte empor, die später zu eigenen Bezirken aufgewertet wurden (1979/1985/1986). Erst spät – genau wie im Westen – begann die behutsame Altbausanierung, zu deren Vorzeigeobjekte die Sophienstraße in Mitte und die Husemannstraße in Prenzlauer Berg wurden. Als „Altstadtersatz" entstand bis **1987** um die wieder aufgebaute älteste Kirche Berlins das Nikolaiviertel – in einer Mischung aus sanierten Häusern, „Adaptionen" historischer Bauten und neuen Plattenbauten.

Zum Zentrum der West-Berliner Inselstadt entwickelte sich der einstige „Neue Westen", das Gebiet um den Bahnhof Zoo und die Gedächtniskirche. In den Außenbezirken West-Berlins entstanden die Großsiedlungen Falkenhagener Feld westlich von Spandau (1960–77), Britz-Buckow-Rudow, später Gropiusstadt genannt (1960–75), das Märkische Viertel (1962–75) und weitere kleinere Stadtrandsiedlungen.

Bis Ende der 50er Jahre plante man in beiden Stadthälften für die gesamte Stadt; bei einigen Projekten wie dem geplanten Bau eines Schnellstraßensystems oder dem Ausbau des U-Bahnnetzes ging man in West-Berlin noch in den 70er Jahren von einer künftigen Wiedervereinigung aus. Dem Leitbild der „autofreundlichen

Stadt" verdankt der Westteil Berlins nicht nur den Autobahnstadtring, sondern auch zum Beispiel die Hochhauskomplexe am Kottbusser Tor und am Mehringplatz, die den Lärm geplanter Schnellstraßen-Zubringer abfangen sollten.

BERLINER POLITIK NACH DEM MAUERBAU

Der Mauerbau zwang die Politik im Westen zu einer Neuorientierung. Zwar forderten alle Politiker den Abriss der Mauer, doch wurde bald klar, dass man mit Appellen nicht weit kommen würde. Senatssprecher Egon Bahr prägte das Wort vom „Wandel durch Annäherung", und Bürgermeister Heinrich Albertz (SPD) forderte schon im August **1963**, dass die Frage der Anerkennung der DDR nicht zur Unbeweglichkeit der westlichen Politik führen dürfe – was ihm einen Misstrauensantrag der CDU im Abgeordnetenhaus eintrug. Nach dem Ende der SPD/CDU-Koalition wandte sich der im März 1963 gebildete SPD/FDP-Senat unter dem Regierenden Bürgermeister Willy Brandt (1957–66) einer „Politik der kleinen Schritte" zu, und es gelang, die Mauer zur Jahreswende 1963/64 erstmals wieder zu öffnen: An 18 Tagen konnten aufgrund eines Passierscheinabkommens West-Berliner ihre Verwandten im Osten besuchen. Bis Mitte 1966 folgten drei weitere (einseitige) Grenzöffnungsphasen.

Aber immer wieder behinderte die DDR-Führung den Verkehr nach West-Berlin. Als der Bundestag **1965** zum vierten Mal in Berlin tagen wollte, wurde den Abgeordneten die Durchreise durch die DDR verwehrt – sie mussten per Flugzeug anreisen. Die Sitzung in der Kongresshalle (heute Haus der Kulturen der Welt) wurde dann durch östliche Düsenjägerflüge gestört. 1968 führte die DDR eine Visumspflicht auf den Transitstrecken von und nach West-Berlin ein, die Durchreise war zum Teil mit stundenlangen Wartezeiten vor den Grenzkontrollstellen verbunden.

Nach dem Mauerbau stellte der Bundestag West-Berlin eine Soforthilfe von einer halben Milliarde D-Mark zur Verfügung und verabschiedete **1962** ein Berlinhilfe-Gesetz, das den Arbeitnehmern eine „Berlin-Zulage", den Unternehmern und Investoren

„Sie leben auf einer verteidigten Insel der Freiheit. Aber Ihr Leben ist mit dem des Festlandes verbunden, und deshalb fordere ich Sie (...) auf, den Blick über die Gefahren des Heute hinweg auf die Hoffnung des Morgen zu richten (...) Aber wenn der Tag gekommen sein wird, an dem alle die Freiheit haben und Ihre Stadt und Ihr Land wieder vereint sind, wenn Europa geeint ist und Bestandteil eines friedvollen und zu höchsten Hoffnungen berechtigten Erdteils, dann (...) können Sie mit Befriedigung von sich sagen, dass die Berliner und diese Stadt Berlin 20 Jahre die Front gehalten haben. Alle freien Menschen, wo immer sie leben mögen, sind Bürger dieser Stadt West-Berlin, und deshalb bin ich als freier Mann stolz darauf, sagen zu können: Ich bin ein Berliner!"
US-Präsident John F. Kennedy am 26. Juni 1963 vor dem Rathaus Schöneberg

Steuervergünstigungen brachte. Vor allem die Zigarettenindustrie dankte die Förderung mit dem Ausbau von Produktionsanlagen. Die großen Wirtschaftsfirmen, Banken und Versicherungen, die bis 1945 in Berlin saßen, hatten ihren Hauptsitz zu diesem Zeitpunkt aber längst schon fast ausnahmslos nach Westdeutschland verlegt.

Wegen der sinkenden Bevölkerungszahl wurden in West-Berlin seit Ende der 60er Jahre, später als in Westdeutschland, ausländische „Gastarbeiter" angeworben. Sie kamen zunächst mit einjährigen Arbeitsverträgen, die aber dann wesentlich verlängert wurden, sodass viele Arbeiter schließlich ihre Familien nachholten. Nach Berlin kamen vor allem Türken, die anfangs in Wohnheimen untergebracht wurden, sich aber bald eigene Wohnungen mit niedriger Miete (und geringem Komfort), besonders in Kreuzberg, Neukölln und im Wedding, suchten. Die West-Berliner Volkszählung von 1987 ergab einen Ausländeranteil von elf Prozent – zur Hälfte Türken. Berlin war das erste Bundesland, das 1981 das Amt einer „Ausländerbeauftragten" schuf.

Der Ausländeranteil in der Bevölkerung Ost-Berlins betrug 1989

US-Präsident Kennedy vor dem Schöneberger Rathaus, 26. Juni 1963

DDR-Staats- und Parteichef Erich Honecker, IX. Parteitag der SED 1976

nur 1,6 Prozent (21 000 Menschen), denn der Zuzug in die DDR war strikt reglementiert. Vor allem Vietnamesen lebten mit befristeten Arbeitsverträgen in Sammelunterkünften ohne großen Kontakt zur deutschen Bevölkerung. Politisches Asyl gewährte die DDR nur selten. Spektakulär war die Aufnahme verfolgter Chilenen nach dem Militärputsch unter Pinochet in Chile 1973.

Ost-Berlin und der DDR brachte der Mauerbau eine wirtschaftliche Konsolidierung. Seit 1967 wurden kleinere Firmen zu Kombinaten zusammengeschlossen, private und halbstaatliche Firmen wurden verstärkt in „Volkseigene Betriebe" (VEB) umgewandelt. Nicht staatliche Betriebe erwirtschafteten 1977 nur noch 0,7 Prozent der DDR-Produktion.

Ost-Berlin war der größte Industriestandort der DDR, die führenden Branchen waren die Elektroindustrie, der Maschinen- und Fahrzeugbau, die chemische Industrie, die Leichtindustrie und die Lebensmittelindustrie. Anders als im Westteil der Stadt, wo man mit der Ostmark nichts anfangen konnte, galt die D-Mark in der

Berliner Namensgebung

Diffizil waren Benennung und Schreibweise der beiden Berliner Stadthälften, durch die man seinen politischen Standpunkt sofort deutlich machen konnte. So sprachen westliche Medien lange Jahre noch von „Sowjetzone", „Ostzone" oder schlicht der „Zone", später von der „so genannten DDR" oder sie setzten das Kürzel in Anführungszeichen. Die DDR-Seite sprach von „BRD", die westdeutsche Seite von der „Bundesrepublik". Was im Westen „Ost-Berlin" genannt wurde, hieß dort offiziell zunächst „Demokratischer Sektor", dann „Demokratisches Berlin" oder „Berlin (DDR)", schließlich „Berlin, Hauptstadt der DDR". Der Westteil der Stadt schrieb sich nach östlicher Sprachregelung „Westberlin", die Westmächte beharrten in den Verträgen dagegen auf der Bezeichnung „Berlin (West)", im Westen üblich war die Schreibweise „West-Berlin". Gemäß der Verfassung von Berlin lautete die korrekte Bezeichnung „Land Berlin".

DDR als inoffizielle Zweitwährung. Touristen aus dem Westen und DDR-Bürger, die Westgeld von Verwandten oder Bekannten erhalten hatten, konnten in den „Intershops" die begehrten Westprodukte erwerben.

Eine neue Phase begann für West-Berlin mit den Abkommen, die Anfang der 70er Jahre die nach dem Zweiten Weltkrieg entstandene Situation als Realität nahmen. Grundlage war die von der sozialliberalen Koalition unter Willy Brandt seit **1969** betriebene Entspannungspolitik: In den Verträgen von Warschau und Moskau **1970** und **1971** erkannte die Bundesrepublik die Unverletzlichkeit der innerdeutschen Grenze und der Oder-Neiße-Grenze an. Im Gegenzug anerkannte die Sowjetunion im Vier-Mächte-Abkommen vom 3. September 1971, das im Kammergericht am Kleistpark ausgehandelt und unterzeichnet wurde, die engen Bindungen zwischen West-Berlin und der Bundesrepublik sowie die Sicherheit der Zufahrtswege.

Die Berlin-Regelung trat am 3. Juni **1972** in Kraft, nachdem zwischen der Bundesregierung und der Regierung der DDR ein Abkommen über den Transitverkehr von und nach West-Berlin sowie zwischen dem Senat und der DDR eine Reise- und Besuchsvereinbarung für die West-Berliner ausgehandelt waren.

Den Abschluss bildete der Grundlagenvertrag zwischen der Bundesrepublik und der DDR vom 21. Dezember 1972, in dem die Bundesrepublik die DDR anerkannte und ihr durch ihren Verzicht auf den „Alleinvertretungsanspruch" für Deutschland ermöglichte, diplomatische Beziehungen auch zu den westlichen Staaten aufzunehmen. Die Bundesregierung bestand allerdings auf einem Sonderverhältnis zwischen beiden deutschen Staaten, und so wurden in der jeweils anderen Hauptstadt keine Botschaften eingerichtet, sondern „Ständige Vertretungen". Die Vertretung der Bundesrepublik bei der DDR eröffnete am 2. Mai **1974** in der Hannoverschen Straße (heute Bundesministerium für Bildung und Forschung).

West-Berliner Bürger konnten nun nach Antragstellung mit einem Besucherschein Ost-Berlin besuchen, wurden allerdings zum Mindestumtausch von 6,50 DM, ab 1980 25 DM in Mark der DDR gezwungen. Ost-Berliner konnten in dringenden Familienangelegenheiten nach West-Berlin reisen, und auch Rentnern über 65 stand die Grenze offen.

Die 1952 gekappten Telefonleitungen zwischen beiden Stadtteilen wurden wieder hergestellt. Die Transitautobahn von Berlin nach Helmstedt wurde mit westdeutschen Finanzmitteln erneuert, nach Hamburg entstand eine neue Autobahn. Der Teltowkanal wurde nach Westen hin wieder geöffnet; Güter durften in verplombten Fahrzeugen die DDR unkontrolliert passieren; die Gebühren für Transitvisa und Straßenbenutzung übernahm nun pauschal die Bundesregierung.

Mit dem neuen Parteichef Erich Honecker, der Walter Ulbricht **1971** ablöste, schien Bewegung in die Politik der DDR-Führung zu kommen. Im August **1973** verwandelte sich die ostdeutsche Hauptstadt für zehn Tage in eine Freilichtbühne: Die von der FDJ organisierten „X. Weltfestspiele der Jugend und Studenten" brachten Jugendliche aus über 100 Staaten in die Stadt. Beispielhaft eingefangen ist die Aufbruchstimmung in Heiner Carows Film „Die Legende von Paul und Paula".

Doch das Tauwetter währte nicht lange. Unbequeme Künstler und Wissenschaftler erhielten Veröffentlichungs-, Auftritts- oder Lehrverbote, der regimekritische Physiker Robert Havemann etwa wurde unter Hausarrest gestellt, Wolf Biermann **1976** während einer Konzertreise in die Bundesrepublik ausgebürgert. Zahlreiche kritische Prominente wie der Schauspieler und Sänger Manfred Krug, die Sängerin Nina Hagen oder die Schauspieler Hilmar Thate und Angelika Domröse durften oder mussten die DDR verlassen; sie ließen sich fast alle auf der anderen Seite der Mauer, in West-Berlin, nieder.

Ost-Berlin, vor allem der Bezirk Prenzlauer Berg, entwickelte sich zum Anziehungspunkt für regimekritische Köpfe. Als Zentren der Kritik etablierten sich die Kirchen, eine breitere Öffentlichkeit gewann besonders die Friedensbewegung der 80er Jahre mit ihrer Losung „Schwerter zu Pflugscharen". Beim „Berliner Appell" standen **1982** erstmals die christliche Friedensbewegung und Marxisten wie Havemann zusammen gegen die Parteilinie.

Im Blickpunkt war immer wieder die Ständige Vertretung der Bundesrepublik in Ost-Berlin, deren Lesesaal allen DDR-Bürgern offen stand. Besuche wurden allerdings von der Staatssicherheit

Altkanzler Willy Brandt vor der Mauer, 13. August 1986

Die Volkskammer der DDR tagt im Palast der Republik, Mai 1986

genauestens vermerkt und konnten den Betroffenen Nachteile z. B. im Beruf bringen. Immer wieder blieben DDR-Bürger im Gebäude, um ihre Ausreise zu erzwingen – die in den letzten Jahren der DDR zumeist auch unter Vermittlung der Bundesregierung „geräuschlos" erfolgte.

Seit Mitte der 80er Jahre verschafften die Menschen immer häufiger und offener ihrer zentralen Forderung nach Meinungs- und Reisefreiheit Gehör. Ihr Forum waren in der Regel Gottesdienste und Andachten in Kirchen wie der Gethsemanekirche in Prenzlauer Berg und der Zionskirche in Mitte, in deren Gemeindehaus die „Umweltbibliothek" als Zentrum der DDR-Umweltbewegung untergebracht war. Nachdem es etwa anlässlich der Demonstration zum Todestag von Karl Liebknecht und Rosa Luxemburg zu einer Gegendemonstration gekommen war, der der Staat nur durch Festnahmen zu begegnen wusste, versammelten sich am 30. Januar 1988 rund 2000 Menschen in der Gethsemanekirche zu einer Solidaritätsandacht.

Mit seiner Aufforderung „Mr. Gorbatschow, tear down this wall!", sorgte US-Präsident Ronald Reagan in seiner Rede vor dem Brandenburger Tor **1987** für einiges Aufsehen. Doch die Politik der „Perestroika" in der Sowjetunion unter Michail Gorbatschow ging an

Die Oberbürgermeister von Ost-Berlin

Friedrich Ebert (jun., 1894–1979)	1948–67
Herbert Fechner (1913–98)	1967–74
Erhard Krack (1931–2000)	1974–90
Christian Hartenhauer (*1948, PDS)	Febr.–Mai 1990
Tino Schwierzina (1927–2002, SPD)	1990–91

Die Ersten Sekretäre der Bezirksleitung der SED Berlin

Hans Jendretzky (1897–1992)	1948–53
Alfred Neumann (1909–2001)	1953–57
Paul Verner (1911–86)	1959–71
Konrad Naumann (1928–92)	1971–85
Günter Schabowski (*1929)	1985–89

der DDR-Führung spurlos vorüber. Noch im Januar **1989** erklärte Honecker, die Mauer werde „in 50 und auch in 100 Jahren noch bestehen bleiben, wenn die dazu vorhandenen Gründe noch nicht beseitigt sind".

Während die Bevölkerung Ost-Berlins kontinuierlich wuchs, sank die Einwohnerzahl West-Berlins beständig. Die alteingesessene Bevölkerung überalterte, da viele Menschen nach Abschluss der Berufsausbildung oder des Studiums keine Arbeit fanden und nach Westdeutschland zogen. Andererseits kamen junge Westdeutsche in die Inselstadt: zum Studieren, um die Wehrpflicht zu umgehen oder weil sie schlichtweg die weltweit einzigartige Atmosphäre dieser eingeschlossenen Stadt genießen wollten, in der sich ein ganz eigenes alternatives „Biotop" bildete. 1967 entstand hier die erste politisch motivierte Wohngemeinschaft Deutschlands, die „Kommune 1" um Fritz Teufel, Rainer Langhans und Dieter Kunzelmann (in Friedenau, später am Stuttgarter Platz in Charlottenburg).

Die weltweite Studentenbewegung, die man später mit dem Schlagwort der „68er" bezeichntete, ging in Deutschland wesentlich von der Freien Universität Berlin aus. Wollten die Studierenden zunächst nur ihr Recht auf politische Aktionen an der als „Reformuniversität" gegründeten FU verteidigen, so brach die Bewegung im Endeffekt nicht nur die traditionellen Strukturen der bundesrepublikanischen Universitäten auf, sondern wirbelte die ganze westdeutsche Gesellschaft durcheinander. Bald schon forderten die Demonstranten auch die Aufarbeitung der nationalsozialistischen Vergangenheit, das Infragestellen der „Konsumgesellschaft" und der atomaren Aufrüstung sowie vor allem das Ende des Vietnamkriegs. Das Klima auf Berlins Straßen heizte sich auf. Am 2. Juni **1967** kulminierte die Entwicklung im Tod des Studenten Benno Ohnesorg, der bei einer Demonstration gegen den Staatsbesuch des Schahs von Persien vor der Deutschen Oper von einem Polizisten erschossen wurde. Der Regierende Bürgermeister Heinrich Albertz, als Pastor während der NS-Zeit ein wichtiger Kopf der Bekennenden Kirche, trat daraufhin zurück. Eine erneute Eskalation der Gewalt brachte der Mordanschlag auf den Studentenführer Rudi Dutschke, der am 11. April **1968** von einem Rechtsradikalen auf dem Kurfürstendamm (vor dem Haus Nr. 140) angeschossen wurde und 1979 an den Spätfolgen starb.

Eine kleine Gruppe aus der „Außerparlamentarischen Opposition" (APO) ging in den „Untergrund", um den Staat mit terroristischen Mitteln zu bekämpfen. Im Mai **1970** schossen die Berliner Journalistin Ulrike Meinhof und andere Gleichgesinnte den wegen Kaufhausbrandstiftung verurteilten Andreas Baader während eines bewachten Freigangs aus der Haftanstalt Tegel frei. Zweimal wurde Berlin Schauplatz eines Attentats der Baader-Meinhof-Gruppe bzw. „Rote Armee Fraktion" (RAF): bei der Ermordung des Kammergerichtspräsidenten Günter von Drenkmann am 10. November **1974** und bei der Entführung des CDU-Vorsitzenden und -Spitzenkandidaten Peter Lorenz im Februar **1975**. Lorenz wurde im Austausch mit sechs inhaftierten Terroristen freigelassen. Bei der folgenden Wahl zum Abgeordnetenhaus Anfang März **1975** wurde die CDU erstmals stärkste Partei.

Der größere, friedliche Strang der Entwicklung führte von der Studentenbewegung zur „Alternativen Szene" und später zu den Parteien der „Alternativen Liste" und der „Grünen". In Berlin entstanden Wohngemeinschaften, „alternative" Betriebe, selbstverwaltete „Kinderläden". Kreuzberg wurde zum Synonym für alternative Lebensformen, aber auch für eine Stadt, in der man die Nacht zum Tag machen konnte – weil es im Gegensatz zur Bundesrepublik keine Polizeistunde gab.

Gegen Bauspekulanten, die zahlreiche Altbauten leer stehen und verfallen ließen, um sie dann abreißen zu können, bildete sich die Hausbesetzerszene. „Instandbesetzer" zogen in die leeren Altbauten, um sie vor dem Abriss zu retten und wieder herzurichten. Es kam zu zahlreichen Hausräumungen und zu Straßenschlachten zwischen der Polizei und zum Teil militanten Demonstranten. Der Regierende Bürgermeister Hans-Jochen Vogel leitete **1981** einen Politikwechsel ein, und bis **1984** wurden viele Hausbesetzungen im Nachhinein legalisiert; die ehemaligen Besetzer wohnen zum Teil noch heute in diesen Häusern.

Zum Paradigmenwechsel in der West-Berliner Baupolitik trug maßgeblich die Internationale Bauausstellung (IBA) bei, die sich

Die Regierenden Bürgermeister von Berlin (1949–90 West-Berlin)

Ernst Reuter (1889–1953, SPD)	1947/48–53 (bis 1951 Oberbürgermeister)
Walther Schreiber (1884–1958, CDU)	1953–55
Otto Suhr (1894–1957, SPD)	1955–57
Willy Brandt (1913–1992, SPD)	1957–66
Heinrich Albertz (1915–1993, SPD)	1966–67
Klaus Schütz (*1926, SPD)	1967–77
Dietrich Stobbe (*1938, SPD)	1977–81
Hans-Jochen Vogel (*1926, SPD)	Januar–Juni 1981
Richard v. Weizsäcker (*1920, CDU)	1981–84
Eberhard Diepgen (*1941, CDU)	1984–89 und 1991–2001
Walter Momper (*1945, SPD)	1989–91
Klaus Wowereit (*1953, SPD)	seit 2001

zwischen **1979** und **1987** um die Instandsetzung der Altbauviertel im Osten Kreuzbergs und die Wiedergewinnung städtischen Lebens durch maßstabgerechte Neubauten im kriegszerstörten Westteil Kreuzbergs bemühte. Durch das von Josef Paul Kleihues geleitete Neubauprogramm wurde West-Berlin in den 80er Jahren zum vielleicht interessantesten Treffpunkt der Architekturwelt.

Die Insellage führte aber auch zu einer Filzbildung in den Behörden und der Politik, Bauskandale zwangen zu Rücktritten. Nach einem kurzen Intermezzo von Hans-Jochen Vogel als Regierender Bürgermeister bildete nach der Wahl vom Mai **1981** Richard von Weizsäcker den ersten CDU-Minderheitssenat in der Geschichte Berlins, der bald zu einer CDU/FDP-Koalition erweitert wurde. Erstmals zog 1981 die „Alternative Liste" mit 7,2 Prozent der Wählerstimmen ins Abgeordnetenhaus ein, **1985** ereichte sie über 10, in Kreuzberg-Ost mehr als 30 Prozent der Stimmen. Als Weizsäcker **1984** für das Amt des Bundespräsidenten kandidierte, folgte ihm Eberhard Diepgen als Stadtoberhaupt nach.

Noch in den 80er Jahren zwangen Skandale zwei Bausenatoren zum Rücktritt, **1989** schließlich bekam West-Berlin erstmals eine rot-grüne Regierung unter dem Regierenden Bürgermeister Walter Momper (SPD).

Ein typisches Ost-West-Kuriosum war die Besetzung des Lenné-Dreiecks (heute Beisheim-Center), das zu Ost-Berlin gehörte, aber westlich der Mauer lag. Die Natur hatte sich dieses Niemandsland seit dem Mauerbau zurückerobert, und als das Gelände an West-Berlin getauscht und mit einer Straße bebaut werden sollte, wurde es im Juni **1988** von jungen Leuten kurzerhand besetzt. Als die West-Berliner Polizei schließlich zur Räumung ansetzte, flüchteten die Besetzer über die Mauer nach Ost-Berlin, von wo sie später unbehelligt in den Westen zurückkehrten.

KULTUR UND WISSENSCHAFT

Ost-Berlin war politisch, wirtschaftlich und kulturell das Zentrum der DDR. 25 große Industriekombinate waren in Berlin angesiedelt, und hier befanden sich über die Hälfte der Forschungskapazitäten der „Akademie der Wissenschaften der DDR", unter deren Dach alle großen außeruniversitären Forschungsprojekte im Land zusammengefasst waren. Trotz des Ausspruchs des SED-Politbüromitglieds Kurt Hager „Kunst ist immer Waffe im Klassenkampf" konnten sich viele Kulturinstitutionen Ost-Berlins – oft gegen die Bevormundung der Funktionäre – internationales Renommee erwerben. Das galt für die Staatsoper und die von Walter Felsenstein gegründete Komische Oper, für das von Kurt Sanderling geprägte Berliner Sinfonie-Orchester, das Hausorchester des bis 1984 wieder aufgebauten Schauspielhauses (heute Konzerthaus am Gendarmenmarkt), für Europas größtes Revuetheater im Friedrichstadtpalast, für das Kabarett „Die Distel", vor allem aber für die Sprechtheater Ost-Berlins, die in Maßen immer wieder regimekritische Botschaften formulierten: das Deutsche Theater, die Volksbühne, das von Brecht begründete Berliner Ensemble und das Maxim-Gorki-Theater. Ost-Berlin war Schauplatz bedeutender Festivals und das Zentrum einer kleinen, aber weltweit anerkannten Free-Jazz-Szene. Zurückgekehrte Emigranten wie Arnold Zweig und Anna Seghers, Bertolt Brecht und Johannes R. Becher gaben der DDR-Literaturszene in den ersten Jahren ihren Glanz, aber auch später lebten und arbeiteten fast alle, die in der DDR Rang und Namen hatten, in Berlin – von Christa Wolf bis Stefan Heym, von Heiner Müller bis Jurek Becker und Monika Maron.

Auch West-Berlin erhielt seine Attraktivität vor allem als Stadt der Kultur und der Wissenschaft. Der Senat iniitierte zahlreiche neue Institutionen wie das Max-Planck-Institut für Bildungsforschung, das Wissenschaftszentrum, das Deutsche Institut für Entwicklungspolitik oder das Institut für Nordamerikaforschung (heute John-F.-Kennedy-Institut) der FU. Nahe der Mauer entstand das Kulturforum mit der Philharmonie, der Neuen Nationalgalerie und der (neuen) Staatsbibliothek. Mit den Staatlichen Bühnen Schillertheater und Schlossparktheater, der 1963 eröffneten Freien Volksbühne (erster Intendant: Erwin Piscator), dem Grips-Theater für Kinder und Jugendliche, den zahlreichen kleinen Bühnen der „Off-Theater"-Szene, vor allem aber der lange Jahre von Peter Stein geleiteten Schaubühne am Halleschen Ufer (seit 1981 am Lehniner Platz) entwickelte sich West-Berlin zur führenden Theaterstadt. Das alte Charlottenburger Opernhaus wurde als Deutsche Oper Berlin wieder aufgebaut, das Theater des Westens als Operetten- und Musicalbühne wieder eröffnet, und das Berliner Philharmonische Orchester zählte unter dem langjährigen Chefdirigenten Herbert von Karajan – und zählt noch heute – zu den besten Sinfonieorchestern der Welt.

Hinzu traten große Festivals wie die seit 1951 organisierten Berliner Festwochen, die Filmfestspiele „Berlinale" (ebenfalls seit 1951, neben Cannes und Venedig das dritte große Filmfestival der Welt), das „Theatertreffen" und Deutschlands erstes großes Jazzfestival, die seit 1964 stattfindenden Jazztage, seit 1981 Jazzfest.

Zu einem Zentrum der deutschen Literatur entwickelte sich zeitweilig Friedenau, wo in den 60er Jahren unter anderem Uwe Johnson, Günter Grass, Erich Kästner, Max Frisch und Hans Magnus Enzensberger wohnten.

Nicht zu vergessen sei die Kunstszene West-Berlins mit einer unüberschaubaren Zahl an privaten Galerien, von denen aus in den 70er Jahren die neoexpressionistischen „Neuen Wilden" Rainer Fetting, Helmut Middendorf oder Salome den Sprung an die Spitze des weltweiten Kunstmarkts schafften.

DIE „WENDE" 1989/90

Auch wenn die Öffnung der Mauer am Abend des 9. November **1989** völlig unerwartet kam, hatten sich die Geschehnisse in der DDR und in Ost-Berlin doch schon über Monate hinweg angebahnt. Bei den Ost-Berliner Kommunalwahlen am 7. Mai 1989 erhielt die Einheitswahlliste „nur" 98,63 Prozent – ein historisches Tief. Dennoch gab es erstmals zahlreiche Einsprüche wegen Wahlfälschung. Immer mehr DDR-Bürger wagten, gegen den Staat aufzustehen.

Das Ende der DDR aber bahnte sich in Ungarn an, wo man am 17. Juli 1989 die Grenzen zu Österreich zu öffnen begann. Prompt reisten zahlreiche DDR-Bürger nach Ungarn, wo sie sich, an der Grenze abgewiesen, in die Botschaft der Bundesrepublik flüchteten. Auch in Prag und Warschau wurden die Botschaften überrannt, und bald warteten dort Tausende auf die Ausreise in den Westen. Die Öffnung der ungarischen Grenzen in der Nacht vom 10. zum 11. September löste eine Massenflucht aus, die die DDR-Führung dadurch stoppte, dass sie nun auch die Staatsgrenzen zur Tschechoslowakei und nach Polen schloss. Die Flüchtlinge in Warschau und Prag ließ Honecker schließlich mit Sonderzügen, die über das Gebiet der DDR rollen mussten, ausreisen. Die DDR-Führung tat alles, um sich die Feiern zum 40. Jahrestag der DDR am 7. Oktober nicht verhageln zu lassen.

Zum Zentrum der DDR-weiten Proteste wurde Leipzig, wo seit dem 4. September jeden Montag unter der Parole „Wir sind das Volk" Demonstranten zusammenkamen, von Woche zu Woche mehr. Am 11. September erschien der Gründungsaufruf der ersten DDR-weiten Oppositionsgruppe „Neues Forum", es folgten „Demokratie Jetzt", der „Demokratische Aufbruch" und die „Sozialdemokratische Partei" (SDP). Die Blockparteien gingen unterdessen auf Distanz zur SED. Angesichts der unbeweglichen Haltung der Parteiführung mahnte der sowjetische Parteichef Michail Gorbatschow als Ehrengast des 40. DDR-Jubiläums: „Wer zu spät kommt, den bestraft das Leben".

Zum Wendepunkt wurde der 9. Oktober, an dem 70 000 Montagsdemonstranten in Leipzig einer auffallend großen Zahl an „Sicherheitskräften" gegenüberstanden. Erst am 4. Juni waren auf dem „Platz des Himmlischen Friedens" in Peking Militärkräfte brutal gegen demonstrierende Studenten vorgegangen, und die DDR-Führung hatte dieses Vorgehen ausdrücklich gutgeheißen. Am Abend stand die Situation auf der Kippe, und über Stunden war die Angst groß, die DDR-Führung könnte zum Blutbad entschlossen sein. Doch schließlich zogen sich Militär und Polizei zurück – der Tag endete friedlich.

Zehn Tage später, am 18. Oktober, entmachtete das Politbüro Staats- und Parteichef Honecker, sein Nachfolger Egon Krenz verkündete umgehend eine grundlegende „Wende". Doch die „nicht genehmigten Demonstrationen" wurden immer zahlreicher. Am 29. Oktober stellten sich Berlins SED-Chef Günter Schabowski und Oberbürgermeister Erhard Krack erstmals dem Volk, am 4. November kamen im Zentrum Ost-Berlins über 500 000 Menschen zu einer Protestkundgebung zusammen, zu der „Kulturschaffende" wie die Schriftsteller Christa Wolf, Stefan Heym, Christoph Hein und Heiner Müller aufgerufen hatten.

Am selben Tag gab die DDR-Regierung den Weg in die ČSSR – und damit in die Bundesrepublik – frei, am 7. November trat die Regierung unter Ministerpräsident Willi Stoph zurück, am folgenden Tag wurde das Politbüro neu gewählt. Und am Abend des 9. November 1989 verkündete SED-Bezirkschef und Politbüromitglied Schabowski auf einer live übertragenen Pressekonferenz das neue Reisegesetz, das „Privatreisen nach dem Ausland (...) ohne Vorliegen von Voraussetzungen, Reiseanlässen oder Verwandtschaftsverhältnissen" möglich machen sollte. Auf Nachfragen, wann das Gesetz in Kraft trete, sagte Schabowski, der bei der Beschlussfassung nicht anwesend gewesen war, zögernd „sofort, unverzüglich". Umgehend machten sich Tausende Ost-Berliner auf zu den Grenzübergängen, wo die überforderten Grenzer schließlich den Weg freigaben. Staunend und überglücklich strömten die Neugieri-

Die Berliner erstürmen die Mauer, 10. November 1989

gen in den Westen, wo es zu Jubelfeiern und Verbrüderungsszenen kam. Am Abend des 10. November erklärte der Regierende Bürgermeister Walter Momper während einer Feierstunde vor dem Rathaus Schöneberg: „Wir Deutschen sind jetzt das glücklichste Volk auf der Welt." Und Willy Brandt prägte den Satz: „Nun wächst zusammen, was zusammengehört."

In den folgenden Tagen und Wochen befand sich Berlin im Ausnahmezustand. Hunderttausende strömten von Ost nach West und von West nach Ost, Tausende kletterten auf die Mauer – vor allem am Brandenburger Tor, wo die Mauer breit wie ein Damm war und vielen Menschen bequem Platz bot. Die West-Berliner Geschäfte wurden gestürmt, U-Bahnhöfe wegen Überfüllung geschlossen, hupende Trabbis kurvten durch West-Berlin. „Mauerspechte" meißelten Erinnerungsstücke aus dem Betonwall – bis man an vielen Stellen hindurchschauen konnte. Im Januar 1990 begann der planmäßige Abbruch und der Verkauf einzelner Mauerstücke an Interessenten aus aller Welt.

Am 17. November wählte die Volkskammer den als Reformer geltenden SED-Bezirkschef Hans Modrow zum neuen Ministerpräsidenten, am 1. Dezember wurde der Führungsanspruch der SED aus der DDR-Verfassung gestrichen. Honecker, Stoph und der Minister für Staatssicherheit, Erich Mielke, wurden aus der SED ausgeschlossen; Zentralkomitee und Politbüro der SED traten zurück, Krenz legte das Amt des Staatsratsvorsitzenden nieder, und am 7. Dezember tagte im Dietrich-Bonhoeffer-Haus in der Ziegelstraße 30 (Bezirk Mitte) erstmals der „Zentrale Runde Tisch". Hier und später im Schloss Niederschönhausen diskutierten Vertreter aller wichtigen Oppositionsgruppen und Parteien den Übergang zu demokratischen Strukturen. Die politische Zukunft Ost-Berlins diskutierte bereits seit dem 4. Dezember der „Berliner Runde Tisch" im Roten Rathaus. In rascher Folge wurden neue Grenzübergänge geöffnet, am 22. Dezember schließlich auch am Brandenburger Tor. Erste Linienbusse überquerten die Staatsgrenze, Visumspflicht und Zwangsumtausch für West-Berliner wurden abgeschafft.

Allmählich wurde dem „Normalbürger" das Ausmaß der Stasi-Bespitzelung bewusst. Mitte Januar **1990** stürmten wütende Bürger die Stasi-Zentrale in der Lichtenberger Normannenstraße; später sicherte eine Mahnwache die Archivbestände vor weiterer Zerstörung, damit man das Stasi-Unrecht künftig würde aufarbeiten können.

Die ersten freien Wahlen der DDR am 18. März 1990 brachten einer Partei die Mehrheit, die nur wenige auf der Rechnung hatten: Die frühere „Blockpartei" CDU siegte (in einem Wahlbündnis „Allianz für Deutschland") mit 48,0 Prozent (in Berlin 21,8 Prozent) vor der SPD und der PDS (Partei des Demokratischen Sozialismus), in die sich die SED umbenannt hatte. Die führenden Kräfte des Umbruchs, die als „Bündnis 90" antraten, wurden für ihren Einsatz nicht belohnt und schafften lediglich 2,9 Prozent. Lothar de Maizière wurde Ministerpräsident einer CDU/SPD-Koalition, der letzten DDR-Regierung. Bei der ersten freien Wahl zur Ost-Berliner Stadtverordnetenversammlung im Mai errang die SPD die Mehrheit; Oberbürgermeister wurde Tino Schwierzina.

Rasch wurde deutlich, dass es künftig keine Eigenstaatlichkeit der DDR mehr geben würde – die Rufe „Wir sind ein Volk" oder „Kommt die D-Mark nicht zu uns, gehen wir zu ihr" forderten die rasche Vereinigung der beiden Teilstaaten. Zum 1. Juli 1990 wurde die D-Mark mit der Währungs-, Wirtschafts- und Sozialunion zur offiziellen Währung auch in der DDR. Am 23. August beschloss die Volkskammer den Beitritt der fünf neu gebildeten Länder der DDR (Mecklenburg-Vorpommern, Brandenburg, Sachsen-Anhalt, Sachsen und Thüringen) zur Bundesrepublik gemäß Artikel 23 des Grundgesetzes zum **3. Oktober 1990**. Am 12. September verzichteten die Siegermächte des Zweiten Weltkriegs im Zwei-plus-Vier-Vertrag auf ihre Rechte und Verantwortlichkeiten in Bezug auf Deutschland und Berlin, und am 20. September ratifizierten Bundestag und Volkskammer den „Einigungsvertrag".

Einen Tag nach der Vereinigung tagte am 4. Oktober 1990 im Reichstag der erste gesamtdeutsche Bundestag, dem nun auch 144 Vertreter der fünf neuen Bundesländer angehörten. Am 2. Dezember erfolgten die ersten gesamtdeutschen Bundestagswahlen, bei denen die CDU/FDP-Regierung unter Helmut Kohl (CDU) bestätigt wurde. Die Abgeordnetenhauswahl am selben Tag machte die CDU auch in Berlin zur stärksten Partei, und Eberhard Diepgen kehrte als Chef einer „großen Koalition" aus CDU und SPD ins Amt des Regierenden Bürgermeisters zurück. Zur Verfassung des wieder vereinigten Berlin bestimmte das Abgeordnetenhaus im Januar **1991** die Verfassung von 1950, die seitdem ohne die alliierten Vorbehalte gilt. Berlin ist seitdem ein Bundesland wie die 15 anderen deutschen Länder. Seit dem 3. Oktober 1991 amtiert der Regierende Bürgermeister wieder im Roten Rathaus, im April **1993** zog das Abgeordnetenhaus vom Rathaus Schöneberg in das alte Preußische Abgeordnetenhaus. Im Sommer **1994** verließen die alliierten Truppen Berlin, zunächst die Westalliierten, zwei Monate später die russischen Streitkräfte.

Berlin seit der Wiedervereinigung

Am 20. Juni **1991** entschied der Deutsche Bundestag mit der knappen Mehrheit von 338 zu 320 Stimmen die Verlegung von Bundestag und Bundesregierung von Bonn nach Berlin. Die Euphorie in der Hauptstadt, die wieder Parlaments- und Regierungssitz werden sollte, war groß. Politiker, Investoren und Projektentwickler gaben sich dem Rausch einer „zweiten Gründerzeit" hin, die über Nacht ungeahnte Möglichkeiten zu eröffnen schien.

Dabei stand die wieder vereinigte Stadt vor gewaltigen Aufgaben. Der Übergang von der Plan- zur Marktwirtschaft fiel schwerer, als von vielen Politikern prophezeit und von vielen Menschen bereitwillig geglaubt. Die Erweiterung des deutschen Binnenmarktes brachte vielen westdeutschen Firmen gute Geschäfte, bedeutete für viele ostdeutsche Betriebe aber das Ende ihrer Existenz, zumal die bisherigen Absatzmärkte in Osteuropa weitgehend wegbrachen. Die VEBs wurden durch die „Treuhandgesellschaft" saniert und verkauft oder abgewickelt: insgesamt 8000 Unternehmen mit 40 000 Werken und sechs Millionen Beschäftigten. Viele Arbeitnehmer gingen vorzeitig in den Ruhestand oder landeten in Umschulungs- und Arbeitsbeschaffungsmaßnahmen, die sich oft nur als Zwischenschritt in die Arbeitslosigkeit erwiesen. Der Abbau der Bundessubventionen, der schneller erfolgte als die Beseitigung der Teilungsfolgen für beide Stadthälften, führte auch im Westteil Berlins zu Betriebsschließungen oder -verkleinerungen; zudem zogen zahlreiche West-Berliner Firmen ins Umland. Insgesamt ging bis Mitte der 90er Jahre fast jeder zweite Industriearbeitsplatz in Gesamt-Berlin verloren.

Als Bremse für allzu schnelle Entwicklungen erwies sich der im Einigungsvertrag festgeschriebene Grundsatz „Rückgabe vor Entschädigung", der die Besitzverhältnisse auf dem ostdeutschen Immobilienmarkt gehörig durcheinanderwirbelte und so manches Bauprojekt auf die lange Bank schob. Allein in Ost-Berlin mussten 200 000 Rückübertragungsanträge auf Immobilien entschieden werden.

Der Wirtschaftsboom, den man Berlin in der ersten Vereinigungseuphorie voraussagte, ist nicht eingetreten. Seit 1990 sind die Bevölkerungszahlen der Stadt Berlin mit 3,4 Millionen und des gesamten Ballungsraumes mit 4,5 Millionen Einwohnern nahezu konstant geblieben. Nur sehr wenige große Firmen haben ihre Haupt-, Europa- oder Deutschlandzentralen nach Berlin verlegt. Die Wirtschaft Berlins ist heute stärker denn je geprägt vom Dienstleistungssektor, von den Bundes- und Landesbehörden, von hauptstädtischen Repräsentanzen der Wirtschafts- und Lobbyverbände und den Medien, die sich parallel zur Bundesregierung in der alt-neuen Hauptstadt angesiedelt haben. Als zukunftsträchtig gelten besonders die „kreativen" Bereiche der Neuen Medien, der Musik- und Filmbranche, der Mode und der Werbung, die Berlin als interessantesten Standort in Deutschland entdeckt haben.

Die Stadt wurde nach der Maueröffnung zum Experimentierfeld, das junge, kreative Köpfe aus allen Teilen Deutschlands und der Welt wie ein Magnet anzog. Vor allem im alten Ostteil entwickelte sich eine spannende Kultur- und Musikszene, entstanden Bars, Cafés und Klubs in Ruinen und Kellern, alten Fabrikhallen und leer stehenden Wohnungen. Der Charme des Aufbruchs, der sich in den ersten Nachwendejahren entfaltete, ist verflogen. Die Verhältnisse, die rechtlichen und architektonischen, sind wieder geordnet. Auch das „neue" Berlin hat sich Lebendigkeit und Kreativität bewahrt. Es ist wieder eine „junge" Stadt, eine Stadt der kulturellen Avantgarde, in der sich selbst die arrivierte Promi-„Schickeria", die es zuvor in Berlin nicht gab, im Blickpunkt der Medien wohl fühlt.

Ein drückendes Problem bleibt allerdings die Arbeitslosigkeit. Im Durchschnitt des Jahres 2004 lag die Quote in Berlin bei 17,6 Prozent – im Vergleich zu 10,5 Prozent in ganz Deutschland.

Das äußere Bild Berlins hat sich gravierend gewandelt. Auf den riesigen Freiflächen im Herzen der Stadt, die durch den Fall der Mauer plötzlich verfügbar waren, entstanden ganz neue Stadtviertel: am Spreebogen, am Potsdamer Platz, an der Friedrichstraße, auf dem ehemaligen Mauerstreifen zwischen Mitte und Kreuzberg. Neue Büro- und Wohnhäuser haben zahllose Baulücken geschlossen. Zum Teil erbitterte Diskussionen um die einheitliche Traufhöhe, steinerne Fassaden (kontra Glas) oder den Erhalt der wenigen

Altbauten in Berlins Mitte erhitzten über Jahre hinweg die Gemüter. Weiterhin unklar ist die Zukunft von Berlins zentralem Platz: Nachdem der Palast der Republik wegen Asbests bereits entkernt wurde, beschloss der Bundestag **2004** seinen Abriss und einen Neubau hinter einer rekonstruierten Schlossfassade – doch ob es wirklich dazu kommt, ist angesichts der ungeklärten Finanzierung offen.

In den Außenbezirken entstanden neue Wohnstädte, im östlichen Innenstadtbereich wurden die großen Altbauviertel fast flächendeckend saniert. In manchen Vierteln, etwa der Spandauer Vorstadt, Prenzlauer Berg oder Friedrichshain, hat sich die Bevölkerungsstruktur binnen weniger Jahre radikal gewandelt. Viele Neu-Berliner zog es in die „In-Viertel", während viele alteingesessene Berliner „aufs Land", in die rasant gewachsenen Siedlungen rings um Berlin zogen.

Erst allmählich wuchs die Stadt wieder zusammen: im Straßennetz sowie im Netz der U- und S-Bahnen innerhalb der Stadt und ins Umland; und sogar die Straßenbahn, die man 1967 aus West-Berlin verbannt hatte, kehrte in den Westteil zurück. Seit der Vereinigung der beiden Nahverkehrsunternehmen BVG (West) und BVB (Ost) zum 1. Januar **1992** verfügt das U-Bahnnetz über 134 Kilometer; mit dem Bahnhof Hermannstraße wurde im Juli 1996 der 168. Berliner U-Bahnhof eröffnet. Berlin wurde Teil des Verkehrsverbundes Berlin-Brandenburg.

Die Autobahnen, Fernbahnstrecken und Wasserstraßen wurden saniert und ausgebaut. Mit dem Lehrter Bahnhof erhält Berlin einen neuen Zentralbahnhof, der die alte Ost-West-Stadtbahn mit einer unterirdischen Nord-Süd-Trasse verbindet. Und als Ersatz für die innerstädtischen Flughäfen Tegel und Tempelhof soll das internationale Drehkreuz Schönefeld entstehen, als Ausbau des alten Ost-Berliner Flughafens am Rande Berlins.

Immer enger verzahnen sich Berlin und sein Umland. Die angestrebte Fusion der Bundesländer Berlin und Brandenburg scheiterte zwar in der Volksabstimmung vom 5. Mai **1996** am Votum der Brandenburger Wähler, doch sie bleibt im Gespräch. Medienpolitisch ist die Region mittlerweile vereinigt, seit SFB (Sender Freies Berlin) und ORB (Ostdeutscher Rundfunk Brandenburg) im Jahr **2004** zum rbb (Rundfunk Berlin-Brandenburg) fusionierten.

Wesentlich später als erhofft und vier Jahre später als geplant kam der Regierungsumzug. **1999** rollten die Umzugswagen vom Rhein an die Spree, nachdem Bundespräsident von Weizsäcker schon **1993** seinen ersten Amtssitz nach Berlin verlegt hatte. Das deutsche Parlament bezog den Reichstag, der nach Plänen von Norman Foster in den alten Außenmauern völlig neu erbaut und mit einer begehbaren Glaskuppel bekrönt wurde. Vor Beginn des Umbaus, im Sommer 1995, hatte ihn das Künstlerpaar Christo und Jeanne-Claude in einer faszinierenden Kunstaktion für 14 Tage mit einem silbernen Kunststoffgewebe „verhüllt". Unmittelbar nördlich vom Reichstag quert das „Band des Bundes" den Spreebogen und zweimal die Spree – eine städtebaulich gelungene Anlage des Berliners Axel Schultes, in die nicht nur zwei neue Bürobauten für die Abgeordneten und Mitarbeiter des Bundestages integriert wurden, sondern auch das am 2. Mai **2001** übergebene Bundeskanzleramt. Zwei Jahre lang hatte Bundeskanzler Gerhard Schröder im ehemaligen Staatsratsgebäude am Schlossplatz Zwischenquartier nehmen müssen. Der Bundesrat tagt nun im ehemaligen Preußischen Herrenhaus, die Bundesministerien wurden in sanierten und zum Teil erweiterten Altbauten im Zentrum Berlins untergebracht. Wie im Berlin-Bonn-Gesetz 1994 vereinbart, arbeiten alle Minister in Berlin; sechs Ministerien behielten jedoch ihren Hauptsitz und das Gros ihrer Mitarbeiter in Bonn (Verteidigung; Bildung und Forschung; Gesundheit und Soziale Sicherung; Verbraucherschutz, Ernährung und Landwirtschaft; Umwelt, Naturschutz und Reaktorsicherheit; Wirtschaftliche Zusammenarbeit und Entwicklung). Parallel zur Regierung zogen die diplomatischen Vertretungen von Bonn nach Berlin, zum Teil in aufwändige Neubauten. Und auch die großen Wirtschafts- und Lobbyverbände erbauten sich neue Repräsentanzen in der Hauptstadt.

Die Aufarbeitung der DDR-Vergangenheit ist auch heute noch nicht abgeschlossen. 178 Kilometer Aktenordner hat das Ministerium für Staatssicherheit hinterlassen, seit 1990 werden die Akten, von denen viele in mühsamer Kleinarbeit aus Reißwolf-Schnipseln rekonstruiert werden müssen, von den Mitarbeitern der „Bundes-

Das Rote Rathaus, Sitz des Regierenden Bürgermeisters von Berlin

Das neue Bundeskanzleramt im Jahr der Eröffnung 2001

beauftragten für die Unterlagen des Staatssicherheitsdienstes" – nach den Amtsinhabern Joachim Gauck und Marianne Birthler kurz Gauck- bzw. Birthler-Behörde genannt – ausgewertet. Zehntausende DDR- und Bundesbürger wurden als „inoffizielle Mitarbeiter" enttarnt. Justizopfer wurden rehabilitiert; Grenzsoldaten, die auf Flüchtlinge geschossen hatten, wurden vor Gericht gestellt, ebenso hochrangige Politiker wie Stoph, Mielke, Krenz und Honecker, der im März 1991 nach Moskau floh, wenige Monate später aber zurückkehrte und im Januar 1993 krankheitsbedingt ins Exil nach Chile ausreisen durfte. 75 Straßen und Plätze, die nach „aktiven Demokratiegegnern und Verfechtern kommunistischer Unrechtsregime" benannt waren, wurden umbenannt, Denkmäler abgerissen – zumeist begleitet von Diskussionen oder Protesten.

Doch es galt auch, die Spuren der Geschichte zu sichern. Zahlreiche Gedenkstätten wie das ehemalige Stasi-Gefängnis Hohenschönhausen oder das **2005** eröffnete Denkmal für die ermordeten Juden Europas nahe dem Brandenburger Tor halten die Erinnerung an die düsteren Kapitel der deutschen und Berliner Geschichte wach. Als zentrale Gedenkstätte der Bundesrepublik für die Opfer von Krieg und Gewaltherrschaft dient seit 1993 Schinkels Neue Wache Unter den Linden, in der eine vergrößerte Nachbildung einer Bronze-Pietà von Käthe Kollwitz aufgestellt ist.

Berlin hat viel gewonnen durch die Vereinigung, doch finanziell trägt es schwer an den Lasten der Vergangenheit. Dazu gehört die viel zu große Anzahl Personal im öffentlich Dienst, der erst über die Jahre verringert werden konnte und kann. Ein wichtiger Schritt, die Verwaltung effizienter zu organisieren, erfolgte mit der Bezirksreform zum 1. Januar **2001**, bei der die 23 Berliner Bezirke zu zwölf Großbezirken fusioniert wurden. Institutionen wie Museen und Theater, Opernhäuser und Sinfonieorchester, Universitäten und Hochschulen, Fernseh- und Rundfunksender sowie Nahverkehrsbetriebe, Strom-, Wasser- und Gasversorger, die seit der Wiedervereinigung doppelt und dreifach in der Stadt vorhanden waren, wurden umstrukturiert, fusioniert oder auch abgewickelt.

Die Vereinigung bescherte Berlin gerade auf den Gebieten der Kultur und der Wissenschaft einen enormen Reichtum, der die Finanzkraft der Stadt jedoch überforderte. Der Bund hat zwar einige Institutionen in seine Regie (und Finanzierung) übernommen, doch die Verankerung der Hauptstadtfunktion Berlins als gesamtstaatliche Aufgabe im Grundgesetz scheiterte vorerst mit der Föderalismuskommission im Dezember 2004. Wieweit der Bund und die übrigen Länder Berlin beim Schultern der hauptstädtischen Aufgaben in Zukunft unterstützen werden, wird sich zeigen.

Eine zusätzliche Belastung für die Finanzen Berlins brachte die milliardenschwere Krise der landeseigenen Bankgesellschaft, die im Juni **2001** zum Ende der CDU/SPD-Koalition und zu einer Übergangsregierung von SPD und Bündnis 90/Die Grünen führte. Seit den vorgezogenen Neuwahlen vom 21. Oktober 2001 wird Berlin von einer SPD/PDS-Koalition unter dem Regierenden Bürgermeister Klaus Wowereit (SPD) regiert.

Im November 2002 erklärte der Senat, dass sich Berlin in einer „extremen Haushaltsnotlage" befinde, aus der es sich aus eigener Kraft nicht befreien könne. Zehn Monate später folgte der Gang nach Karlsruhe zum Bundesverfassungsgericht, um den Anspruch auf Sanierungshilfen geltend zu machen. Der Senat verpflichtete sich zu umfassenden Konsolidierungsmaßnahmen.

Nicht alle Wünsche und Träume sind seit 1990 in Erfüllung gegangen. Viele ehemalige DDR-Bürger zeigten sich ernüchtert über die Realität des Westens, die man ja nur aus dem Fernsehen kannte. Im Westen dagegen sahen viele den Osten nur als „Milliardengrab" staatlicher Subventionen. Viel hartnäckiger als die reale Mauer zwischen beiden deutschen Staaten hielt sich die „Mauer in den Köpfen". Doch vor allem in Berlin definieren sich heute immer weniger Menschen über ihre Herkunft. Die Frage Ost oder West spielt immer seltener eine Rolle. Berlin, die für vier lange Jahrzehnte geteilte Stadt, in der sich die Realität des Kalten Krieges so zugespitzt zeigte wie nirgends sonst, hat doch erstaunlich schnell wieder zur Normalität zurückgefunden.

Es ist eine Normalität des Außergewöhnlichen, die Berlin zumindest kulturell weiterhin und unbestritten zu einer der aufregendsten Städte Europas und der Welt macht. Die Ost-Erweiterung der Europäischen Union (EU) zum 1. Mai 2004 hat Berlin nun auch politisch und wirtschaftlich wieder ins Zentrum Europas rücken lassen. Welche Chancen sich daraus ergeben, bleibt abzuwarten. So viel aber ist sicher: Die Geschichte Berlins bleibt auch im 21. Jahrhundert spannend.

Personenregister

Bildnachweis

Landesarchiv Berlin: S. 127 unten, 133 oben, 147 oben, 147 unten, 170 unten.

Günter Schneider, Berlin: S. 185 oben, 185 unten, 202 oben, 202 unten.

Zum Autor

Dr. Arnt Cobbers, geboren am Niederrhein, lebt seit 1985 in Berlin. Der Kunsthistoriker und Historiker arbeitet als Kulturjournalist und Buchautor. Er betextete bereits zahlreiche erfolgreiche Bildbände im Jaron Verlag.

In der Reihe „Berlin kompakt" sind von Dr. Arnt Cobbers auch erschienen:
Architekturführer. Die 100 wichtigsten Berliner Bauwerke. 4. Auflage 2002. 224 S., 99 Fotos. ISBN 3-932202-71-6.
Die Museen in Berlin. 2. Auflage 2004. 150 x Kunst, Geschichte, Technik und Natur. 216 S. ISBN 3-89773-107-X.

Außerdem im Jaron Verlag erschienen:
Arnt Cobbers / Günter Schneider: Architektur in Berlin. Die 500 bedeutendsten Bauwerke aus allen Epochen. 1. Auflage 2004. 128 S., 364 farbige Fotos, 1 Karte. ISBN 3-89773-505-9.